DuMont-Aktuell

Jack Burnham

Kunst und Strukturalismus

(›Structure of Art‹)

Die neue Methode der Kunst-Interpretation

Verlag M. DuMont Schauberg

Umschlag-Abbildung: Frank Stella, Sabra II, 1967

Für meine Frau, Judith

Aus dem Amerikanischen von Dr. Wilhelm Höck
Die Übersetzung folgt der erweiterten und überarbeiteten Fassung der Originalausgabe, die zur Zeit der Drucklegung der deutschen Ausgabe noch nicht erschienen ist.

Titel der amerikanischen Ausgabe: ›Structure of Art‹

Druck: Druckerei Gebr. Rasch & Co., Bramsche

Printed in Germany ISBN 3-7701-0645-8

Inhalt

Vorbemerkung

The Structure of Art verdankt sein Entstehen nicht zuletzt dem Umstand, daß ich selber wie auch andere mein erstes Buch, *Beyond Modern Sculpture,* einer kritischen Prüfung unterzog. Die inneren Widersprüche dieses Buches bedrückten mich im vergangenen Jahr sehr. Aber ebenso irritierend ist meine Überzeugung, daß viele seiner Theorien weiterhin Bestand haben.

Seine historischen Voraussetzungen bewogen mich, die Arbeiten von Claude Lévi-Strauss mit mehr als nur beiläufigem Interesse zu studieren. Zu den ersten Notizen und Gedanken für das vorliegende Buch kam es am M. I. T. Center for Advanced Visual Studies. Dafür, daß sie mir diese Gelegenheit boten, möchte ich dem Center und der Graham Foundation of Chicago danken.

Dieses Buch ging aus einem Dialog zwischen Charles Harper und mir hervor. Ja, von Harper stammen mehrere der grundlegenden Einsichten für diesen strukturanalytischen Ansatz; einen Teil der Untersuchungen für das dritte Kapitel nahm er vor, und gewisse Gedanken des Texts habe ich von ihm. Für seine Arbeit und viele Stunden angeregter Diskussion schulde ich Harper tiefen Dank.

Meine Frau Judith übernahm eine Reihe unerläßlicher Aufgaben: Abschrift, Korrespondenz, Katalogisierung, Redaktionshilfe und die allgemeine Organisation der tausenderlei Einzelheiten, die Eingang in das Buch fanden. Für ihre derart bereitwillige und ausdauernde Mitwirkung verdient Judith meine liebevolle Hochachtung.

Auch möchte ich der Northwestern University für die bisherige und gegenwärtige Unterstützung meiner Forschungen danken. Abermals gebührt mein Dank Edward F. Fry für seine Kritik. Judith B. Tankard verdient besonders Dank für die Durchsicht des Manuskripts. Und schließlich bin ich meiner Lektorin, Janice Pargh, und George Braziller für ihr ungebrochenes Vertrauen in meine Arbeit besonders verbunden.

September 1970 J. B.

Einleitung

»War der Anfänger etwa fähig, durch die Spielzeichen Parallelen zwischen einer klassischen Musik und der Formel eines Naturgesetzes herzustellen, so führte beim Könner und Meister das Spiel vom Anfangsthema frei bis in unbegrenzte Kombinationen. Beliebt war bei einer gewissen Spielerschule lange Zeit namentlich das Nebeneinanderstellen, Gegeneinanderführen und endliche harmonische Zusammenführen zweier feindlicher Themen oder Ideen, wie Gesetz und Freiheit, Individuum und Gemeinschaft, und man legte großen Wert darauf, in einem solchen Spiel beide Themata oder Thesen vollkommen gleichwertig und parteilos durchzuführen, aus These und Antithese möglichst rein die Synthese zu entwickeln ... Es ist kaum übertrieben, wenn wir zu sagen wagen: für den engen Kreis der echten Glasperlenspieler war das Spiel nahezu gleichbedeutend mit Gottesdienst, während es sich jeder eigenen Theologie enthielt.«

Hermann Hesse, Das Glasperlenspiel (I, S. 54–55)

Vor mehr als dreißig Jahren nahm Hermann Hesse das tiefe Gefühl von Müdigkeit und Belanglosigkeit wahr, das den Kunstimpuls überlagert hatte. Er spürte, daß die Gesellschaft in ihren krampfhaften Versuchen, Kunsterzeugnisse zu verherrlichen und unsterblich zu machen, unbewußt gewahr wurde, wie eine bestimmte Lebensform aus der Welt verschwand. Während des zweiten Weltkriegs beendete Hesse einen umfangreichen allegorischen Roman über eben eine solche, sich an ihre Kunsttradition klammernde Gesellschaft.

Die Intelligenzschicht in Hesses fiktivem Kastalien hat ein höchst geschätztes Glasperlenspiel ausgebildet, in das die ganze kulturelle Vergangenheit thematisch einbezogen ist. Jährliche Spieltuniere werden für die besten Köpfe der Nation zum intellektuellen und geistigen Hauptereignis; man könnte sagen, die Beteiligung an dem Spiel sei fast zur religiösen Besessenheit geworden. Das Spiel selber ist eine Matrix für tote Kunst als eine Art ästhetisches Surrogat. Hier destillieren die gescheitesten Leute Kastaliens alle Aspekte vergangener Hochkulturen in einer endlosen Vielfalt von Strategien und Strukturen um, wobei es gestattet ist, neben den Harmonien der späten Beethoven-Quartette alte chinesische Tempelpläne zu verwenden. In seinem ritualistischen Verlangen, die Vergangenheit wiederzubeleben, ist Kastalien schlicht eine Anspielung auf eine Tradition, irgendwie ähnlich der unseren.

Hesses Held und Spielmeister, der Magister Ludi Joseph Knecht, akzeptiert diese Traditionen zunächst als *lingua sacra*, als heiliges Wort. Mit der Zeit jedoch beginnt in Knecht der Verdacht heranzureifen, daß der Verfall des Spiels unvermeidlich, daß es selber höchst synthetischer Natur sei. Er fragt sich, ob es nicht die Pflicht jedes Intellektuellen sei, sich mit Lebendigem zu befassen, vielleicht sogar mit den Gefahren und der Vulgarität der Politik. *Das Glasperlenspiel* demonstriert an einem Einzelfall einen derartigen schmerzlichen Wandel. Knecht kommt schließlich zu der Einsicht, für jene, die Kunst betreiben, bleibe sie eine »sonderbare und angenehme Illusion«. Der Magister Ludi reflektiert die Unmöglichkeit, Kunstformen jemals so zu erleben, wie sie von ihren Schöpfern erfahren wurden. Im Hinblick auf Kirchen-Chormusik des 17. Jahrhunderts bemerkt Knecht: »Damals sind von Menschenohren Klänge gehört worden, die keine Wissenschaft und kein Zauber in ihrer engelhaft strahlenden Reinheit zurückbeschwören können. Und so wird auch das Glasperlenspiel nicht vergessen werden, aber unwiederbringlich sein, und die, welche alsdann seine Geschichte, sein Entstehen, seine Blüte und sein Ende studieren, werden seufzen und uns darum beneiden, daß wir in einer so friedlichen, so gepflegten, so reingestimmten geistigen Welt haben leben dürfen.« (A. a. O., II., S. 119)

In weithin eben diesem Sinn stellt *The Structure of Art* stets wiederkehrende Fragen: Was sind die bildenden Künste? Wie kommt es, daß die Avantgarde periodisch seltsame neue Bilder hervorbringt und wir dennoch lernen, sie als Kunst zu akzeptieren? Warum entstand im 18. und 19. Jahrhundert eine Theorie ›hoher‹ Kunst? Wieso wird zeitgenössische Kunst zunehmend hermetisch und schwer verständlich? Was steckt hinter dem allmählichen Absterben avantgardistischer Kunst als einer lebendigen Tradition?

Es ist wahrscheinlich, daß wir niemals die konzeptuellen Mechanismen von Kunst erfassen können, weil sich die Kunstgelehrsamkeit, auf die sich unsere Kunstkenntnisse größtenteils stützen, nur auf sekundäre Strukturen kapriziert. Die Tatsache, daß historische und kritische Kunstanalysen im wesentlichen dekriptiv statt analytisch sind, ist von eizigartiger Bedeutung. Überdies können historische Forschung, Kritik und Kunstkennerschaft Kunst niemals definieren; ihre eigentliche Funktion besteht darin, als gefällige Beigabe Anhängsel des Kunstwerks zu sein. Mit anderen Worten: sie verhindern eine Erklärung. Mit ausgetüftelten Details sagen einem die Historiker, wie man Kunst zu betrachten und über sie zu denken habe. Der so sehr anfechtbaren Gelehrsamkeit, die mit neu verifizierten Dokumenten, umfangreichen Fußnoten und überzeugenden empirischen Verallgemeinerungen arbeitet, gelingt es lediglich, noch gründlicher kunstmystizistisch zu indoktrinieren. Hier herrscht ein perverser Zustand. Es sieht so aus, als brächten jene, die an Kunst *glauben*, eine Gelehrsamkeit hervor, die ihre Überzeugungen stützt, während diejenigen, die nominell Ungläubige sind, Kunst schlichtweg ignorieren. Genaugenommen gründet sich Kunst auf eine Glaubensstruktur, die in der Verkleidung kontinuierlicher Kunsterforschung auftritt. Daher sind wir, je mehr und je eingehender wir das Phänomen der Kunstgeschichte kennenlernen, um so mehr auch davon überzeugt, daß Kunst wesentlich unerkennbar und in ihrer Substanz 'geistig' sei.

Dann besteht, wie bereits erwähnt, die paradoxe Situation einer ewigen Avantgarde, die trotz ihrer enormen Mannigfaltigkeit und Originalität fortlaufend etwas hervorbringt, das allgemein als Kunst akzeptiert wird. In der Regel versuchen Kunsthistoriker, analytische Instrumentarien zur Erfassung eines möglichst breiten Spektrums von Kunststilen zu entwickeln, doch da Neuerungen den Kunstimpuls aufsplittern und neue und einander widersprechende Kunststile entstehen, sind die Historiker gezwungen, sich auf eine Vielzahl von Ansätzen einzulassen. Diese Situation bereitet offenbar nicht allzu vielen Kritikern und Gelehrten Kummer, obwohl sie es tun sollte. Das ist ein Indiz dafür, daß sich ihre ganzen Bemühungen darauf richten, das materielle Belegmaterial des Kunstimpulses zu erklären, aber nicht die konzeptuellen Bedingungen, die unter äußerst verschiedenen Umständen Kunstobjekte möglich machen.

Dieses Buch ist ein Versuch, die Kluft zwischen der Kunstanalyse und der phantastischen Vielfalt von Mitteln zu überbrücken, durch die sich Kunst ausdrückt. Seine Voraussetzung ist schlicht folgende: Erstens muß jede nutzbringende Form von Kunstanalyse dieselben Techniken benutzen, um sämtliche Kunstformen zu erklären; zweitens muß eine sinnvolle Kunstanalyse davon ausgehen, daß die historische Folgerichtigkeit von Kunst (sie möge Ästhetik heißen) auf eine hochentwickelte, wenngleich verborgene logische Struktur zurückzuführen ist, an die sich ausnahmslos alle erfolgreichen Künstler hielten; und schließlich muß eine solche Methode diese logische Struktur anwenden, um einsichtig zu machen, wie und in welchem besonderen Sinn sich der künstlerische Ausdruck ändert, während er doch der gleiche bleibt.

In den folgenden Kapiteln ist eine Methode angewandt, die diesen Erfordernissen Rechnung trägt, indem sie Claude Lévi-Strauss' Strukturanthropologie mit der semiologischen Analyse verbindet. Beide Methoden der Analyse entstammen der Schule der strukturalen Linguistik, die sich zwischen 1910 und 1950 entwickelte und entfaltete. Ein derartiger Ansatz geht davon aus, daß der historische Kunstgriff auf einer mythischen Struktur beruht (infolgedessen innerhalb der Grenzen der Struktur logisch ist) und daß Kunst als ein sich entwickelndes Zeichensystem mit der gleichen Flexibilität in der Zeichenverwendung vorgeht, wie sie jede Sprache aufweist.

Der Strukturalismus gründet sich darauf, daß alle mythischen Kommunikationsweisen die Werte und Ziele der Gesellschaft spiegeln, die sie verwendet. Infolgedessen mögen sich beim Neuerzählen eines Mythos Inhalt und Technik verändern, doch die dem Mythos zugrundeliegende Logik bleibt unverändert. In den anthropologischen Untersuchungen von Lévi-Strauss vermittelt Struktur (d. h. wie ein Ritual, ein Mythos oder ein totemistisches System geordnet ist) zwischen dem materiell tatsächlich Gegebenen und dem Erhofften. Alle mythischen Formen fungieren begrifflich als Transformationsmethoden. Daher ist das Kunstideal ein wesentlicher Bestandteil der begrifflichen Formulierung der Kunst. Die Struktur von Kunst erreicht niemals das Kunstideal – sei dieses nun ein Ideal der Schönheit, der Naturwahrheit oder ein ideologisches Prinzip; vielmehr arbeitet sie konzeptuell das Unerreichbare in die Anfertigung und Ordnung von Kunst selber ein. Wie dies geschieht, ist ein Hauptgegenstand dieses Buches.

Man könnte vernünftigerweise mutmaßen, die Struktur von Kunst sei in der ganzen Geschichte des Kunstbegriffs konsistent und ihre Ursprünge lägen in prähistorischen Ritual- und Opfertätigkeiten. Das ist in verschiedenen Hinweisen auf die Feldarbeiten von Lévi-Strauss angedeutet, wo sich die Strukturen von Riten und Kunst zu überlappen scheinen. Es liegt allerdings nicht in unserer Absicht, die ganze Geschichte künstlerischer Betätigung zu überblicken und damit eine allgemeine Kunsttheorie aufzustellen. Indem wir mit einigen Arbeiten von Künstlern des 19. Jahrhunderts beginnen, beabsichtigen wir, eine logische Folgerichtigkeit in den repräsentativen Beispielen modernistischer Kunst aufzuzeigen. Historiker erkennen deutlich die metaphysischen Implikationen der Kunst vor der Moderne, aber sie entwickeln ein bemerkenswertes Geschick, einer Konfrontation mit den metaphysischen Voraussetzungen zeitgenössischer Kunst auszuweichen. Überflüssig zu sagen, daß diese Voraussetzungen zunehmend rationalistische Form annehmen, je näher sie der Gegenwart kommen. Daher lautet die Folgerung dieses Buches, daß dann, wenn wir die neuer Kunst zugrundeliegende Metaphysik aufdecken können, das übrige hauptsächlich eine Angelegenheit angewandter Wissenschaft ist.

Zu betonen ist, daß diese Untersuchung nicht den Anspruch erhebt, die Neurostrukturen zu definieren, die für künstlerische Tätigkeit verantwortlich sind. Die Unterschiede zwischen den unbewußten konzeptuellen Kategorien, wie sie sich im mythischen Denken geltend machen, und den eigentlichen Denkmechanismen sind groß. Darauf wird das folgende Kapitel in der Erörterung über Noam Chomskys Theorie von 'Tiefenstruktur' im Gegensatz zur 'Oberflächenstruktur' eingehen. Unsere Studie beschränkt sich auf ein einziges Beispiel von 'Oberflächenstruktur', auf die die gleicherweise in den logischen Verhältnissen jedes allgemein als Kunstwerk anerkannten Objekts verkörpert ist.

Es mag hilfreich sein, hier den allgemeinen Aufbau von *The Structure of Art* zu erläutern. Das erste Kapitel ist beinahe eine Rekapitulation dessen, wie der Autor auf seine eigene Weise ins strukturalistische Denken eingeführt wurde. Das soll keineswegs eine professionelle Kritik der behandelten Wissenschaftler sein, sondern vielmehr ein Herausarbeiten ihrer Ideen, soweit diese für die ontologischen Probleme der Kunst von Belang sind. Der Claude Lévi-Strauss gewidmete Abschnitt ist als begriffliche Grundlage für die übrige Untersuchung von besonderer Bedeutung. Möglicherweise wird der Leser nach Durchsicht der Passagen über Ferdinand de Saussure und Roland Barthes den Argwohn hegen, der Gegenstand des Buchs sei die Linguistik, nicht die Kunst. Diese Zusammenfassungen sind zugegebenermaßen dürftige Behandlungen ziemlich schwieriger Angelegenheiten. Falls sie unnötig technisch oder verwickelt erscheinen sollten, dann deshalb, weil jene Gedanken nicht nur komplex, sondern vermutlich dem durchschnittlichen an Kunsttheorie Interessierten unvertraut sind.

Dennoch ist der zweite Teil des zweiten Kapitels eine ziemlich vollständige Erklärung unseres Zugangs zur Strukturanalyse. Es ist zu hoffen, daß er gründlich genug ist, um auf eigenen Füßen zu stehen. Falls der Leser die auf diesen wenigen Seiten dargelegte Technik erfaßt, dürfte sich das übrige leichter ergeben.

Die Crux des Buches sind die Strukturanalysen selber. Genauer betrachtet, liefern sie eine faktische Demonstration der meisten Schlußfolgerungen in dieser Studie. Ihre Absicht ist zu zeigen, wie Kunstgeschichte und die Produktion von Kunst Tätigkeiten sind, die sich wechselseitig tragen, wobei jede die strukturelle Umkehrung der anderen darstellt, so daß im Endeffekt die Kunstgeschichte die intellektuelle Rechtfertigung des Kunstmythos ist. Außerdem zeigt die Analyse auf, wie die Kunstgeschichte, gleich der Technologie, an eine Reihe mythischer Ereignisse oder 'signifikanter Durchbrüche' in Richtung auf vage und wechselnde Ziele gebunden ist. In unserer Zeit mögen zu diesen Durchbrüchen die Fertigstellung des ersten Digitalcomputers auf Erden in der Harvard University (1944) oder die erste Landung auf dem Mond (im Juni 1969) gehören. Zu den künstlerischen Parallelen können Picassos initiierende kubistische Komposition *Les Demoiselles d'Avignon* (1907) oder Jackson Pollocks erstes Tropfgemälde (1947) zählen. Der historische Rang dieser Ereignisse ist durch die entschiedene Überzeugung bestimmt, sie seien von einzigartigem Einfluß. Intellektuell hat die Kunstgeschichte mehr als ein gerüttelt Maß an Schwierigkeiten gehabt. Klassische Kunst beispielsweise galt bis in diesem Jahrhundert als Maß und Norm aller Kunst. Doch dann stellte der Wiener Kunsthistoriker Alois Riegl im rechten Augenblick die Lehre vom »Kunstwollen« auf, um den Kunstimpuls in Gesellschaften zu erklären, die den Klassizismus nie durchlebt oder ihn zugunsten anderer Phasen künstlerischer Entwicklung aufgegeben hatten. Die selbstverständliche Folgerung ist, daß neue Kunst, solange der Klassizismus als ewige Idee akzeptiert war, nur eine Abweichung von der goldenen Mittellinie darstellte. Doch wie, wenn die Mittellinie selber der Impuls in Richtung auf eine historische Evolution war? Implizite, doch nie offenkundig, wurde dies zum Grundprinzip der Kunstgeschichte.

Überflüssig zu sagen, daß sich alle Marksteine solchen Denkens in einem früheren Buch des Autors finden: *Beyond Modern Sculpture: The Effects of Science and Technology on the Sculpture of This Century* (1968), dessen Annahmen sich auf eine beherrschende Mythologie unserer Zeit beziehen, nämlich auf Überzeugung, gewonnen aus vergangenen, gegenwärtigen und zukünftigen technologischen Errungenschaften. Zu betonen ist hier, daß Mythen keine Unwahrheiten sind; sie sind vielmehr Kommunikations- und Verständigungsweisen, in denen sich ein Komplex sozialer Werte und Institutionen spiegelt. Das Buch legt Nachdruck darauf, daß Wissenschaft gegenwärtig beträchtlich mehr Autorität hat als Kunst – wenngleich später die grundlegenden Voraussetzungen von *Beyond Modern Sculpture* als Mythologien abgelehnt und damit in Frage gestellt wurden. Aufs Ganze gesehen, sind diese Voraussetzungen nicht exotisch, da sie allgemein akzeptierte Verhaltensformen in entwickelten Industriegesellschaften bilden. Zu ihnen gehören: a) *Anthropozentrik* oder die Überzeugung, daß die Erde vollständig ihrem beherrschenden Bewohner, dem Menschen, zur Verfügung steht; b) *funktionale Rationalität*, die Überzeugung, daß moderne Gesellschaften gemäß den vom Menschen bestimmten logischen Prinzipien funktionieren; c) *messianische Technologie*, der Glaube, daß sich sämtliche Probleme der Menschheit durch weitere wissenschaftliche Entdeckungen aus der Welt schaffen lassen; und d) *die Illusion des historischen Fortschritts,* die voraussetzt, daß sich der Mensch in Richtung auf ein prädestiniertes oder strukturell bestimmtes Niveau der Vollkommenheit hin bewege. Heute freilich verlieren solche Vorstellungen an Boden. Es bleibt abzuwarten, ob die Wissenschaft mit einem tragfähigen Komplex von Überzeugungen aufwarten kann (da keine der eben erwähnten spezifisch das Ergebnis wissenschaftlichen Denkens ist, sondern sie vielmehr populäre Reaktionen auf wissenschaftliche Erfolge darstellen) oder ob neue Erkenntnisse so andersartig sein werden, daß sie das Vertrauen in die Wissenschaft selber zum Einsturz bringen. Es ist durchaus möglich, daß eine der etwaigen Anwendungen des Strukturalismus darin bestehen wird, gewisse epistemologische Annahmen der Wissenschaft zu entlarven. Dies impliziert, daß selbst die objektivsten Techniken zur Beschreibung der materiellen Wirklichkeit mehr oder minder Spiegelungen unserer Denkgewohnheiten sind. Falls dem so sein sollte, und es sieht ganz danach aus: wohin soll sich die Gesellschaft dann wenden, um die letzte Quelle der Autorität und der Verifizierung ihrer Werte zu finden? Offensichtlich werden mythische und metaphysische Institutionen immer weniger angemessen sein. Vielleicht lehrt uns der Strukturalismus, wie nutzlos es ist, sich auf solche Absoluta als Mittel zur Erlangung sozialen Zusammenhalts zu verlassen.

I Die Suche nach einer Struktur

»Doch ob man es bedauert oder sich darüber freut, es gibt noch immer Zonen, in denen das wilde Denken, so wie die wilden Arten, relativ geschützt ist: das ist der Fall in der Kunst, der unserer Zivilisation den Status eines Naturparks zubilligt, mit all den Vorteilen und Nachteilen, die sich mit einem so künstlerischen Gebilde verbinden; und das ist besonders auf vielen Sektoren des sozialen Lebens der Fall, die noch nicht gerodet sind und in denen – aus Gleichgültigkeit oder aus Ohnmacht, und meistens ohne daß wir wüßten, warum – das spontane, wilde Denken auch weiterhin gedeiht.«

Claude Lévi-Strauss, Das wilde Denken (S. 253)

Ästhetische Lehren verkündeten einst, Kunst sei 'Schönheit', die 'Suche nach Wahrheit' oder 'bedeutungsvolle Form'; was heute als Ästhetik auftritt – jenes zähe Element, das Kunst zu *Kunst* macht – ist von keinem Nutzen mehr. Wie der Patient, der wiederholt die Ursachen seiner Neurose anderswohin verlagert, während er sorgfältig darauf bedacht ist, nie ihre eigentlichen Ursprünge aufzudecken, lenkt uns eine Umdefinition von der Struktur von Kunst ab. Und wenn wir, wie Lévi-Strauss behauptet, eine Tätigkeit – für unsere Kultur oder für andere – sturktural ableiten, sind wir schon beträchtlich nahe daran, sie auszumerzen. Der Mythos als Grundlage abendländischer Kunst macht sich nicht unähnlich der Neurose geltend: keines von beiden hängt von einer materiellen Form ab, doch solange man an eines davon glaubt, besteht es weiter.

In diesem Kapitel verfolgen wir die Absicht, die Schritte in Richtung auf eine strukturale Definition von Kunst zu rekapitulieren. Statt eine objektive Übersicht zu entfalten, geschied der Versuch, die Gedanken von Wissenschaftlern und Philosophen zu kommentieren, soweit sie etwas zu den in Frage stehenden Problemen beigetragen haben. Die vorgestellten Denker – Claude Lévi-Strauss, Ferdinand de Saussure, Roland Barthes, Noam Chomsky, Jean Piaget – sind nicht chronologisch, sondern logisch aufgeführt, beziehungsweise in der Ordnung, die am besten unser Verständnis von Kunst als einer mythischen und logischen Form erweitert. Schließlich sollte offenkundig sein, daß Sprache die umfassendste und nützlichste Form von Mythos ist, die wohl am besten überschaubare Art und Weise und infolgedessen die am besten auf ihre Konventionen hin analysierte Form. Eben deshalb spiegeln sich die Kunstregeln in der Oberflächenstruktur und der Tiefenstruktur der Sprache.

Claude Lévi-Strauss

Zentrale Bedeutung für Claude Lévi-Strauss' Konzept der strukturalen Anthropologie hat seine Voraussetzung, daß unbewußte geistige Prozesse für alle Kulturen, primitive wie aufgeklärte gleicherweise, fixiert bleiben. Sie erlegen dem gesamten Bereich sozialer Tätigkeiten miteinander verträgliche Strukturen auf, obgleich viele dieser Strukturen für ungeübte Beobachter unsichtbar bleiben. Daher erfüllen sämtliche Bräuche in einer Gesellschaft bestimmte Funktionen und fungieren als ergänzende 'Sprachen'. Die glänzende Ausarbeitung dieser Theorie macht den Professor für Sozialanthropologie am Collège de France zu einem der meistdiskutierten Denker des letzten Jahrzehnts.

Im großen Ganzen bezog Lévi-Srauss seine Methoden aus einer Reihe von Quellen, darunter auch aus der Kommunikationstheorie, der hegelschen Dialektik und der strukturalen Linguistik. Er versteht den menschlichen Geist so, daß er Erfahrungen in einer verschlüsselten Form empfängt und übermittelt, die sich unbewußt an etablierte gesellschaftliche Konventionen hält. Das Vehikel für derartige Strukturen ist der Mythos selber. Der Mythos repräsentiert kollektives Denken oder was eine Gesellschaft über sich selber und ihre Verfaßtheit denkt. Und obwohl diese Erzählungen und Konventionen zufällig zu sein scheinen, nämlich aufs Geratewohl zustandegekommene Sammlungen, war es das Lebenswerk von Lévi-Strauss zu zeigen, wie durch sie bestimmte Gedanken über den Menschen in bezug auf seine Umwelt artikuliert werden. Mythen sind logisiert, weil sie, nach Lévi-Strauss, in Termini auflösbar sind, die sich in eine begriffliche Systematik aufteilen lassen, wodurch sich mit anderen Mythen übereinstimmende Beziehungen aufdecken lassen.

In der Einführung zu *Le cru et le cuit (Das Rohe und das Gekochte)* macht Lévi-Strauss eine seiner treffendsten Bemerkungen über zeitgenössische Kunst. Der Mythos, so erklärt er, habe keine praktische Funktion; er habe viel von der transzendenten Objektivität an sich, welche die der Kunst am nächsten Stehenden mit Kunst assoziieren. Doch obgleich der Mythos ein 'Objekt' bleibe, nämlich etwas Undurchlässiges und in sich Verschlossenes, behalte er die Struktur einer sekundären Sprache bei. Dies sei, so sagt Lévi-Strauss, bei der Musik der Fall, aber nicht bei der Malerei. Er stellt fest, daß die Farben in der Malerei den Tönen in der Musik nicht gleichwertig seien; Farben träten in der Natur auf, Töne dagegen nicht, es sei denn per Zufall; daher seien *Farbe* und *Geräusch* natürliche signifikante Termini, aber sie besäßen keine kommunikative Wirksamkeit an sich. »Mit anderen Worten, es gibt Farben in der Malerei, weil es bereits farbige Subjekte und Objekte gibt, und nur durch Abstraktion können Farben von ihren natürlichen Substraten abgezogen und wie Termini eines gesonderten Systems behandelt werden.« (*Das Rohe und das Gekochte*, S. 36)

Die Schwierigkeit besteht fort bei dem Versuch, ein Bedeutungssystem auf einer einzigen Artikulationsebene aufzustellen. Lévi-Strauss beharrt darauf, daß dies unmöglich sei, weil die bildenden Künste sich auf durchorganisierte Konventionen stützten, um als

Kunst verstanden zu werden. Daher steht Kunst gleichzeitig mit zwei Systemen in Verbindung: das erste beruht auf der Fähigkeit eines Betrachters, Sinneserfahrungen zu organisieren, und das zweite ist ein erlerntes System bildhafter Werte. In einem Betrachter modifizieren und ergänzen sich beide als komplementäre Aspekte eines einzigen Wahrnehmungssystems. Im Grunde ist, wie Lévi-Strauss auf etwas umständliche Weise erklärt, die Schwierigkeit, abstrakte Kunst verständlich zu machen, fundamental semantischer, nicht ästhetischer Natur. Er vergleicht östliche kalligraphische Malerei mit ihrem Gegenstück in nichtfigurativer Malerei. Authentische kalligraphische Malerei definiert sich durch zwei wechselweise voneinander abhängige Bedingungen: sprachliche (oder ideogrammatische) und malerische Ausdrucksfähigkeit. Westliche Experimente im abstrakten Expressionismus, im Tachismus, und imitierte kalligraphische Zeichenkunst geben die erste Bedeutungshälfte (die Sprache) preis und stützen sich daher zum Ersatz auf die Kontext-Bedeutungen von Kunstgeschichte, Kritik und Biografie.

Es hat den Anschein, als hänge die Kommunikation in der abstrakten Kunst von kulturisierten sekundären Bedeutungsebenen ab. Selbst wenn dem so sein sollte, folgert Lévi-Strauss, übernähme abstrakte Malerei immer mehr dekorative Funktion, da sie nicht zur semiotischen Bedeutsamkeit befähigt sei. In einer kurzen Passage definiert er das unaufgelöste Dilemma modernistischer Kunst: »Verrät diese Abhängigkeit gegenüber einem anderen Wort nicht die Unsicherheit, ob in Ermangelung eines gerecht verteilten Codes die Botschaften auch wirklich zu den Adressaten gelangen, an die man sie immerhin richten muß? Eine Sprache, deren Gelenke man zerbrochen hat, tendiert unweigerlich dahin, sich aufzulösen, und ihre Teile, einst Mittel zur wechselseitigen Artikulierung von Natur und Kultur, haben die Neigung, auf die eine oder die andere Seite herabzufallen.« (Ebd., S. 45)

Wie Kritiker bemerkten, ist *The Savage Mind* (entsprechend deutsch: *Das wilde Denken)* eine dürftige Übersetzung von Lévi-Strauss' französischem Titel, *La pensée sauvage.* ›Das Denken von Wilden‹ wäre vielleicht besser, doch selbst dieser Formulierung gelingt es nicht, die Ironie einer These einzufangen, die wiederholt darauf verweist, daß die Denkprozesse sogenannter primitiver Völker und diejenigen von Angehörigen moderner, aufgeklärter Kulturen sich in Logik und Klassifikationsmethoden im wesentlichen gleichen. Überdies ist es vielleicht die besondere Beziehung zwischen Ereignis und Struktur (oder Handlung und Begriff), die für Unterschiede zwischen Wissenschaft und Magie verantwortlich ist, wobei die letztere in engerer Verbindung zu unserem Verständnis von Kunst steht. Hier beobachtet Lévi-Strauss, daß alle Kulturen dazu tendieren, die Objektivität ihrer jeweiligen Denkweisen zu überschätzen.

In einem einleitenden Kapitel über ›Die Wissenschaft vom Konkreten‹ macht Lévi-Strauss einige sehr nützliche Bemerkungen über die Logik des künstlerischen Denkens. Er beginnt damit, daß er den Unterschied zwischen wissenschaftlicher Kausalität und jener Kausalität definiert, die Vertreter der sympathetischen Medizin oder der Magie anwenden. Sowohl Wissenschaft wie Magie erforderten begriffliche Ordnung; die Ordnung, die die Wissenschaft den Gegebenheiten auferlege, werde im allgemeinen als systematisch und so verstanden, daß sie sich mit materiellen Ähnlichkeiten befasse, während diejenige der Magie sich an eine Ordnungsform halte, die 'intellektuellen Bedürfnissen' entgegenkomme. Deutlicher noch: magische Beziehungen sind vernünftig und logisch, weil sie geglaubt werden, und sie werden geglaubt, weil sie vernünftig *erscheinen*. Mit anderen Worten: im magischen oder mythischen Denken findet sich ein Zirkulationsverhältnis, dem in der Wissenschaft Demonstrationen materieller Ursache- und Wirkungszusammenhänge entgegentreten. Wiederholung bedeutet für Magie das gleiche wie Verifikation für Wissenschaft; Wiederholungen sind zeitlos, während Verifikationen nur zeitlich vorhanden sind. Lévi-Strauss betont, daß sowohl Wissenschaft wie Magie vollständige Denksysteme sind. Wissenschaft sei nicht das ausgereifte Resultat von Magie; vielmehr seien beide in ihrem Rahmen wissenschaftlich, wobei sich Magie mehr an Wahrnehmung und Imagination halte, während sich Wissenschaft in rein abstrakte Ordnungsbereiche hinein entfalte.

Im Hinblick auf Kunst wird eine äußerst wichtige Unterscheidung zwischen dem Bastler (bricoleur) und dem Ingenieur getroffen. Der Bastler ist eine Art Gelegenheitsarbeiter, der die Mittel einsetzt, die gerade zur Hand sind. Seine Bedeutung liegt darin, daß seine Formen oder Materialien keine vorher festgelegte Funktion haben; sie finden ihren Platz je nach dem Anreiz der augenblicklichen Vorstellungen und Tätigkeiten. Der Wissenschaftler oder Ingenieur verleiht der Funktion oder Bedeutung Form, während der Bastler der Form Bedeutung verleiht. Bastelei hat ihr Gegenstück im mythischen Denken. Anders als der Ingenieur, braucht der Mythenerfinder nicht Elemente auf ein strenges Verfahren, auf Versorgungsquellen oder einen präzisen Komplex von Zielen abzustimmen. Die Produkte des Bastlers entwickeln sich sämtlich aus vorgegebenen Dingen, die sich einfallsreich umkombinieren lassen.

Hier führt Lévi-Strauss einen fundamentalen Zeichenbegriff ein. Zeichen besitzen in der strukturalen Lingustik eine solche Flexibilität, daß sie sowohl neutrale Bilder wie aktive Begriffe sind; der Künstler oder Mythenerfinder manipuliert Zeichen so, daß alle möglichen neuen Permutationen entstehen; der Umstand, daß sie neuen Anordnungen unterliegen, verändert ihre Kräfte und ihr Potential für eine künftige Zeichenhaftigkeit. So kann für den Künstler die Farbe Gelb zahllose Emotionen, Harmonien oder Bezüge auf frühere Arbeiten zum Ausdruck bringen. Wenn mythische Formen wie etwa Kunstwerke einem Vergleich unterzogen werden, dann werden Zeichen ständig umgebildet, so daß alte Mittel für neue Verwendungen geeignet werden; mit den Worten von Lévi-Strauss: »Man kann aber noch weiter gehen: das Poetische der Bastelei kommt auch und besonders daher, daß sie sich nicht darauf beschränkt, etwas zu vollenden oder auszuführen; sie 'spricht' nicht nur *mit* den Dingen, wie wir schon gezeigt haben, sondern auch *mittels* der Dinge: indem sie durch die Auswahl, die sie zwischen begrenzten Möglichkeiten trifft, über den Charakter und das Leben ihres Urhebers Aussagen macht.« (*Das wilde Denken,* S. 34 f.) Da wissenschaftliche Strukturen außerhalb normaler sozialer Erfahrung bleiben, während mythische Strukturen ein Teil davon sind, versucht wissenschaftliche Erkenntnis, Distanz zu den Ereignissen zu halten. Daher sieht Lévi-Strauss Wissenschaft und Mythos als divergierende logische Methoden an. Hier müssen wir Lévi-Strauss widersprechen, wenn er meint: »... das mythische Denken, dieser Bastler, erarbeitet Strukturen, indem es Ereignisse oder vielmehr Überreste von Ereignissen ordnet, während die Wissenschaft, 'unterwegs' allein deshalb, weil sie sich stets begründet, sich in Form von Ereignissen ihre Mittel und Ergebnisse schafft, dank den Strukturen, die sie unermüdlich herstellt und die ihre Hypothesen und ihre Theorien bildet.« (Ebd., S. 35) Bei Barthes' Semiologie wird sich zeigen, daß *Erzeugnisse* und *Strukturen* mit den beiden Komponenten einer Zeichengruppe korrespondieren; Bedeutung ist daher eine Konsequenz aus dem Vorhandensein beider. So daß die Vorstellung eines Künstlers, der Strukturen mittels Ereignissen aufbaut, und eines Wissenschaftlers, der das Umgekehrte tut, methodologisch fragwürdig ist – etwa nach Art der Frage, ob das Ei oder die Henne zuerst gewesen sei. Dies ist ein Beispiel für Lévi-Strauss' Neigung, Wissenschaft und Mythos begrifflich zu trennen, während Wissenschaft vermutlich eine aufgeklärtere mythische Form ist. In Situationen, wo jegliche Form sozialer Kommunikation ausreichend routiniert und entwickelt ist, werden mythische Erklärungen ihrer Vorgänge unvermeidlich. Ein Mythos stirbt, wenn er versucht, mehr als sich selber zu erklären oder einzuschließen.

Zur Erlangung eines umfassenden Verständnisses dafür, wie Kunst wirksam ist, sind Lévi-Strauss' Erörterungen über den Totemismus wesentlich. Kein anderer Denker hat uns eine genauere Beschreibung der künstlerischen Geisteshaltung geliefert. Indem er alles in seiner Umwelt klassifiziert, produziert der Mensch unausweichlich eine Wertskala, die sich unbewußt auch auf die Anfertigung von Kunst erstreckt. Für den Primitiven drückt der Totemismus die Totalität der Beziehungen zwischen Kultur und Natur aus. Wie regelmäßig bei Kunst der Fall, ist die Logik des Totemismus ein Kaleidoskop von Abbildern und Arrangements, wobei »Abbilder ... Objekten gleichwertig sind, das heißt ... Zeichen den Rang bezeichneter Dinge einnehmen.« (Ebd., S. 50)

Tatsächlich hat, was wir als 'ästhetische Wahl' bezeichnen, seine Wurzeln im Totemismus. Nichtsdestoweniger wurde diese Einrichtung seit ihrer Entdeckung im 19. Jahrhundert ständig von den Sozialwissenschaftlern mißverstanden. Dieses Mißverständnis entsprang den Befürchtungen der Wissenschaftler, offensichtlich primitive Einrichtungen könnten schlicht ihre eigenen künstlerischen, religiösen und national-staatlichen Konventionen widerspiegeln. Das Ergebnis war ein höchst anstößiger Vergleich von Totemismus und organisierter Religion, wobei beide Ideen parodiert wurden. Nach Lévi-Strauss sind totemistische Systeme in sich folgerichtige Metaphernsysteme, welche die natürliche Umwelt mit der Gesellschaft vereinigen. Totems definieren Verhaltensregeln, die sich in den Eigenschaften totemistischer Beziehungen spiegeln. Der Totemismus hat so wenig wie Kunst festgelegte Regeln, innere Merkmale oder vorgeschriebene Materialien; seine Funktion ist es, »die ideale Umkehrbarkeit der verschiedenen Ebenen der sozialen Wirklichkeit zu garantieren« (ebd., S. 93). Daher gestattet er als ein logisches System dem Benutzer, sich auf zahlreiche Objekte und Verhältnisse zu konzentrieren, eben wie es der Künstler bei der Wahl von Materialien und Themen tut.

Die fundamentale, in mythischen Formen ausgedrückte Dichotomie ist diejenige von Natur und Kultur. Kultur stellt sämtliche vom oder durch den Menschen geschaffenen Kategorien dar: Familien- oder Stammesangehörige, Haustiere, Artefakte. Gegebenheiten, die nicht unter die Kontrolle und die Herrschaft des Menschen fallen, gehören der Natur an. In der Praxis ist Totemismus einfach ein Mittel, soziale Beziehungen auf den Begriff zu bringen. Er antwortet auf die existentielle Frage: 'Wer bin ich?' und dann auf die andere: 'Wer sind die Menschen um mich her?' In der Natur sehen, nach Lévi-Strauss, alle Vertreter einer bestimmten Tierart gleich aus und *sind* für die Zwecke des Menschen auch gleich. Wenn infolgedessen der Mensch eine Gattung der Natur ist, geht ihm und den Angehörigen seines Stammes die persönliche Identität ab. Kultur ist das begriffliche Mittel, den Menschen von der Natur zu unterscheiden. Um innerhalb seiner eigenen Art zu differenzieren, weist der Primitive die Namen von Tierarten Mitgliedern seiner Familie oder seines Clans zu. Indem er dergestalt systematisch Angehörige seiner Gruppe mit Tierarten *assoziiert, unterscheidet* er sich von anderen in seiner Gruppe und gleichermaßen von anderen Arten, obgleich er zu seinem eigenen Totem eine besondere Beziehung aufrechterhält. Mit anderen Worten: Totemismus ist ein System von Homologien; statt eine Form des Animismus oder eines übernatürlichen Verwandtschaftsverhältnisses zur Natur zu sein, fungieren diese Art-Gruppen-Beziehungen als *Zeichen* und definieren damit die Unterschiedenheit zwischen einzelnen Komplexen. Kontraste auf der einen Ebene (in den verschiedenen Naturarten) werden benutzt, um auf einer anderen Ebene (Menschen in der Kultur) begriffliche Unterschiede zu definieren. *In der Kunst dagegen läßt sich jede natürliche oder kulturelle Gegebenheit naturalisieren, um als Gegenstand zu dienen.*

Für die Ebene des Rituals bemerkt Lévi-Strauss, man müsse »in dem System der natürlichen Arten und in dem der hergestellten Objekte zwei vermittelnde Gesamtheiten erkennen, deren sich der Mensch bedient, um den Gegensatz von Natur und Kultur zu überwinden und beide als Totalität zu denken« (ebd., S. 150f.).

Kunstformen sind das Resultat einer konzeptuellen Wechselwirkung, deren Wesen durch Lévi-Strauss' Beschreibung des matrimonalen Austausches bei mehreren nordamerikanischen Jägerstämmen einsichtig wird (a.a.O., S. 151). Nach einem verbreiteten Mythos verliebt sich ein Bison in ein Mädchen und will es heiraten. Symbolischerweise ist sie ohne Mutter und mithin das unnatürliche Produkt einer reinen Männergemeinschaft. Doch nach einigem Nachdenken stimmen die Stammesangehörigen klugerweise einer Heirat zu. Der matrimonale Austausch wird vermittelt, indem man einen 'Ehemann' schafft, gebildet aus verschiedenen, in Bisonform zusammengesetzten Stammesartefakten. Wie Lévi-Strauss andeutet, erhält der Mythos, der an sich keine substantielle Form hat, eine zusätzliche Dimension durch die Montage von Kulturgütern. Für den Stamm entsteht daraus ein sichtbares Bindeglied zwischen Natur und Kultur, das eine Metamorphose aus beiden gestaltet. Durch die Termini der Verbindung – ein Bison (Natur), eine Frau (vermittelnde Idee) und ein Satz von (hergestellten oder kulturellen) Objekten – stellt der Ehemann ein ungenaues Gemisch von Wirkungen dar, die sowohl

J. Beuys

außerhalb der menschlichen Kontrolle stehen und doch zugleich unter sie fallen, und eben diese Ungenauigkeit bleibt künstlerisch bedeutsam. Daher ist der Gedanke der Vermittlung für den Vorgang der Kunstproduktion zentral. Wenn überdies die Prinzipien der totemistischen Klassifikation universal sind, dann bilden sie, wie Lévi-Strauss sagt, einen »*modus operandi*, der selbst hinter sozialen Strukturen erkennbar ist, die herkömmlicherweise in diametralem Gegensatz zum Totemismus definiert werden« (ebd., S. 153).

Bis vor kurzem war eine der Hauptillusionen westlicher Kunst und einer ihrer wertvollsten tragenden Mythen die Vorstellung, *Gesetze*, wie die newtonschen Bewegungsgesetze für mechanische Körper, beständen in irgendeiner Form für die Herstellung von Kunst. Zu den Merkmalen von Mythen gehört, daß sie Ordnungsregeln zu versprechen scheinen, sie aber nie liefern. Zweifellos könnte die bewußte Kenntnis der Kunstregeln die Kunstillusion augenblicklich auflösen, da es diese Regeln mit den unbewußten Mechanismen im Gebrauch von Objekten, Materialien und Begriffen bei der Realitätsvermittlung zu tun haben, nämlich bei der Definition, wie die Beziehungen des Künstlers zu Natur und Kultur beschaffen sind. Diese Beziehungen betreffen, wie sich noch zeigen wird, die materiellen Eigenschaften des Kunstobjekts, mithin seinen formalen Gehalt, nur am Rand. Wie sich in den letzten paar Jahrzehnten zeigte, kann Kunst nahezu jede Form annehmen oder auf fast jede Weise gemacht werden; der Herstellungsprozeß ist nicht zentraler Natur für die Erzeugung von Kunst. Dennoch ist die strukturale Bedeutung des Herstellungsprozesses angesichts der Zeit und der Konsistenz des Gewählten unerhört wichtig.

Eigentlich geht Kunstwerken eine Bedeutung ab; als Zeichen haben sie ihre Bedeutung darin, daß sie zum Segment eines größeren Zusammenhangs werden, nämlich jenes Bezugssystems, das wir abgekürzt als Kunstgeschichte bezeichnen. Die konsolidierende Ordnung der Kunst besteht darin, wie der Künstler Zeichen innerhalb einer Struktur neu zusammenstellt, die für ihn das Empfinden der Vermittlung (der Kunst) hervorbringt. Sprachlich hängt die Wirksamkeit von Kunst von ihrer Oberflächen-'Unbestimmtheit' ab, was nicht im Sinn eines Schärfenmangels zu verstehen ist, sondern vielmehr im Hinblick darauf, daß es dem Künstler gelingt, uns von der empirischen Verstehensebene weg auf die mythische zu versetzen. Im Zusammenhang mit dem Totemismus schreibt Lévi-Strauss: »Die bezeichnende Tatsache liegt weniger im Vorhandensein – oder Fehlen – dieses oder jenes Bereichs, als in der Existenz einer Klassifizierung 'mit verschiedener Schrittlänge', die der Gruppe, die sie annimmt, das Mittel bietet, sich auf allen Ebenen, von der abstraktesten zur konkretesten und der kulturellsten zur natürlichsten, genau 'auszurichten', ohne das intellektuelle Instrument zu wechseln.« (Ebd., S. 160.) Solche Systeme lassen dank des Reichtums an zusammengesetzten Termini die unbewußte Assoziation völlig automatisch werden. Daher sollte man betonen, daß die begriffliche Struktur der Wissenschaft in unserem Bewußtsein davon besteht, während die Struktur von Kunst notwendigerweise unbewußt bleibt.

Lévi-Strauss betrachtet, wie viele Anthropologen, den Totemismus als eine Einrichtung synchron empfindender Kulturen beziehungsweise solcher Kulturen, denen der historische Sinn abgeht. Tatsächlich gibt er zu verstehen, daß sämtliche mythischen Strukturen außerhalb des Synchronismus zusammenbrechen. Nichtsdestoweniger gibt es Ausnahmen: Lévi-Strauss stellt Beispiele primitiver Kulturen vor, die ihre Mythen auf der Grundlage historischer und evolutionärer Veränderungen bilden (a. a. O., S. 268–273). Wo Diachronie vorherrscht, zerstört nach Lévi-Strauss das historische Bewußtsein die Möglichkeit, den Totemismus beizubehalten. Geschichte, so behauptet er, bedrohe Kulturen, die dank ihrem Empfinden von Zeitlosigkeit die mythische Regelhaftigkeit spiegeln. Eine derartige These kann jedoch nicht der Kunstgeschichte Rechnung tragen, die per definitionem diachronisch ist, zugleich aber Beweise dafür vorbringt, daß sie auch mythisch ist. Überdies ist sich Lévi-Strauss dieser Folgewidrigkeit sehr genau bewußt, und er behandelt sie nicht allzu befriedigend (a. a. O., S. 268–273): »Die mythische Geschichte zeigt uns also das Paradox, von der Gegenwart zugleich losgelöst und mit ihr verbunden zu sein. Lösgelöst, da die frühesten Ahnen von anderer Natur waren, als die Menschen heute sind: jene waren Schöpfer, diese sind Nachahmer; und verbunden, da sich seit dem Erscheinen der Ahnen nichts ereignet hat, es sei denn Ereignisse, deren Rekurrenz periodisch die Besonderheit auslöscht. Es bleibt noch zu zeigen, wie es dem wilden Denken gelingt, nicht nur diesen doppelten Widerspruch zu überwinden, sondern daraus den Stoff für ein kohärentes System zu gewinnen, in dem eine gewissermaßen gebändigte Diachronie mit der Synchronie zusammenarbeitet, ohne daß zwischen ihnen die Gefahr neuer Konflikte besteht.« (Ebd., S. 273.)

In dem Kapitel ›Die wiedergefundene Zeit‹ beschreibt Lévi-Strauss die gar nicht so recht klare Rolle von *Tschuringas*. Das sind kleine, oval geformte Gegenstände aus Holz oder Stein und zuweilen mit Gravuren versehen. Bei den Aranda-Stämmen Zentralaustraliens stellt jeder dieser Gegenstände die Inkarnation eines bestimmten Ahnen dar. In abgelegenen Höhlen untergebracht, werden die Tschuringas von Zeit zu Zeit hervorgeholt, inspiziert, poliert, gefettet, und man betet über ihnen. Für Lévi-Strauss sind sie mit unseren eigenen Archivurkunden vergleichbar, die in besonderen Einrichtungen abgeschlossen und zu Staatsereignissen hervorgeholt werden. Die Tschuringas spielen, anders als Ikonen, eine Rolle, die derjenigen totemistischer Beziehungen ähnelt: sie machen Unterschiede und Verbindungen präsent, in diesem Fall zwischen einem Ahnen und seinem lebenden Nachkommen, der im Besitz der Tschuringas ist. So erlangen Tschuringas, ähnlich Urkunden, dadurch Bedeutung, daß sie als materieller Beleg für die Vergangenheit fungieren; sie setzen uns in Beziehung zum Geschichtsmythos, indem sie zwei zeitliche Punkte zusammenfallen lassen; »denn in ihnen allein wird der Widerspruch zwischen einer vollendeten Vergangenheit und einer Gegenwart, in der sie weiterlebt, überwunden. Die Urkunden sind das verkörperte Wesen der Ereignishaftigkeit.« (Ebd., S. 280.)

Ein hypothetischer Gegenstand der Ästhetik ist die offenbar triviale Frage, ob unentlarvte Kunstfälschungen historische Gültigkeit besitzen. Gewöhnlich lautet die Antwort, sie besäßen keine, und die am häufigsten angeführten Gründe haben mit stilistischer Folgerichtigkeit oder mit der hohen Einzigartigkeit des nachgeahmten Künstlers zu tun. Doch im Zusammenhang mit zerstörten und durch Kopien ersetzten Dokumenten betrachtet, wird der wahre Grund offenkundig. Wir nehmen Kopien hin, fühlen uns aber nicht genötigt, sie zu verehren. Ein bekanntermaßen gefälschtes Kunstwerk kann nicht zwischen Vergangenheit und Gegenwart, zwischen der Diachronie der Geschichte und der Synchronie des mythischen Ereignisses vermitteln. Der Glaube an die materielle Authentizität des Kunstwerks ist für den Mythos absolut wesentlich, da das Objekt die transsubstantiierte Energie und Psyche des Künstlers ist, den das Objekt überlebt. Daher wirkt der Totemismus in der Kunst nicht nur lateral in dem Sinn, daß er zeitgenössische Kunstformen miteinander verbindet, sondern auch vertikal im Hinblick auf vergangene und künftige Ereignisse.

In *Das Rohe und das Gekochte* befaßt sich Lévi-Strauss mit den Dualitäten von Mythen, in denen es um Unsterblichkeit und deren Verlust geht. Wenn Menschen nicht gegen den Tod gefeit sind: wie stellen sie sich dann dem Tod und dem Nachher? »Ist es möglich, dem Tod zuvorzukommen«, so fragt er, »d. h. zu vermeiden, daß Menschen früher sterben, als sie wollen? Und umgekehrt, ist es möglich, ihnen die Jugend wiederzugeben, wenn sie alt geworden sind, und sie wiederzuerwecken, wenn sie schon tot sind? Die Lösung des ersten Problems wird immer in negativen Termini formuliert: nicht hören, nicht fühlen, nicht berühren, nicht sehen, nicht schmecken; die des zweiten immer in positiven Termini: hören, fühlen, berühren, sehen, schmecken.« (A. a. O., S. 214.)

In der Regel sind Mythen im Hinblick auf Einzelmenschen pragmatisch, aber hoffnungsvoll in bezug auf die Dauerhaftigkeit kultureller Institutionen. Es scheint offenkundig, daß im Mythos auftretende Dichotomien (Zweiteilung) für die Popularisierung moderner Kunst wesentlich sind. Der arme und unbekannte Künstler beispielsweise, der in verhältnismäßig jungen Jahren stirbt, wird durch seine Arbeiten unsterblich. Zu seinen Lebzeiten ist seine Kunst wertlos; nach dem Tod wird sie unbezahlbar. Solange er lebt, hält man ihn für verrückt oder zumindest verschroben; nach seinem Tod deutet man sein Verhalten in prophetische Sensibilität oder in Entfremdung von einer unsensiblen Gesellschaft um. Derartige Interpretationen sind verhältnismäßig modern und scheinen ihren Höhepunkt in der ersten Hälfte dieses Jahrhunderts erreicht zu haben. Ein kleinerer Mythos feiert die Fruchtbarkeit gealterter Künstler: z. B. Rodin, Picasso, Matisse. So gehen Mythen auf alle Möglichkeiten ein. Doch die verhältnismäßig junge Popularität abstrakter Kunst bringt fast absurde Widersprüche innerhalb mythischer Formen hervor; wir erleben das Phänomen von Künstlern, die mit dreißig reich und unsterblich sind, von Künstlern, die im Alter vergessen sind, von Künstlern, die ihren Platz in Geschichtsbüchern nach dem Belieben von Kunsthändlern finden. Ständige Verletzungen der mythischen Struktur verweisen stets auf die Auflösung des Mythos selber.

Dann geht es um die wissenschaftliche Zuverlässigkeit von Lévi-Strauss' Methoden. Es erscheint unvermeidlich, daß sich im Kielwasser seiner Neuerungen auch seine Kritiker fanden. Obwohl er beachtliche marxistische Empfehlungsschreiben aufweisen kann, wurde seine Position von der Linken Frankreichs als ‘antihumanistisch’ angegriffen. In den Vereinigten Staaten und in England stellte man die Verläßlichkeit seines riesigen ethnologischen Materials ebenso in Frage wie seine Interpretationen. Ein gewichtiges Argument gegen den Strukturalismus ist vielleicht dieses: Wer das Bedürfnis habe, strukturale Beziehungen zwischen sehr unterschiedlichen Materialien zu finden – indem er ihnen Strukturen auferlegt –, werde sie zweifellos finden, oder was auch immer er suche. Weniger kritisch werden die schiere Symmetrie und die elegante Einfachheit, mittels deren Lévi-Strauss die zugrundeliegenden Bedeutungen enthüllt, von gewissen Anthropologen beargwöhnt, die sich mit gleicherweise ungefügem Material herumgeschlagen haben und es in weniger geglätteter Form belassen haben, statt es zu verfälschen. Doch natürlich bleiben selbst in der exakten Wissenschaft begriffliche *Strukturen* das Rückgrat des Ereignisses. Die Naturwissenschaften gehen davon aus, daß sämtliche Strukturen den Ereignissen gewisse Betrachtungsweisen auferlegen und daß nur ihre Übereinstimmung mit anderen Ereignissen sie brauchbar mache. Daher kann man nur antworten, daß dann, wenn Strukturen immer wieder übereinstimmend in einer Vielfalt von Materialien auftreten, *sie auch existieren müssen.* Dafür, daß er den Kapitelübersichten in *Das Rohe und das Gekochte* musikalische Beziehungen gab, beschuldigte man Lévi-Strauss der Vermischung von Poesie und Wissenschaft (obwohl man ihm ebenso zugute halten könnte, daß er praktiziert, wovon er überzeugt ist, daß nämlich der Mythos die Versöhnung von Poesie und Wissenschaft sei). Unter Lévi-Strauss’ Ritterschaft gehörte Edmund Leach, der führende Kopf in der englischen Schule der strukturalen Anthropologie, sehr früh zu Lévi-Strauss’ schärfsten, aber gerechtesten Kritikern. Doch 1967 fühlte sich Leach gezwungen zu schreiben: »Mir scheint, die Anthropologen hätten gute Gründe gehabt, Lévi-Strauss’ ‘strukturale Mythenanalyse’ mit gründlicher Skepsis zu betrachten, als diese Technik 1955 zum erstenmal dargelegt wurde, doch seit der Veröffentlichung von *Le cru et le cuit* im Herbst 1964 ist es nur noch möglich, sich über Details in die Haare zu geraten. Lévi-Strauss hat gezeigt, daß es so etwas wie ‘eine Sprache des Mythos’ gibt, und er hat gezeigt, welche Art von Sprache das ist und wie sie Bedeutung vermittelt.« (E. Leach, *The Structural Study of Myth and Totemism*, S. XVIII.)

Unsere Absicht ist es, in einer konsequenten Annäherung zur Kunst strukturales Denken zu entwickeln. Das parallele Bestreben Lévi-Strauss’ geht dahin, ein logisches Schema für mythische Einrichtungen bereitzustellen. Wie die Anthropologin Mary Douglas bemerkte, zeigt er nicht nur, daß Mythos und Realität ihrer Natur nach dialektisch sind, sondern er beharrt auch darauf, daß der Mythos in dialektischem Bezug zur Realität steht. Sie schreibt (bei Leach, a. a. O., S. 57): »Er entwickelt den Gedanken, daß der Mythos eine soziale Dialektik ausdrücke. Er, der Mythos, formuliert die bemerkenswerten gesellschaftlichen Widersprüche, formuliert sie in immer modifizierterer Form um, bis in der letzten Formulierung die Widersprüche aufgelöst oder so verändert und verschleiert sind, daß sie nicht mehr ins Gewicht fallen.« Auf ähnliche Weise

Mythos + Realität || + Wirklichkeit: NAND (Hofmann)

nährt der Mythos in unserer Gesellschaft den Unterschied zwischen Objekten, die (durch den Kunst- oder Religionskontext) mit transzendenter Bedeutung erfüllt sind, und zahllosen, für den Alltagsgebrauch hergestellten Gegenständen. Vor nahezu einem Jahrzehnt veranlaßte die Notwendigkeit Bildhauer, Objekte zu ersinnen, die, wie etwa in der Minimal Art, trivial erschienen, aber nichtsdestoweniger als Kunst fungierten. Dies führte unausweichlich zur Schaffung von Kunst ohne Objekte. So begleitete das Absterben des transzendenten Objekts die Entdeckung der kognitiven Struktur im Umkreis der Objekte, die dem Kunstzusammenhang einbezogen worden waren. Auf solche Weise entmythologisieren sich Mythen schließlich selber.

Ferdinand de Saussure

Die Saussureschen Prinzipien zur strukturalen Anthropologie von Lévi-Strauss sind in der Veröffentlichung seiner Einführungsvorlesung auf dem Lehrstuhl für Sozialanthropologie am Collège de France dargelegt. In dieser Schrift *Le Totémism aujourd'hui* (dt.: *Das Ende des Totemismus*) schließt Lévi-Strauss die Sozialanthropologie in die semiologischen Wissenschaften ein und stellt dazu fest: »Zeichen und Symbole können nur insofern funktionieren, als sie Systemen angehören, die durch innere Gesetze der Implikation und des Ausschlusses geregelt sind, und die Eigenschaft eines Zeichensystems muß mit Hilfe von Permutationen umformbar, anders gesagt, *übersetzbar* in die Sprache eines anderen Systems sein.« (1967) Diese Definition umreißt die Wissenschaft, für die der Linguist Ferdinand de Saussure nur versuchsweise den Namen Semiologie vorgeschlagen hatte: das Studium von Zeichensystemen innerhalb einer Gesellschaft.

Saussures Entdeckungen wurden nach seinem Tod zusammengestellt und 1915 unter dem Titel *Cours de Linguistique generale* (dt.: *Grundfragen oder allgemeine Sprachwissenschaft*) veröffentlicht. Er schuf die erste konkrete Methode, um sich bei der Analyse von Redematerialien der Grammatik und des Wörterbuchs zu entledigen. Saussure stellt Sprache so dar, daß sie in eine Reihe psychischer Gegebenheiten, *Zeichen* genannt, aufgegliedert ist, von denen jedes aus zwei Teilen besteht: einem *Begriff* und einem *Klangbild*. Diese werden in die entsprechenden Termini *Signifikat* und *Signifikant* umgesetzt, die ein in sich verbundenes Ganzes bezeichnen. Das Zeichen besitzt Merkmale, die durch den Kontext der Redeweise und ebenso durch die interne Beziehung des Signifikats zum Signifikanten bestimmt sind. In der Sprache verwendete Zeichen müssen in ihrer Bedeutung willkürlich oder nicht fixiert sein; außerdem muß das Klangelement des Signifikanten in der Zeit existieren.

Saussure stellt besonders fest, daß sich die Sprache nur durch gewöhnlichen unbewußten Gebrauch verändert und *nicht* dank Eingriffen von Grammatikern oder Logikern – eine Beobachtung, die offensichtlich das Axiom erhärtet: *der Gebrauch bestimmt die Bedeutung*. Weiterhin trennt Saussure zwischen Rede und Sprache: Sprache ist Rede ohne Klang, die Gesamtheit der Redegewohnheiten, wie sie sich aufzeichnen und untersuchen lassen. So verhält sich der *Signifikant* zum *Signifikat* wie die *Rede* zur *Sprache*. Und innerhalb des von Lévi-Strauss aufgestellten Gegensatzpaars sind Signifikant und Rede *natürliche* Elemente, Signifikat und Sprache dagegen *kulturelle*. Der dynamischste Aspekt der Zeichen ist ihre wesensmäßige Doppeldeutigkeit als sowohl festgelegte wie nicht festgelegte und als statisch-zeitliche Gegebenheiten. Zeichen suggerieren nicht nur einfach Gegensätze, das ist vielmehr ein wesentlicher Bestandteil ihres Vorhandenseins. Diese 'innere Dualität' impliziert, daß sich die Sprache in der Zeit oder mit der Zeit entwickelt, während die Rede für jeden Benutzer eine festgelegte Konvention, ein Komplex von Kommunikationsregeln außerhalb der Zeit ist. So bezeichnet Saussure die statische Linguistik oder das Studium der Rede in jedem gegebenen Zeitabschnitt als *synchronische* Linguistik und die evolutionäre Linguistik als *diachronische* – Termini, die Lévi-Strauss übernommen hat, um Kulturen mit mythischen Strukturen und solche mit einem Sinn für ihre eigene Geschichte zu kennzeichnen.

Saussure trifft eine brauchbare Unterscheidung zwischen Synchronie und Diachronie, indem er die Rede mit dem Schachspiel vergleicht. Die Schachfiguren und ihre Stellung auf dem Brett entsprechen dem Nebeneinanderstehen sprachlicher Ausdrücke. In der Rede verschiebt sich, wie beim Schach, die relative Bedeutung von Zeichen von Augenblick zu Augenblick, während die Regeln der Sprache oder des Schachspiels festgelegt bleiben. Jeder Zug auf dem Brett oder jedes Redesegment wirkt sich nur auf die betreffende einzelne Komponente aus; doch zugleich verschiebt sich der gesamte Kontext des Gesprächs, wie das Schachbrett nach jedem Zug einen mehr oder weniger veränderten Komplex an Möglichkeiten erkennen läßt. Die Unterscheidung, die Saussure zwischen Diachronie und Synchronie trifft, ist die zwischen Kalkül und einfacher Algebra; Diachronie ist eine unendliche Abfolge synchronischer Ereignisse. Man sollte die Charakterisierung der Sprache als eines Schachspiels in Erinnerung behalten, denn das wird bei Marcel Duchamp als eine ausführlich verwendete Metapher wieder auftreten.

Abermals in bezug auf das Schachspiel kommt Saussure auf den Wertbegriff zu sprechen. Außerhalb des Schachspiels haben einzelne Figuren keinen Wert; ihr gesamter Wert resultiert aus ihrem Rang und ihrer Position in einer bestimmten Partie. Saussure fährt fort: »Man sieht also, daß in semiologischen Systemen wie der Sprache, wo die Elemente sich nach bestimmten Regeln gegenseitig im Gleichgewicht halten, der Begriff der Gleichheit mit dem der Geltung oder des Wertes zusammenfließt und umgekehrt.« (A. a. O., S. 131.) Mit anderen Worten: In einer statischen Analyse sprachlicher Ausdrücke werden stets sämtliche Probleme, »Einheit, Realität, konkrete Gegebenheit oder den Wert voneinander zu scheiden oder sie zu identifizieren«, zutage treten. Auf weithin die gleiche Weise läßt sich der *Wert* eines Kunstwerks nicht von seiner *konkreten Realität* in der Kunstgeschichte trennen.

Auf einer anderen Ebene des sprachlichen Gegensatzes stellt Saussure den Gedanken *syntagmatischer* Einheiten oder Wortgruppen *assoziativen* (oder *systematischen*) Einheiten gegenüber. Nach Saussure bringen Wörter in einer linearen Abfolge ihre Werte in ihrem Gegenüber durch Kontrast und Assoziation hervor. Ein Syntagma ist gewöhnlich ein Zeichen, das seinen Wert einzig deshalb erlangt, »weil es dem vorausgehenden oder dem folgenden oder beiden gegenübersteht« (ebd., S. 147). Assoziative Beziehungen dagegen sind Worteinheiten, die grammatische oder lexikalische Affinität besitzen, während sie keine definite Ordnung darin aufweisen, wie sie relativ zueinander auftreten. In der von Lévi-Strauss aufgestellten Natur-Kultur-Dichotomie ist das Syntagma (oder eine nicht verwandte Abfolge einander entgegengesetzter Elemente) stets natürlich. Daher ist in der Sprache immer die Logik mythischer Strukturen vorhanden; syntagmatische und systematische Ausdrücke werden ständig miteinander verknüpft, um Zeichen hervorzubringen, die ihrerseits umgruppiert werden, um neue Bedeutungen hervorzubringen. Die Sprache bietet, wie der Mythos, eine große Anzahl untereinander abhängiger Ausdrücke, die einander gleichzeitig modifizieren, um Wertverschiebungen hervorzubringen. Die Organisationsregeln für die Rede sind im Erlernen des Sprechens impliziert, wie auch die 'Regeln' für das Nacherzählen eines Mythos vom ersten Hören des Mythos und dem Glauben daran abhängig sind.

Da es in Barthes' Semiologie eine Rolle spielt, sei ein letztes Prinzip der Saussureschen Analyse festgehalten; es ist die Funktion der *motivierten* und der *unmotivierten* Ausdrücke. Die Motivation impliziert, daß sich eine syntagmatische Einheit kulturell analysieren läßt oder daß man eine systematische Einheit mit assoziierten Einheiten als Teil einer kulturellen Abfolge gruppieren kann. Motivierte Ausdrücke sind für die Illusion verantwortlich, Kunst sei zeitlich und logisch ausgerichtet, während in Wirklichkeit motivierte Ausdrücke nur die Hälfte jedes Kunstwerks darstellen. Daraus folgt, daß Kunst, die zu motivierten Ausdrücken tendiert, sich auf bereits eingelernte Bedeutungen stützt; wohingegen zu unmotivierten Ausdrücken tendierende Kunst mehr 'lexikologisch' ist, sich also vermittels Signifikanten ausgedrückt, die im nachhinein durch ästhetische Ideologien Bedeutung erhalten.

Roland Barthes

Überraschenderweise wurde der ganze Umkreis dessen, was als moderne Kunst bekannt ist, schon im Jahr 1953 in Roland Barthes' *Le Degré zéro de l'Ecriture* (dt.: *Am Nullpunkt der Literatur*) definiert. Dieser lange Essay ist nicht so sehr eine Kritik der Avantgarde als ein Kommentar über den »Verfall des bürgerlichen Bewußtseins«. Barthes führt die Verbindung zwischen historischem Bewußtsein und der Literatur an, die sich von diesem Bewußtsein nährt. Eben diese Tendenz zur internen Synchronisierung mit der Vergangenheit, eine formale Vollständigkeit oder das, was Barthes »Konkretisierung« nennt, scheidet letzten Endes Literatur von ihren Signifikationskräften. Daß man den Mitteln gestattet, sich selber zu repräsentieren, wird zu der Methode, durch die Literatur zum Formalismus gelangt und ihn zuletzt zurückweist, da Literatur sich übermäßig in die Bedeutungslosigkeit und die gewöhnliche Sprache hinein ausdehnt. Auf die gleiche Weise zwingt überbewußter Formalismus die Kunst in die Richtung auf marktschreierische Versicherungen ihrer eigenen 'Objekthaftigkeit'. Wie im Kunsthandwerk Flauberts fungieren 'Tätigkeit' oder Arbeitsmethoden schließlich als Pendant zum Stil und werden zuletzt zu dessen Umkehrung.

Schon vor seiner Einführung in die Saussuresche Analyse empfand Barthes den Abstand zwischen zeitgenössischem Schreiben und den mythischen Ursprüngen klassischer Literatur. Klassisches Denken mache sich als Diskurs, als ein stetiges Geben und Nehmen im Umgang mit der Natur geltend. Im Gegensatz dazu erstarre moderne Literatur absichtlich zu stilistischen Blöcken. Mit Flaubert sei die Schreibarbeit überstilisiert worden, »nach dem Muster einer auf ihr Artifizielles hinweisenden Kunst« (a. a. O., S. 61). Durch Konzessionen an die Stilgeschichte gezwungen, auf sozialen Austausch im weitesten Sinn (Politik) zu verzichten, bleibe der Künstler »an seine eigenen formalen Mythen« gebunden. Die Geschichte überrolle den Künstler jedesmal, wenn die Suche nach einem »Nichtstil« erfolgreich verlaufe.

Das ist der frühe Barthes, ein Theoretiker, der sich der soziohistorischen Untertöne von Kunstideologien sehr genau bewußt ist. Barthes verstand wahrscheinlich als erster Kritiker, daß organisierte soziale Beziehungen in sich selber vollständige sprachliche Formen sind. Die ersten Schritte entsprechender Untersuchungen unternahm er, nach seinen einführenden *Elements of Semiology* (1964), in *Système de la mode* (1967).

Während Saussure postulierte, eine semiologische Wissenschaft schließe die Sprache mit unter die konventionellen sozialen Kommunikationsweisen ein, beharrt Barthes darauf, die Sprache müsse der Analysebezugspunkt aller gesellschaftlicher Codes bleiben; daher haben alle ikonischen Botschaften ihre sozialen Äquivalente in Verbalformen (offensichtliche Beispiele für uns sind Kunstkritik, wissenschaftliche Analyse und Kunstgeschichte). Barthes gibt zu verstehen, die dem signifikatorischen System selber entstammende interpretatorische Sprache liefere ausreichende Schlüssel für die verborgenen gesellschaftlichen Bedeutungen und Werte hinter allen derartigen Kommunikationsformen. Daher ist die Semiologie ein Segment der Linguistik, eine Art sekundärer Linguistik, da sie Ausdrücke, Wendungen und Begriffe auf Auflösungsebenen behandelt, die für eine strukturale Linguistik zu grob sind. Außerdem wird die dichotomische Form übernommen, die für die Bemühungen Lévi-Strauss' und Saussures typisch ist. Einige der fundamentalen Termini sind folgendermaßen aufeinander bezogen (man beachte, daß ein Zeichen der *Äquivalenz*, nicht eines der *Gleichheit* die Termini sämtlicher strukturellen Gleichungen in diesem Buch verbindet; ein Äquivalenzzeichen gibt zu verstehen, daß die verbundenen Termini nicht mathematisch gleich sind, daß sie einander vielmehr begrifflich entsprechen):

$$\frac{\text{Signifikant}}{\text{Signifikat}} \Bumpeq \frac{\text{Rede}}{\text{Sprache}} \Bumpeq \frac{\text{Bild}}{\text{Begriff}} \Bumpeq \frac{\text{Form}}{\text{Inhalt}}$$

Abermals fällt der Signifikant in die natürliche Reihe und das Signifikat in die kulturelle. Das *Wahrgenommene* ist in der angeführten Termini-Gruppe der Signifikant, während sein vorstellungsbildendes, sprachliches Gegenstück das Signifikat ist. Damit nimmt das 'Zeichen' oder der Komplex aus *Bild* und *Begriff* eine Doppelform an:

$$\frac{\text{Bild}}{\text{Begriff}} \Bumpeq \frac{\text{eine geistige Abbildung des Objekts}}{\text{eine geistige Aufstellung der formalen Eigenschaften des Objekts}}$$

Die Natur-Kultur-Dichotomie läßt sich auf Termini zurückführen, die soziale Äquivalente bezeichnen:

$$\frac{\text{natürlich}}{\text{kulturell}} \Bumpeq \frac{\text{Individuum}}{\text{Gesellschaft}} \Bumpeq \frac{\text{Selektion}}{\text{Werte}} \Bumpeq \frac{\text{Gebrauch}}{\text{System}}$$

Barthes betont das vertragshafte Wesen von Sprache und Rede. Da Rede der aktive, alltägliche Gebrauch von Sprache ist, kommt es deshalb zu Sprachverschiebungen, weil sich die Redemuster weiterentwickeln. Die Rede wiederum bezieht ihr Kommunikationspotential insofern aus den unbewußten Sprachregeln, weil sie sich historisch entwickeln. Mit den Worten Barthes': »Eine Sprache ist zugleich Produkt und Werkzeug der Rede: ihre Beziehung ist daher echt dialektisch.« (*Elements of Semiology*, S. 16.)

In einer geschichtsbewußten Kultur wird die Sprache zum Anker oder Stabilisator der Rede. Und selbst wenn in aufgeklärten Kulturen eine Anzahl von Faktoren zum Eindruck 'großer Kunst' und 'kleiner Kunst' beiträgt, gibt es doch in der Kunstwelt einen definiten Komplex von Beziehungen zur Ordnung der semiologischen Hierarchie:

$$\frac{\text{Rede}}{\text{Sprache}} \Bumpeq \frac{\text{Produktion von Kunst}}{\text{Kunstkritik, Ästhetik und frühere Kunst}} \Bumpeq \frac{\text{Kritik, Analyse und Ästhetik}}{\text{Kunstgeschichte}}$$

In einer Auseinandersetzung über Lévi-Strauss' Unterscheidung zwischen Kunst und Wissenschaft wurde darauf verwiesen, daß *Ereignis* und *Struktur* einander entgegenständen und daher kein Terminus dem anderen vorangehe; das Ereignis ist stets auf diese Weise der Struktur zugehörig:

$$\frac{\text{Prozeß}}{\text{System}} \Bumpeq \frac{\text{Ereignis}}{\text{Struktur}}$$

Infolgedessen ist die zeitliche Verfaßtheit eines Zeichens immer synchronisch: es führt alle Prozesse und Ereignisse auf ideale Zeitpunkte zurück. Daraus folgt, daß sämtliche Zeichen der Geschichte widerstehen, daß sie außerhalb des Zeitablaufs wirksam sind. Historische Ereignisse repräsentierende Zeichen existieren als Zuwachsmarkierungen auf einer zeitlichen Linie. In der Kunstgeschichte wählen Historiker Ereignisse aus, die dann hierarchisch angeordnet werden: das Ereignis eines Gemäldes < das Ereignis einer Gemäldefolge < die Entwicklungsperiode eines Künstlers < das Gesamtwerk des Künstlers < eine Stilepoche < die Epoche als Teil der Kunstgeschichte. (Das Zeichen < bedeutet = ist enthalten.) Geschichte bleibt das umfassendste Zeichen. Dieser Auswahlprozeß wird weithin durch die Leichtigkeit beeinflußt, mit der sich Ereignisse in den weiteren Signifikationsschemata unterbringen lassen.

Barthes betont, daß es einer Gruppe so gut wie unmöglich sei, den üblichen Sprachgebrauch zu kontrollieren. Die Rede setzt sich selber die Regeln, so daß letzten Endes die Sprache durch konkrete Praxis zustande kommt. Andererseits konstituieren Güter der Massenproduktion Zeichensysteme, die durch und durch geregelt sind. Freilich strebt man an, die Kontrolle möglichst anonym werden zu lassen, indem man der Öffentlichkeit die Illusion einpflanzt, Güter der Massenproduktion seien weiterhin ein hauptsächlich durch den allgemeinen Gebrauch bestimmtes System. Etwas abseits von gewöhnlichen Gütern steht die Kleidung, bei der eine individuelle Neuerung anerkannt wird, zumal auf der Ebene der Haute Couture. Kunst andererseits verlangt die volle Anerkennung jedes Neuerers. Ist es nicht möglich, einem bestimmten Kunstwerk den Namen und die Biografie eines Individuums hinzuzufügen, kommt dem Gegenstand selbst im Fall von Kunst anerkannter Qualität ein Mangel an historischer Identität zu.

In der Praxis bestehen die Gruppen, die Kunst kontrollieren, aus den Anhängern der Künstler, aus Kritikern, Galeristen, Museumskuratoren und den großen Sammlern. Nach Barthes' Empfinden zerstören Kontrollgruppen nicht die sprachliche Freiheit eines bestimmten Bereichs, vorausgesetzt, es bestehe ein gewisses Maß an dialektischem Wechselspiel zwischen *Gebrauch* und *System.* In der zeitgenössischen Kunst hat sich diese Situation angespannt, da dem Künstler immer weniger Optionen offenstehen. Ein weiteres Dilemma bildet der zunehmende gegenseitige Argwohn zwischen den Kontrollgruppen und dem Künstler. Dies kommt daher, daß in Künstlern der Verdacht wächst, Vergütungen durch die Kontrollgruppen ständen in direkter Proportion zur Fähigkeit des Künstlers, Kontinuität innerhalb des dialektischen kunstgeschichtlichen Schemas zu demostrieren.

Barthes trifft gewisse semiologische Unterscheidungen zwischen dem *Signifikat* und dem *Signifikanten.* Das Signifikat ist ein Begriff oder eine geistige Repräsentation des 'Dings'. Signifikanten sind bei der Zeichenbildung unablösbare Gegenstücke zu Signifikaten; Töne, Gegenstände, Bilder, Farben, Gesten und andere rein sensorische Phänomene sind signifizierende lexikalische Elemente. Signifikanten sind innerhalb eines semiologischen Systems entsprechend der Rolle voneinander geschieden, die sie auf einer bestimmten Ebene spielen.

Signifikant und Signifikat bilden ein einziges Zeichen und erlangen daher Bedeutung aus der Zusammenstellung mit anderen Zeichen. Barthes stellt die wichtige Frage nach *motivierten* und *unmotivierten* Zeichen. Innerhalb der Sprache führt er das Auftreten der Lautmalerei als eine natürliche, doch noch unklare Motivationsform an. Über die Rolle der Motivation in außersprachlichen semiologischen Systemen äußert er sich nicht so eindeutig. Motivierte Zeichen bestehen aus Analogien zwischen Signifikant und Signifikat, wobei Teile eines Zeichens offenbar eine unwissentliche oder binnenlogische Beziehung zueinander haben. Barthes ist irgendwie unsicher, was die Motivation in der Sprache bewirkt, wenn sie auf der einen semantischen Ebene auftreten kann, auf anderen dagegen nicht. Offensichtlich gibt es zahlreiche Zeichen, die nur 'relativ' motiviert sind, und Barthes ist ganz im Recht, wenn er zu verstehen gibt, man finde derartige unreine Systeme wahrscheinlich in der Kunst und anderen ikonografischen Systemen.

Die Bedeutung eines Zeichens mit vielfachen Signifikaten für die Kunst ist beträchtlich. Beispielsweise kann die Farbe Gelb in einem Gemälde van Goghs auf der einen Ebene völlig kontextuell (kompositionell und daher unmotiviert) sein, sich auf einer anderen Ebene aber auf die Vorstellung einer Sonnenblume beziehen und außerdem durch die Kenntnis von van Goghs leidenschaftlicher Veranlagung relativ motiviert sein. Dies ist in der Tat ein modernes Beispiel für Totemismus. Hierzu kann eine Gruppe von Leuten vermittels einer metaphorischen 'Einstellschraube' den Blick auf eine Anzahl von Assoziationsebenen richten, »von der abstraktesten zur konkretesten und der kulturellsten zur natürlichsten . . . ohne das intellektuelle Instrument zu wechseln« (Lévi-Strauss, *Das wilde Denken*, S. 160). Daher zwingt van Gogh motivierte und unmotivierte Aspekte eines einzigen Signifikanten, als eine Mehrzahl von Zeichen zu fungieren. Kognitive Spannung tritt auf, wenn van Gogh die unmotivierten Ebenen solcher Signifikanten dadurch betont, daß er den rein formalen Charakter von Gelb im Nebeneinander mit Violett oder Braun deutlich herausstellt.

Barthes trifft die Feststellung, innerhalb sämtlicher semiotischer Systeme herrscht die Tendenz, »das Unmotivierte zu naturalisieren und das Motivierte zu intellektualisieren« (es also zu kulturisieren) (*Elements of Semiology*, S. 54). Saussure verstand alle sprachlichen Zeichen dank ihrer wesentlich willkürlichen Natur als unmotiviert; und im Bereich der Sprache besteht kein Grund, von dieser Regel eine Ausnahme zu machen. Das Problem motivierter Zeichen ist jedoch höchst bedeutsam für die Kunst. *Alle* mimetischen Konventionen sind motiviert, da es isomorphe Übereinstimmungen zwischen darstellenden Linien, Farben und Formen und ihren Modellen in der wirklichen Welt gibt. Barthes' Feststellung spielt auf die Zwänge an, die in historischen semiotischen Systemen Verzerrungen bewirken.

Die Naturalisierung des Unmotivierten bedeutet eine immer größere Abhängigkeit von den in den bildhaften Elementen auffindbaren Gestaltbeziehungen: ein Abrücken von ihrem Inhalt, falls einer vorhanden ist. Die Bedeutung des anderen Terminus: *Intellektualisierung des Motivierten*, mag auf den ersten Blick weniger offenkundig sein. Bis vor achtzig Jahren bedurfte der Inhalt von Kunst selten einer zusätzlichen Erklärung, da im Grunde die Kunst den Inhalt erklärte. Doch im Fortgang der Kunst wurde der Inhalt zum Vehikel, mittels dessen der Künstler seine Techniken und formalen Kunstmittel erarbeitet. So sind in der Regel motivierte Zeichen kulturell vorgeformt, während unmotivierte Zeichen aus ästhetischen Gründen erforderlich sind, und dabei trachtet das zweite System stets die Legitimität des ersteren zu erlangen. Diese Intellektualisierung motivierter Zeichen endet letztlich in metasprachlichen Feststellungen, die einer auf unmotivierte Zeichen beschränkten Kunst die Illusion von Inhalt verschaffen, d. h. letztlich in nicht-objektiver Kunst.

Gleichermaßen bedeutsam ist das Verhältnis motivierter und unmotivierter Zeichen zur Kunstgeschichte. Ein grundlegender Gedanke – einer, der in den folgenden Kapiteln weiterentwickelt wird – besagt, daß die *'Systematisierung' des Signifikantenlexikons bei gleichzeitigem 'Ausdruck' der Signifikatgrammatik die Illusion sowohl der Konstanz wie der Evolution in der Kunst liefert.* Mit anderen Worten: motivierte Zeichen verschaffen uns Assoziationsbezüge zu zeitgenössischen Ideen und Bildern, die stets in Kunst umgeformt werden. Dies schafft zum Teil die *Inhaltsebene* für einige, doch nicht für alle nicht-objektiven Kunststile. Kunst ist gleichermaßen das Ergebnis der saussureschen *Ausdrucksebene* oder der Künstlerfähigkeit, eine Thematik zu einer persönlichen Handschrift zu organisieren. Wo diese zerstört oder auf mehrdeutige dialektische Gegenstände reduziert wird, geht die Fähigkeit, 'Kunst zu denken', bald verloren. (Hält man sich dies vor Augen, wird offensichtlich, daß des Autors *Beyond Modern Sculpture* vor allem eine Studie über motivierte Zeichen ist, aufgefunden in der Skulptur. Das Buch definiert chronologische Parallelen zwischen Wissenschaft und Kunst als Ursache für Verschiebungen im visuellen Ausdruck. Chronologisch gibt es deutliche Entsprechungen zwischen künstlerischen und wissenschaftlichen Neuerungen, doch sind dies zufällige, nicht kausale Beziehungen.)

Syntagmatische und *systematische* Beziehungen fungieren in der Linguistik als die beiden wesentlichen Achsen semiologischer Analysen. Syntagmatische Beziehungen besitzen Affinität zu der aneinandergereihten Ordnung sehr unterschiedlicher Wortkombinationen, wie in der Rede; systematische Beziehungen befassen sich mit geordneten Verhältnissen unter Worten und ihrer Syntax, wie in der Sprache. Barthes betont, daß das Syntagma nicht ohne gleichzeitige Freilegung von Termini der systematischen Ebene stattfinden, nämlich unenthüllt bleiben kann. Er ist sich dessen bewußt, daß »ikonische Syntagmata«, wie sie in Fotografien enthalten sind, schwer zu identifizieren sind. Barthes erwägt, daß die Bildunterschriften unter Fotografien die für eine Absonderung nötige Diskontinuität liefern. Doch es hat den Anschein, als stelle Kunst, über Barthes' Bemerkungen hinaus, vermittels Titeln, Kritik und Stilistik zumindest einige der notwendigen linguistischen Verhältnisse zur Scheidung von Termini in der Analyse bereit.

Syntagmatische Einheiten werden durch den *Umwandlungstest* definiert, wozu gehört, auf der Ebene der Signifikanten neue Ausdrücke einzusetzen und zu beobachten, ob sie entsprechende Veränderungen bei ihren Gegenstücken auf der Ebene der Signifikate hervorbringen. Das Ziel ist, wie Barthes bemerkt, eine andere Homologie oder einen Ersatzkomplex struktureller Verhältnisse zu schaffen. Bringen Ersetzungen einen neuen Komplex von Termini unter den Signifikaten hervor, ist ein Teil der syntagmatischen

Struktur des Systems definiert. Da Einheiten des Syntagma zusammengesetzt sind, enthüllen sie die systematischen Termini eines Systems.

Ein wichtiger Aspekt der syntagmatischen Ebene ist ihre Relation zu »gewissen aleatorischen Faktoren«. Mit anderen Worten: es gibt statistische Wahrheitlichkeiten – hervorgebracht durch Zufallsereignisse –, die sicherstellen, daß gegebene Ausdrucksmittel durch bestimmte Inhaltsformen 'gesättigt' sind. Linguisten nennen dieses Phänomen *Katalysis,* und es bezieht sich auf das Aufgebrauchtsein gewisser Signifikanten durch ihre Verknüpfung mit allen verwandten Signifikaten. In der Sprache sind solche Grenzen sowohl nützlich wie nomal. Die Rede ist nie aufgebraucht, während der experimentelle Gebrauch von Sprache in der Literatur der Erschöpfung nahekommen mag. Es gibt jedoch ernstere Probleme innerhalb der Avantgarde. Aufgebrauchtsein durch Katalysis bildet den Antrieb, durch den sich die Kunst beständig selber regeneriert. Sowie Ausdrucksformen aufgebraucht, vom übermäßigen Gebrauch abgetragen sind, wird Kunst von weniger systematischen Verhältnissen abhängen. Je weniger und weniger daher in der Avantgarde erlaubt ist, desto mehr sieht sich der Künstler genötigt, expressive Termini zu verwenden, ohne daß sie in der strukturellen Artikulation seiner Kunst etwas bedeuten müßten. Auf genau diese Weise wird der Gedanke der Zufälligkeit als expressiver Zug ins Werk eines Künstlers einbezogen. So gibt der Künstler zu verstehen, daß er sich nicht mehr mit einem bestimmten Auswahlsystem befaßt.

Zur frühesten formalen Neuerung kam es infolge der Zersplitterung des 'Sprach'-Charakters von Kunst (das Objekt wird vor der Analyse wahrgenommen), so daß System und Syntagma sich nicht mehr an eine erwartete Abfolge hielten. Nach Barthes ist dies eine Hauptquelle der Kreativität, »als gebe es hier vielleicht eine Verbindung zwischen dem Bereich der Ästhetik und dem Abfall vom semantischen System. Die Hauptüberschreitung ist offensichtlich die Ausdehnung eines Paradigmas auf die syntagmatische Ebene ... eben dies geschähe, grob gesagt, wenn man versuchte, einen Diskurs dadurch zu entwickeln, daß man einen nach dem anderen sämtliche Termini einer Deklination aneinanderreihte.« *(Elements of Semiology,* S. 86). Derartige 'Überschreitungen' sind äußerst aufschlußreich. Sie implizieren zweierlei: einmal, daß Signifikanten sich immer mehr von der Systematisierung fernhalten, und dann, daß Signifikate ihre Bedeutung verlieren und sich von dem traditionellen Kunstzusammenhang entfernen. Auf den Ebenen von Syntagma und System verlieren Syntagma allmählich ihre Lesbarkeit, und die Systeme werden auf zunehmend unflexible Regelkomplexe reduziert. So verlangt jede bedeutsame Neuerung in der zeitgenössischen Kunst nicht nur eine kulturelle Neuorientierung von Syntagma und System in einem Maß, daß jede 'Rede' oder normalisierte Kunst wieder möglich ist, sondern auch eine Neubewertung der wechselweisen Interaktion zwischen Syntagma und System. Daher ist die Leichtigkeit der 'Rede' in einem semiologischen System inhärent der Mangel an Spannung und Künstlichkeit zwischen den beiden einander entgegengesetzten Ebenen.

Einer der nützlichsten Begriffe in der Semiologie ist derjenige gestufter Systeme. Ohne ihn wäre eine Analyse modernistischer Kunst unmöglich. Gestufte Systeme arbeiten auf zwei oder mehr Ebenen. Alle Zeichen der ersten Ebene sind, was Barthes das »reale System« nennt oder jener Komplex von Tätigkeiten und Kunstaussagen, die miteinander kombiniert sind, um die unmittelbare Substanz des Kunstwerks zu bilden. Eine zweite Ebene ist aus der auf das Objekt und seine semiologische Bedeutung reduzierten ersten Ebene gebildet.

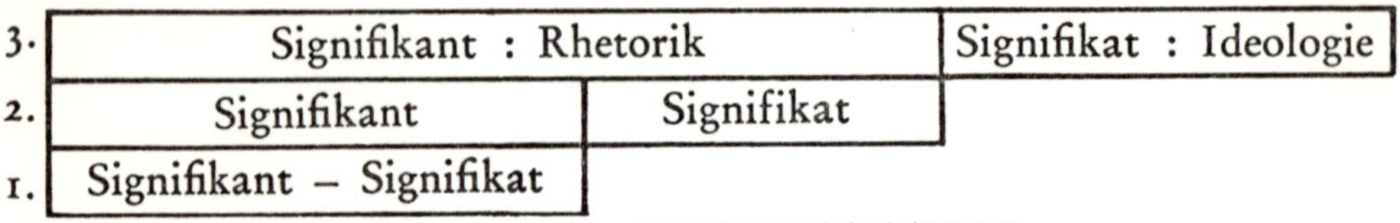

KONNOTATION

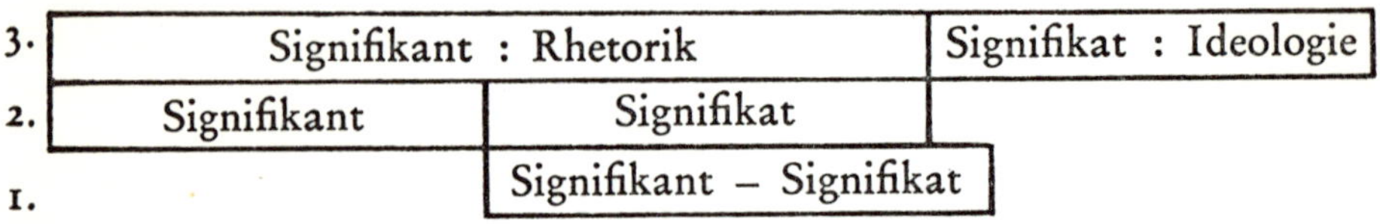

METASPRACHE

Im ersten Beispiel eines gestuften Systems (der Konnotation) liegt die primäre Ebene dort, wo ein Zeichen (Signifikant und Signifikat) als Ausdrucksebene (Signifikant) für ein zweites System verwendet wird. Dies heißt ein konnotatives System, weil die erste Ebene gewöhnlich durch Sprache gekennzeichnet ist, was dann die zweite Ebene bezeichnet. Auf der ersten Ebene ist der Signifikant das optische Bild eines gedruckten Textes, während das Signifikat die Bedeutung des Textes ist. Die zweite in einer derartigen Struktur gekennzeichnete Ebene ist gewöhnlich der 'Inhalt' oder der Gedanke, der einen Bezugsrahmen für den Signifikanten der zweiten Ebene angibt, das Kunstobjekt selber. Die zweite Ebene eines konnotativen Systems bezeichnet die dritte Ebene, deren Signifikant auf diese Weise als Sprachobjekt zur Prüfung der niedrigeren Ebenen des Systems fungiert. Der Gegensatz zu einem konnotativen System ist eine Metasprache, ein Zwei-Ebenen-System, dessen Inhalts- oder Signifikatebene in sich selber ein semiotisches System ist. Alle Formen nicht-objektiver Kunst sind Metasprachen, während das Ready-made und gewisse Arbeiten der Concept Art konnotative Systeme sind. Bei nicht-objektiver Kunst können 'malerische Ausdruckskraft' und formale Neuerung als Inhalt für ein Bezeichnungssystem der zweiten Ebene dienen; infolgedessen sind Metasprachen in der Kunst der Ausdruck einer (kognitiven und/oder materiellen) Kunstaktivität als einer Aussage über Kunst; die persönlichen Umstände, Gesten und gefühlserregenden Absichten hinter einem Gemälde werden zu dessen Raison d'être. Als bezeichnete Bedeutung kann diese Kennzeichnungsebene auf eine dritte Ebene konnotierter Kennzeichnung durch Sprache erhoben werden, nämlich der Kritik oder eines Kunsttexts. Hier ist die motivierende Ästhetik hinter einem Stil oder einer Bewegung in Schriften enthalten, die ihrerseits als Signifikanten der Prüfung offenstehen.

Sowohl in konnotativen Systemen wie in Metasprachen kann Struktur als Ausdruck oder Inhalt eines noch höheren Systems dienen. Dies ist ein wiederholbarer Prozeß, der das historisch-empirische Prinzip der Transzendenz verkörpert, wie es die Grundlage jedes Bezeichnungssystems darstellt. Potentiell läßt sich jedes semiologische System in ein neues System eingliedern. Alle revolutionären wissenschaftlichen Musterbeispiele tun eben dies. In der Kunst jedoch nimmt dieser Eingliederungsprozeß eine andere Form an. Alte Medien lassen sich beispielsweise in neue einbauen; Form wird zum Inhalt, so im Fall der Pop Art und zumal bei Roy Lichtenstein. Gleicherweise bauen sämtliche neuen Mythen auf den Fragmenten aufgegebener Mythologien auf. Marshall McLuhan und Lévi-Strauss haben diesen Vorgang kommentiert. Die zweite Methode der Eingliederung von Kunstwerken ergibt sich, wenn neue Methoden angewandt werden, um Kunsttheorie selber zu analysieren – die vorliegende Studie stellt ein derartiges Beispiel dar.

Barthes schreibt über die notwendigen Beschränkungen (sowohl des Materials wie des Gesichtswinkels), die in jeder semiologischen Untersuchung dem Arbeitsganzen (oder Korpus) aufzuerlegen sind. Eine derartige Warnung ist zwar wichtig, für diese Studie jedoch nicht besonders relevant oder nützlich. Barthes bezieht sich auf die diachronische Verfaßtheit von Materialien, die im Lauf von Epochen zustande kamen. Offensichtlich ist es nicht sinnvoll, zu einer historischen Abfolge von Kunstobjekten einen synchronischen Zugang zu suchen. Aber wir gehen davon aus, jede strukturale Kunstanalyse setze voraus, daß semiologische Systeme wesentlich mythische Strukturen seien, die durch historische Gegenüberstellungen ihre synchronischen Grundlagen *offenbaren*. Das Ausschlaggebende ist, Unterschiede und Ähnlichkeiten in Kunstwerken aufzudecken, die erhebliche Zeiträume umspannen, oder mit anderen Worten: wie im Fall des Mythos zu zeigen, daß sich Kunst 'entwickelt', ohne sich wirklich zu ändern. Das steht im Widerspruch zu den bisherigen semiologischen Untersuchungen Barthes', da ein Hauptakzent seiner Studien darauf liegt, daß semiologische Systeme den Bereich von Zeichen, die innerhalb eines Systems zu einem bestimmten Zeitpunkt verwendet werden, abdecken müßten. Er meint, die Probleme der Diachronie errichteten ausreichend hohe Barrieren für eine sinnvolle Untersuchung des historischen Wandels. Andererseits jedoch läßt die avantgardistische Kunst der letzten hundert Jahre auf die semiotische Instabilität als die Norm schließen. Die meisten Sprachen und Zeichensysteme funktionieren im täglichen Leben allerdings so, als wären sie völlig stabil und einem Wandel nicht zugänglich. Das ist, wie Saussure zu verstehen gab, die 'unsichtbare' Eigenschaft der Rede. Andererseits beabsichtigen wir eine Untersuchung der *Bedeutung des Wandels*, d. h. die historische Zurückweisung von Zeichen innerhalb eines strukturell konsistenten Systems, das nominell als modernistische Kunst bezeichnet wird.

Das bedeutet etwas wesentlich anderes als die Textanalysen der Mode, wie sie Barthes in seinem *Système de la mode* (1967) entwickelt hat. Barthes trennt in seiner Untersuchung die Sprache und die Dynamik der Modewelt von denen des alltäglichen Kleidertragens. Er demonstriert, daß die von Modezeitschriften verwendete Terminologie in überwältigendem Maß durch relativ stabile Konventionen und Einflüsse codifiziert ist, so daß in der Tat eine 'Sprache der Mode' nicht nur offenkundig, sondern vorhersehbar ist (das gleiche gilt offensichtlich auch für Kunstzeitschriften). Barthes scheidet die soziologische Untersuchung der Mode, nämlich des Stilkreislaufs durch Massenausbreitung, von der Untersuchung über die Verbreitung eines stilistischen »Bildes« oder der Haute Couture. Die letztere betrachtet er als einen Zentralgegenstand der Semiologie, da sie Intelligenz, Sensibilität, Richtung und Meinung in der geschmacksbildenden Schicht einer Gesellschaft beschreibt und verkörpert.

Noam Chomsky

Es dürfte uns zum Nutzen gereichen, die Möglichkeiten und die Grenzen der Semiologie zu bedenken. Während der letzten fünfzehn Jahre machten neue linguistische Techniken die Strukturanalyse zu einer etwas altmodischen linguistischen Methode. Dazu gehören die von Noam Chomsky vorgetragenen Theorien einer »generativen« oder »Erzeugungsgrammatik« und einer universalen Substruktur. In der klinischen Psychologie ist Chomsky durch seine Angriffe auf den zeitgenössischen Behaviourismus bekannt: nach Auffassung des Linguisten sind Lernen und geistiges Verhalten zu reich und mannigfaltig, um sich durch Reiz-Reaktions-Muster erklären zu lassen. Er beharrt darauf, eine brauchbare Psychologie müsse einen »Begriff der Befähigung« oder eine Theorie in sich schließen, die neuem Lernen und potentiellen Fähigkeiten Rechnung trage. Mit anderen Worten: wie verwenden wir bei unseren ausgedehnten erfinderischen Verhaltensanlagen, Gewohnheiten und 'eingebauten' Reaktionen auf bestimmte Situationen Sprache schöpferisch oder wie passen wir uns neuen Erfahrungen an? Beides setzt die Modifizierung bereits erworbener Gewohnheiten voraus. Und eben in diesem Punkt, so behauptet Chomsky, ermangle der gegenwärtigen Verhaltenstheorie die notwendige Subtilität, um einem offenen Verhalten Rechnung zu tragen.

Chomskys Buch *Language and Mind* 1968 (dt.: *Sprache und Geist*) räumt Saussure das Verdienst ein, die analytischen Techniken der *Segmentation* und der *Klassifikation* entwickelt zu haben, beziehungsweise die bereits erwähnten Unterscheidungen Signifikant-Signifikat und Syntagma-System. Für Saussure lieferten diese Elemente ein vollständiges Abbild der Struktur, wie sie die Sprache bestimmt. Nichtsdestoweniger demonstriert Chomsky (wie es Wittgenstein so eindrucksvoll in der Philosophie tat), wie sehr dem Strukturalismus die philosophische Einsicht abgehe. Ihm mangelt nach Chomskys Beurteilung die Fähigkeit, vielfache Aussagen in einem Satz aufzudecken oder aus ihm abzuleiten. Saussure erkannte selber eine derartige Begrenztheit, zog es aber vor, sprachliche Mehrdeutigkeit als einen verhältnismäßig unerheblichen Aspekt der Rede anzusehen, mithin als ein Phänomen, das eigentlich außerhalb der Sprache auftrete. Chomsky betrachtet die Analyse Saussures und alle folgenden strukturalen Analysen als Untersuchungen der »Oberflächenstruktur«, während die tatsächlichen geistigen Operationen Mechanismen der »Tiefenstruktur« hervorbringen, beruhend auf logisch generativen Prinzipien, die einen schöpferischen Sprachgebrauch sicherstellen. Er hält Saussure jedoch zugute, daß dieser die Notwendigkeit zusätzlicher Methoden erkannt habe.

Aus den gleichen Gründen verkleinert Chomsky das Verdienst von Lévi-Strauss' Buch *Das wilde Denken*. Was das Verständnis der menschlichen Denkprozesse anlange, erklärt er, offenbare die Schrift wenig – lediglich, daß auch primitive Völker die Fähigkeit zur Klassifizierung besäßen (was glücklicherweise kaum der springende Punkt des Buchs ist). Dennoch erkennt er an, daß Lévi-Strauss, N. Troubetzkoy, R. Jakobson und andere Anthropologen die sozialen Implikationen der strukturalen Analyse erkannten: »Die Leistung der strukturalistischen Phonologie war es, gezeigt zu haben, daß die phonologischen Regeln einer großen Vielzahl von Sprachen für Klassen von Elementen gelten, die sich einfach im Sinn dieser Merkmale charakterisieren lassen; daß der geschichtliche Wandel derartige Klassen auf einheitliche Weise beeinflußt; und daß die Organisation von Merkmalen beim Gebrauch und beim Erwerb von Sprache eine grundlegende Rolle spielt.« (*Language and Mind*, S. 65).

Chomsky beobachtet weiter, daß der »wirkliche Reichtum phonologischer Systeme nicht in den strukturellen Mustern der Phoneme liegt, sondern vielmehr in den intrikaten Regelsystemen, nach denen diese Muster gebildet, modifiziert und entfaltet werden. Die strukturellen Muster, die auf verschiedenen Ableitungsstufen entstehen, sind eine Art *Epiphänomen*.« (Ebd., S. 65, kursiv von J. B.) Gewiß, der frühe Strukturalismus untersuchte niemals die grundlegenden »Kernstrukturen« der Satzbildung, wie es Chomsky und seine Kollegen dann taten. Der Satzbau mit seinen intrikaten Problemen der Mehrdeutigkeit, der Ellipse, der Komplexität und des Fragens war ein Gebiet, das die Strukturalisten lieber den Grammatikern überließen. Doch wie wir versuchen werden zu zeigen, verschafft die semiotische Struktur sprachlichen wie ikonischen Systemen einen Komplex an Beziehungen, der die von Chomsky beschriebenen Probleme umschließt. Falls es eine strenge Übereinstimmung zwischen sprachlichen und ikonischen Zeichen gibt, wäre die folgende Frage zu stellen: Welche Art von Logik repräsentiert adäquat die Bedürfnisse sowohl der Sprache wie der Kunst?

Jean Piaget

Das Verhältnis zwischen materieller Tätigkeit und der Entfaltung des wahrnehmenden Bewußtseins bildet einen wesentlichen Aspekt in den Untersuchungen des schweizerischen Psychologen Jean Piaget über die kognitive Entwicklung. Mit Sicherheit ließe sich sagen, daß das zunehmende Kausalitätsverhältnis von Kindern aus der Tatsache herrührt, daß körperliche Tätigkeiten und umgebende Objekte sich untrennbar wechselweise als Teile angehören. Allgemein nimmt Piaget, wie auch der Phänomenologe Merleau-Ponty, an, daß sich Beschreibungen der Welt nie von der Tätigkeit des Menschen in der Welt trennen lassen; sie sind in der Tat wechselweise aufeinander bezogen.

Es wurde bereits zu verstehen gegeben, daß moderne Kunst die fortschreitende Preisgabe eines signifizierenden Elements nach dem anderen auf der Suche nach einer signifikanten 'neuen' Kunst sei. Oder umgekehrt: moderne Kunst ist von der Fähigkeit eines Künstlers abhängig, eine neue Art durch die Neusystematisierung syntagmatischer Elemente oder durch das Fallenlassen unwesentlicher Systematisierungsformen überhaupt zu schaffen. In den bevorstehenden Analysen wird offenkundig werden, daß *die Zurückweisung systematisierender Formen in moderner Kunst annähernd umgekehrt dazu vor sich geht, wie Kinder die Wahrnehmung der Welt zu systematisieren lernen.*

Nach Piaget hat die Bourbaki-Gruppe in Frankreich die ganze Mathematik auf drei unabhängige Typen reduziert: algebraische Struktur, Ordnungsstruktur und Topologie (*Epistemologie génétique et recherche psychologique*, S. 24). Was die Entwicklung der räumlichen Wahrnehmung bei Kindern anlangt, so erkannte Piaget, daß frühe Wahrnehmungsweisen wesentlich topologisch sind, indem sie es mit Nähe, Trennung, Oberflächenordnung und Eingeschlossensein zu tun haben. Diese Dinge treten in Erscheinung, ehe das Kind die geometrische Form eines Objekts erfassen kann, und lange bevor ein Kind imstande ist, die Teile eines Gegenstands intellektuell in ihrer Organisation zu begreifen. Daher herrscht hier eine wirkliche Trennung zwischen Wahrnehmung und Repräsentation. Visueller Realismus oder Repräsentation resultiert aus dem Erlernen projektiver und metrischer Axiome, um die Konstanz von Gegenständen in bezug auf einen Gesichtspunkt zu ordnen, ein Prozeß, der nicht in Gang kommt, ehe das Kind acht oder neun Jahre ist. Die Wahrnehmung dagegen setzt mit der Geburt ein, wenn das Kind die Nähe von Gegenständen erfährt. Wenn sich das topologische Bewußtsein des Kindes für seine Umgebung entwickelt, beginnt es mit weniger elementaren Formen der geometrischen Wahrnehmung in Konflikt zu geraten, nämlich mit der euklidischen metrischen Geometrie und später mit der projektiven Geometrie. Natürlich wurden diese Geometrien vor der Topologie entwickelt, aber die Topologie bleibt ihre theoretische Grundlage. So repräsentiert die Topologie, wiewohl sie die fortgeschrittenste Form der Geometrie bleibt, die noch dazu nicht vor dem 19. Jahrhundert entdeckt wurde, doch wahrnehmungsmäßig und intellektuell die von Kindern zuerst angewandten Mechanismen der räumlichen Organisation.

Nach einer in *Beyond Modern Sculpture* vorgetragenen Theorie folgt die Anwendung verschiedener Mathematikarten in der fomalistischen Bildhauerei annähernd der Ordnung ihrer historischen Entdeckung (S. 132–148). Während sich die Einflüsse der euklidischen Geometrie, der projektiven Geometrie und der analytischen Geometrie, der Topologie und der Zahlentheorie offenbar in eben dieser Reihenfolge auf die nichtobjektive Skulptur geltend machen, scheinen die Ergebnisse Piagets zu implizieren, daß ihre Anwendung in der Skulptur nichts mit dem Umstand zu tun hat, daß sie die Abfolge ihrer Entdeckung rekapitulieren. Die umfassendsten und ausgeklügeltsten mathematischen Systeme, die erst kürzlich entdeckt wurden, sind identisch mit denen, die zuerst von Kindern dazu verwendet werden, um globale Erfahrungen über ihre Umgebung zu erhalten. So sind die in der Renaissancekunst durch die Anwendung der euklidisch-metrischen und der projektiven Geometrie ersonnenen Zeichensysteme in der Tat die synthetischsten und intellektuellsten und die von Kindern zuletzt erlernten. Daher schritt die Kunst im letzten Jahrhundert von metrischer Proportionalität und Perspektive zu Erfahrungen von Nähe und Verschmelzung voran. Semiologisch bedeutet dies, daß sich die Kunst von komplexen Ausdrucksanordnungen zu sehr elementaren Bezeichnungsformen hinbewegt hat.

Fest steht: »Je analytischer die Wahrnehmung wird, um so deutlicher tritt das Trennungsverhältnis zutage.« (Vgl. Piaget und Inhelder, *Die Entwicklung der physikalischen Menschenbegriffe beim Kinde.*) Abbildhafter Illusionismus erzeugt die meisten Ebenen der Trennung durch Zeichen, nämlich Luft- und mechanische Perspektive, Größenkonstanz, Schattengebung und Lokalfarbe. *Trennung* ist daher die Abfolge erlernter Systeme, die mit der steigenden Verstandestätigkeit zunimmt, während die frühe Empfindung der Nähe zu Gegenständen mit dem Alter abnimmt. Allmählich »beginnt das Subjekt seine eigenen Bewegungen von denen des Gegenstands zu unterscheiden. Hier finden sich die Anfänge der Umkehrbarkeit in Bewegungen und der Suche nach Gegenständen, wenn sie verschwinden. Eben im Sinn dieser Bewegungsgruppierungen und der dem Gegenstand zugeschriebenen Dauer nimmt dieser feste Dimensionen an, und seine Größe wird mehr oder minder richtig geschätzt, unabhängig davon, ob er nah oder fern ist.« (Ebd.) In solchen Beschreibungen erkennen wir die mit Minimal Art identifizierten Verhaltensmerkmale; es überrascht nicht, daß dies die von Kindern geübten Wahrnehmungsgewohnheiten sind. Auf einer späteren Entwicklungsstufe beginnen Kinder nicht das zu zeichnen, was sie sehen, sondern vielmehr das, woraus ihrer Meinung nach ein Objekt oder eine Szene besteht; Psychologen bezeichnen dieses Verfahren als 'intellektuellen Realismus'. Paul Klee und Jean Dubuffet wandten ihn sehr einsichtsvoll als eine dem 'visuellen Realismus' vorzuziehende Ausdrucksweise an.

Außerdem werden Begriffe von Koordinaten und horizontal-vertikalen Beziehungen erst im Alter von acht oder neun Jahren erlernt. Derartige Systeme seien, so betont Piaget, extrem kompliziert und für die frühen Orientierungsmethoden des Kindes unnötig. Wenn daher Mondrian die Struktur der Außenwelt auf ein System horizontaler und vertikaler schwarzer Linien reduzierte, verkürzte er nicht die Wahrnehmung auf ihre Wesensgrenzen, sondern, im Hinblick auf das Format der Bildfläche auf ihre damit am besten verträgliche Form.

In gewissem Sinn ist avantgardistische Kunst der Prozeß, bei dem alle bewußten Formen ausgereifter Wahrnehmungskenntnisse verlernt werden — gewiß keine neue Schlußfolgerung; doch sie wird nun besonders überzeugend im Licht von Piagets Versuchen, eine »genetische Epistemologie« oder eine Theorie aufzustellen, die der Entwicklung von zunehmend komplexeren Ebenen des intellektuellen und visuellen Denkens im Menschen Rechnung trägt. Wie es auch bei Chomskys »Erzeugungsgrammatik« der Fall ist, lehnt Piaget jede Psychologie ab, die das Lernen als eine Art programmiertes und vorentschiedenes Muster erklärt: Im Gegenteil, für den genetischen Epistemologen resultiere Erkenntnis aus ständiger Konstruktion, da zu jedem Verstehensakt ein gewisser Grad von Erfindung gehöre; in der Entwicklung sei der Übergang von einer Phase zur nächsten stets durch die Bildung neuer Strukturen charakterisiert, die vorher nicht existierten, weder in der Außenwelt noch im Subjekt selber (*Epistémologie*, S. 77). Aus dem gleichen Grund ließe sich, wollte man semiotische Systeme in Beziehung zu Piagets genetischer Epistemologie setzen, durchaus sagen, daß sich Zeichensysteme in direkter Proportion mit ihrer sozialen Nützlichkeit zur Komplexität und Abstraktheit hin entwickeln. Kunst bewerkstelligte das Umgekehrte; indem sie semiologische Komplexität verlor, ging ihr auch der Zusammenhang verloren. Ironischerweise erreichte die Avantgarde dies freilich, indem sie von einer sekundären, abstrakten Form der räumlichen Organisation (dem abbildhaften Illusionismus) auf eine breitere und fundamentalere Basis zurückgriff (auf die drei in jedem mathematischen und operationalen Denken auffindbaren Strukturen). So hat es den Anschein, daß nicht nur bewußte Mythologien Zeichensysteme sind, die ihr Bezeichnungspotential verloren haben, sondern daß im Fall der Kunst dieser Verlust biologisch systematisch ist, indem er die Phasen bis zurück zu den frühesten Wahrnehmungsweisen des Kindes rekapituliert.

II Zeitkontinua und die ästhetische Illusion

Alice seufzte müde. »Ich meine, du könntest etwas Besseres mit der Zeit anfangen«, sagte sie, »als sie damit zu vergeuden, daß du Rätsel stellst, auf die es keine Antwort gibt.«
»Kenntest du die Zeit so gut wie ich«, sagte der Hutmacher, »sprächst du nicht davon, sie wie irgendwas zu vergeuden. Sie ist ein Jemand.«
»Ich weiß nicht, was du meinst«, sagte Alice.
»Natürlich weißt du es nicht«, sagte der Hutmacher, verächtlich den Kopf zurückwerfend. »Ich bin überzeugt, daß du noch nie mit der Zeit gesprochen hast!«
»Vielleicht nicht«, erwiderte Alice vorsichtig; »aber ich weiß, daß ich die Zeit zu schlagen habe, wenn ich Musik lerne.«
»Aha! Das erklärt es«, sagte der Hutmacher. »Sie verträgt das Schlagen nicht. Also, wenn du dich nur auf guten Fuß mit ihr stelltest, täte sie fast alles mit der Uhr, was du gern hättest.«

Lewis Carroll, *Alice's Adventures in Wonderland*

Kunstgeschichte als mythische Form

Historisch gesehen, befand sich Kunst entweder in der Lage, daß man sie als der Natur unterlegen ansah oder daß man meinte, sie verbessere die Mangelhaftigkeit der Natur. Mit den Worten des Kunsthistorikers Erwin Panofsky: »Als Nachahmungen der Sinnenwelt aufgefaßt, entbehren die Werke der Kunst der höheren geistigen oder, wenn man so will, symbolischen Bedeutung – als Offenbarungen der Idee aufgefaßt, entbehren sie der ihnen eigentümlichen Endgültigkeit und Autarkie ...« (E. Panofsky, *Idea*, S. 16). In der Einsicht des Historikers nehmen wir die beständige Unentschlossenheit der Kunstempfindsamkeit wahr, jene Unentschiedenheit, die zur fortwährenden Neubewertung des Kunstideals führte. Bei einer Kultur, die für jedes denkbare Phänomen eine wissenschaftlich kausale Rechtfertigung sucht, ist es nicht verwunderlich, daß das Kunstideal etwas derart Unsicheres bleibt. Denn, wie Lévi-Strauss wiederholt betont, die totemistische Bindung wird gerade durch die *Unterschiede zwischen Beziehungen* erzeugt. Kunst kann ebensowenig die Natur nachahmen, wie sie Ideen hervorzubringen vermag; ihre Wirksamkeit besteht darin, daß sie zulässige kulturelle und natürliche Phänomene durch die Instanz des Künstlers hindurch vereinigt. Jener Gipfel künstlerischer Errungenschaften, die Frührenaissance, liefert uns einige der ersten nichtmetaphysischen Beschreibungen von Schönheit. Sie treten im Gewand vorgeschriebener harmonischer Verhältnisse zwischen den Elementen von Malerei, Skulptur oder Architektur auf. Für Panofsky war dies einer der ersten Schritte in der Ausbildung der

»Autonomie ästhetischer Erfahrung«. Allmählich wurden vermittels dieser Autonomie die Ideen der Nachahmung, der Schönheit, des Edlen und sogar der Harmonie geopfert, oder es wurde gezeigt, daß sie unnötig für den Fortbestand des Kunstideals sind.

Manieristische Kunst zerstörte die geordneten Räume und die heitere Thematik der Renaissance, und dabei enthüllte sie all die inneren Widersprüche, die in der Kunst periodisch zutage treten. Die gleichzeitige Entspannung und Pedanterie des Manierismus erzeugten eine bewußte Spannung, in der normale Arbeitsverfahren zum erstenmal in Frage gestellt wurden. Bis dahin hatte die Kunsttheorie lediglich Verfahren der Kunstherstellung kommentiert; gegen Ende des 16. Jahrhunderts wurde die Theorie zur Spekulation darüber, ob Regeln überhaupt möglich seien.

Um die Mitte des 17. Jahrhunderts trat der Klassizismus als das wirksamste Mittel auf den Plan, den künstlerischen 'Verfall' zu bekämpfen. Sicherlich war die klassizistische Kunsttheorie ein philosophischer Schonbezirk, in dem man es vermied, auf die Tagesprobleme einzugehen: auf Manierismus und Naturalismus. Sie beabsichtigte, sich nach einer klassischen Vergangenheit zu formen, die es gegeben oder auch nicht gegeben haben mochte – vermutlich das letztere. Die Ursprünge des Klassizismus waren weder metaphysischer noch naturalistischer Art, sondern sie wurden von der Neuinterpretation des Begriffs gebildet, den die Renaissance vom Kunstideal gehabt hatte, wonach die 'Reinigung' des Gegenstands durch den Geist des Künstlers und des Betrachters gefordert war. Programmatisch rettete der Klassizismus eine verhedderte Kunsttheorie, indem er sie ans Alte kettete und darauf beharrte, daß die Kunst der Natur überlegen sei. Panofsky nennt diese Neueinführung des Idealismus »eine invektive und normative« Ästhetik. Er erkennt auch, daß diese Anpassungen ihr Gegenstück in modernen Zeiten haben: »... denn durchaus folgerichtig ist dem modernen Impressionismus eine Kunstlehre zur Seite getreten, die einerseits die Physiologie des künstlerischen 'Sehens', andererseits die Psychologie des künstlerischen 'Denkens' zu ergründen suchte, während der Expressionismus – in mehr als einer Beziehung dem Manierismus verwandt – von einer eigentümlichen Spekulation begleitet wird, die ... in diejenigen Bahnen zurücklenkt, auf denen das kunsttheoretische Denken des 16. Jahrhunderts gewandelt war: in die Bahnen einer Kunstmetaphysik, die das Phänomen des künstlerischen Schaffens aus einem übersinnlichen und absoluten ... Prinzip abzuleiten versucht.« (*Idea*, S. 63.)

So sucht sich der Kunstmythos stets die autoritärste Form der Verifizierung; im 17. Jahrhundert war die normative Ästhetik zum Teil auf vorangegangene philologische und archäologische Entdeckungen gegründet – im 20. Jahrhundert gehörten zu ihren Wurzeln auch Psychologie und optische Physiologie. Infolgedessen werden 'Kunstgesetze' erst dann manifest, wenn die Kunstsemiotik nicht mehr wissenschaftlich untermauert ist. Das Ziel des Mythos ist es, eine 'normative' Glaubensgrundlage zu liefern, und daher leistet der Formalismus dem 20. Jahrhundert die gleichen Dienste wie der Klassizismus dem 17. Jahrhundert.

Vor achtzig Jahren begannen Kunsthistoriker den Zusammenbruch der klassischen Ästhetik zuzugeben; für Künstler war das Versagen des Klassizismus schon längst eine

Arbeitsvoraussetzung gewesen. Das Pathos der romantischen Rebellion lastete auf der Spannung zwischen der Möglichkeit des Schöpferischen und der offensichtlichen Materialität der Kunstobjekte. Daher ließ sich das romantische Dilemma in einer einzigen Frage zusammenfassen: sind ästhetische Überzeugungen in einer Zeit brauchbar, deren Ziel darin besteht, alle Phänomene deterministisch zu erklären, infolgedessen in einer Zeit, da der Glaube an die Transzendenz des Kunstimpulses seinen niedrigsten Stand erreicht hat? Die Ästhetik der letzten neunziger Jahre setzte mit einem neuen Idealismus ein, der für die objektive Bewertung die subjektive einsetzte. Wie schon gesagt, drückte der Kunsthistoriker Alois Riegl dies mit dem Prinzip des »Kunstwollens« aus, jener Kraft, die einer Kultur zur Verbreitung neuer künstlerischer Sensibilitäten innewohnt. Dies erschien sicherlich als ein unerläßliches Erfordernis für Kunst, falls sie als Idee überleben sollte. So erlebte man, wie allmählich die Techniken der Kunstanalyse mit der künstlerischen Intentionalität verschmolzen: siehe Riegls »Wille zur Form«.

Das Gegenstück oder die intellektuelle Rechtfertigung dieses Prinzips fand sich in Conrad Fiedlers Lehre von der »reinen Sichtbarkeit« – am Ende des 19. Jahrhunderts ein Vorläufer des Formalismus. Fiedler rechtfertigte seine Reduktion von Kunst auf formale Erkenntnis mit der Begründung, daß subjektive Reaktionen auf Kunst mit der Ausdruckskraft des Künstlers zu identifizieren seien, nicht mit dem Betrachter; dies schlug er als nüchterne, entschiedene Alternative zum ästhetischen Idealismus vor.

Die theoretische Anerkennung des künstlerischen Wollens und der »reinen Sichtbarkeit« wurde durch den Psychologen Theodor Lipps und den Kunsthistoriker Wilhelm Worringer möglich. Zu einer Zeit, da modernistische Kunst anfing, Beachtung zu finden, veröffentlichte Worringer seine Dissertation *Abstraktion und Einfühlung* (1910). Unter Verwendung von Lipps' Kunstpsychologie schrieb er: »Ästhetisch genießen heißt, mich selbst in einem von mir verschiedenen sinnlichen Gegenstand genießen, mich in ihn einzufühlen.« (*Abstraktion und Einfühlung*, S. 37.) Durch Einfühlung werden Intentionen des Künstlers erkannt und empfangen, wenn auch nur mit Hilfe einer verbalen Ideologie, wie im Fall abstrakter oder nicht-objektiver Kunst. Offensichtlich beruht diese emotionale Identifikation mit einem Gegenstand auf der gleichen Fähigkeit, wie man sie bei Menschen findet, die die Kräfte totemistischer Objekte erfahren. Derartige Artefakte sind darauf angelegt, Beziehungen zu bezeichnen, die sowohl materiell innerhalb wie außerhalb des Objekts vorhanden sind. Außerdem waren die traditionellen Mittel, Einfühlungsreaktionen zu gewährleisten, bis dahin durch den Realismus oder das bereitgestellt worden, was Worringer als »organische Kunst« ansprach. Als ein Prophet der modernen Kunst leistete Worringer den Beitrag, die geometrischen, strukturellen und dekorativen Künste der Vergangenheit als rechtmäßige Objekte einfühlender Reaktion zu beschreiben. So klärte er historisch den Weg zur Rechtfertigung zeitgenössischer Kunst oder, wie Lévi-Strauss sagen würde, einer Kunst mit Signifikanten, doch mit wenigen oder lediglich ideologischen Signifikaten.

Derartige ideologische Untermauerungen lieferten eine notwendig gewordene Antwort auf den rationalistischen Zweifel des 19. Jahrhunderts. Die »Entideologisierung und Lebensverneinung« durch die Wissenschaft (ebd., S. 181) bedrohten den transzendenten Kunstimpuls nicht mehr – oder wenigstens glaubte Worringer dies. Statt dessen konzentrierte sich die »ganz neue seelische Funktion« von Kunst auf die Fähigkeit des Betrachters, sich mit abstrakter Intentionalität zu identifizieren. Worringer zieht den Schluß: »Die alte Kunst [die akademischen Überbleibsel des Klassizismus] war ein freudloser Selbsterhaltungstrieb gewesen; nun, da ihr transzendentales Wollen vom wissenschaftlichen Erkenntnisstreben aufgefangen und beruhigt wurde, schied sich das Reich der Kunst vom Reich der Wissenschaft.« (Ebd., S. 182.) Spätere Tendenzen der Kunst ließen natürlich die Hoffnungen des Historikers in Zweifel geraten. Ein wirkliches Entkommen vor dem wissenschaftlichen Kritizismus bedeutet die Anpassung von Kunst an eine plausible mythische Form, an eine derart beschaffene, daß sie nicht im Widerspruch zum wissenschaftlichen Denken steht.

Am bekanntesten wurde Heinrich Wölfflin durch seine Konsolidierung der Formanalyse. Er verstand die Komposition als eine der Hauptquellen ästhetischen Genusses, wobei Form, Linie, Farbe, Kontrast, Textur und Anordnung als die eigentlichen Elemente für die Untersuchung des Kunstwerks als einer abstrakten Gegebenheit galten. Obgleich Wölfflin ausschließlich an repräsentationelle Kunst dachte (die er »organisch« nannte), hatte man die Formanalyse bereits auf abstrakte Kunst anzuwenden begonnen. (Schon 1890 finden sich die Beobachtungen verschiedener symbolistischer Kritiker, darunter am bekanntesten die Äußerung von Maurice Denis, ein Gemälde sei »wesentlich eine ebene Oberfläche, die mit Farben in einer bestimmten Anordnung zu bedecken ist«.) Aus der anthropomorphen Metapher und Wölfflins Vorstellung, der menschliche Körper bleibe der archetypische Gegenstand von Kunst, entwickelten sich die formalistische Kritik und Analyse. Der Primat der menschlichen Form verband sich für diese Autoren offenbar mit einer Adaption der Gestaltpsychologie. Die organizistische Grundlage der Gestaltschule befriedigte mit ihrem Vertrauen auf die Beziehungen zwischen Teil und Ganzem ausgezeichnet die Bedürfnisse vieler Kunstliebhaber, Kunstwerke als didaktische Organismen zu interpretieren, die systematisch nach denselben Bedingungen organisiert seien wie die Wahrnehmungsfähigkeit des menschlichen Auges. Eine solche Auffassung wurde allmählich noch bekräftigt, als verschiedene Talente (wie Wassily Kandinsky, Kasimir Malewitsch, Piet Mondrian und Paul Klee) für ihre eigene Kunst eine quasiorganische Souveränität in Anspruch nahmen. Didaktischer Organizismus, der zuerst mit dem Gegenstand und später mit der Organisation der Komposition durch Wahrnehmung verknüpft worden ist, bleibt Substrat der formalistischen Theorie.

Formalismus vermittels der Organ-Metapher ist für den größten Teil der 'malerischen' und biotischen Abstraktion der letzten sechzig Jahre verantwortlich. In neuerer Zeit haben sich Pop Art, Optical Art, Minimal Art, Process Art und Freiluft-Environment-Kunst den vom Formalismus errichteten ästhetischen Regeln widersetzt. Regelmäßig versuchen sämtliche normalisierenden Ästhetiken, Kunst auf Grenzen zu beschränken, die sie für vernünftig halten, und sie stecken daher hinter Clement Greenbergs herabsetzendem Ausdruck »Neuheitenkunst«. Doch es war Bernard Berenson, der als erster den Ausdruck auf die Fallgruben des ästhetischen Geschmacks anwandte: »Neuheit, Andersheit besteht also in der leichten, doch nicht allzu leichten Befriedigung für die kognitiven Fähigkeiten, wenn sich diese auf ein Objekt stürzen, nachdem sie das vorherige erledigt haben. Das ist so voller Sehnsucht, so begehrlich, daß es keinen besseren Richter über die ästhetischen Qualitäten des Objekts gibt, das diese Befriedigung verschafft, als der als Verliebtheit bekannte psychische oder chemische Affekt ein Richter über den moralischen Charakter seines Objekts ist.« (*Aesthetics and History,* S. 153.) Das Epitheton 'Neuheit' ist daher ein zweischneidiges Schwert; verwendet man es als Ausdruck der Verurteilung, verdunkelt man die Neuerung durch den Versuch, künstlerische Oberflächlichkeit zu isolieren.

Infolgedessen ist der Formalismus selber eine intellektuelle Rechtfertigung, die zahlreiche künstlerische Unterstile umfaßt. Sein Verfall als eine mythische Form setzte ein, als eine hinlängliche Anzahl von Künstlern gewahr wurde, daß seine Voraussetzungen erschöpft seien. In einem bemerkenswerten Artikel griff der Kunsthistoriker Michael Fried Vertreter der Minimal Art dafür an, daß sie praktizierten, was sie behaupteten, abgelehnt zu haben: »Ich behaupte also, im Kern der verbalen Theorie [der minimalistischen Theorie] und Praxis sei eine Art verborgener Naturalismus, ja Anthropomorphismus vorhanden. Der Begriff der Gegenwärtigkeit sagt nichts als das ...« (*Art and Objecthood,* S. 19.) Das kommt der Argumentation eines Erzbischofs gleich, der Häretikern vorwirft, sie hätten sich nie von den Geboten der Kirche losgesagt.

Interessant ist, zumal im Licht neuerer Angriffe von Kritikern gegen die kinetische Kunst, die Unfähigkeit des Kunst-Establishment, eine durchgehaltene Zeitdimension zu integrieren oder auch nur zu tolerieren. Die Ursprünge dessen spiegeln die Struktur des Mythos selber. Geschichtsorientierte Mythen existieren nur als Punkte in der Zeit, nie als fortdauernde Ereignisse. Der Erfolg der Kunstgeschichte hängt von der Zurückführbarkeit jedes Kunstwerks, jedes Stils auf einen bestimmten Zeitpunkt oder Zeitabschnitt ab. Wie George Kubler bemerkt, existieren Kunstwerke nicht in der Zeit, sie haben einen »Auftrittspunkt«.

Jedes Paradigma deskriptiver Analyse eliminiert sich letzten Endes selber als brauchbarer Mythos, weil es ihm mißlingt, Vergangenheit und Zukunft zu vermitteln und einen intellektuell folgerichtigen Begriff sämtlicher Kunst zu liefern. Ja, der Mangel an Zusammenhalt innerhalb von Kunsttheorien gestattet dem Künstler eine gewisse Erfahrung, die Situation zu kontrollieren, und verschafft der Kunst möglicherweise ihre rätselhafte Konsistenz. Synchronische Mythen sind normalerweise zyklisch und vorhersagbar. Doch der historische Kunstmythos beruht auf seiner Unvorhersagbarkeit. Infolgedessen gehört zu den nützlichsten Merkmalen der formalen deskriptiven Analyse ihre Unfähigkeit, offenbar isolierte Kunstobjekte miteinander zu verbinden und zu analysieren. Dies ist eine Situation, die wechselweise sowohl Kunsthistorikern wie Künstlern zugute kommt.

So bestand in den letzten fünfzig Jahren – zumindest oberflächlich – ein gewisser Rapport zwischen Künstlern und Kunsthistorikern, und zwar genau so lange, wie beide eine wechselweise nutzbringende Strategie anwandten. Es überrascht nicht, daß das wachsende Geschick, mit dem Historiker Dokumente einschließlich Kunstwerken verifizieren und analysieren, über ihr Verständnis für die daran beteiligten Tätigkeiten vorentscheidet. So wie gelehrte Bücher und Kataloge gründlicher und kompetenter werden, werden ihre literarischen und positivistischen Techniken zu pyrotechnischen Epiphanien der zur Debatte stehenden Arbeiten. Das begann ganz natürlich, als die philologischen Techniken des 19. Jahrhunderts zum erstenmal auf Kunstbereiche und Hilfsdokumente angewandt wurden. Um die Mitte des Jahrhunderts benutzte man die entsprechenden Ergebnisse als Materialien der allgemeinen Kunstgeschichte, und am wichtigsten ist, daß sie eine methodologische Grundlage für den catalogue raisonné abgaben. Ikonografische und formale Analysen galten als Korrektive des dokumentarischen Aspekts und lieferten später unschätzbare 'Lesarten' für einzelne Kunstwerke. Es wird jedoch immer offensichtlicher, daß der Formalismus aus dem Behaviorismus und der Gestalttheorie des frühen 20. Jahrhunderts besteht, die zu einer nachklassischen, aber neoidealistischen Ästhetik verschmolzen und als gelehrtes Instrument auf Kunst angesetzt wurden. Im weitesten Sinne liegt hier eine Wechselwirkung zwischen der die Kunst tragenden Vorstellungen und den für ihre Analyse verwendeten Methoden vor.

Innerhalb der letzten fünf bis zehn Jahre begannen einige Kunsthistoriker eine 'Anti-Interpretations'-Lehre zu unterstützen, wonach Kunstwerke und vielleicht auch die Biografien ihrer Urheber als sakrosankte Texte studiert werden. Die entsprechende Argumentation besagt, jeder Versuch, Kunstwerke in ein System zu zwängen, verfälsche schlicht die Intentionen der Künstler und die Integrität ihrer Arbeiten. Oberflächlich betrachtet, scheint dies verdienstvoll zu sein, nur daß es eben auf eine Hemmaktion hinausläuft. In der Einsicht, daß der organismische Begriff der Kunstgeschichte nicht mehr gültig ist, versucht man damit einfach, jede Analyse dieses Versagens zu blockieren. Im Grunde eine konservative Kunsttheorie im Sinne Hegels, erwartet diese Richtung eine konstante Evolution neuer und signifikanter Kunstbilder, die logisch mit der Vergangenheit verbunden sind. Dies ist gewiß eine sehr lineare Auffassung der hegelschen Dialektik, die in Wirklichkeit nicht das sanft und angenehm Unerwartete, sondern das radikal Unerwartete antizipierte. Der Kunsthistoriker Arnold Hauser hatte viel über Exponenten der 'Kunst um der Kunst willen' zu sagen, die Kunst als ein geschlossenes System verstehen, und zwar als eines, das der Zerstörung anheimfällt, wenn man es in den soziologischen oder ökonomischen Bereich hinein ausweite. Doch Hauser verfehlt den Hauptpunkt, denn nicht soziopolitische Analyse beraubt die Kunst ihrer Spiritualität, vielmehr wird die Kunstgeschichte, je mehr sie sich mit anderen Bereichen der menschlichen Entwicklung verbindet, um so unbefriedigender als mythische Schöpfung. Um wirksam zu bleiben, müssen Mythen ihre Linearität und ihren kristallinen Charakter bewahren und sich an eine strukturelle Form halten, die sich immer wieder auf wechselnde Thematiken anwenden läßt.

Es hat den Anschein, als sei Brian O'Doherty einer der ersten Kritiker gewesen, die ernstlich die Frage nach dem gegenwärtigen Bruch zwischen Kunst und Kunstgeschichte stellten. Er spricht von der eigentümlichen Situation, in der wir nach der Erfindung der Kunstgeschichte entsprechend den Worten Ciorans von ihr aufgefressen werden: »Der Angriff gegen die Irreführungen der historischen Systeme ... scheint die Geschichte zu verräumlichen, indem er sie in eine Landschaft oder eine Fläche verwandelt, auf der alle vergangenen und gegenwärtigen Ereignisse versammelt sind. Auf dieser chaotischen Fläche können wir nach Wunsch und Willen Eintragungen vornehmen. Geschichte ist zugunsten spezifischer Chaosformen verschwunden.« (Bei einer Podiumsdiskussion an der University of Iowa, 10. Mai 1969.) Im Anschluß daran umreißt O'Doherty die teleologischen Möglichkeiten, denen sich die Kunstwelt konfrontiert sieht:

I Dialektische Geschichte und der Postmodernismus (insbesondere) einer Farbfeldmalerei.

II Objektkunst und Concept Art und die antihistorische Landschaft [auch die Process Art], in der Ordnung mit verschiedenen Modalitäten von Chaos umschrieben ist und umgekehrt.

III Allgemein mit Zukunft identifizierte Kunst, cum grano salis kinetische und technologische Kunst umfassend, in der ständig Bezug auf technologische Forderungen und soziale Ideen genommen wird.

Bemerkenswert an O'Dohertys Möglichkeitskatalog ist nicht die Anzahl der Stile, da uns ein derartiger Pluralismus seit dem Ende des letzten Jahrhunderts begleitet, sondern vielmehr, daß jede dieser Gruppierungen eine Zukunft impliziert, die mit der Zukunft der anderen unvereinbar ist.

Stil bleibt die *bête noire* der Kunstgeschichte. Kaum, daß sich die Kunsthistoriker über das Jahrzehnt einig sind, in dem die Renaissance ihren Höhepunkt erreichte, oder über den genauen Übergang vom Neoklassizismus zur Romantik. Noch immer wird eine Theorie vorgetragen, wonach die Rebellionen des 20. Jahrhunderts mehr oder minder Fortsetzungen der romantischen Epoche seien. Auch neigen einige Historiker dazu, das Bauhaus und die C.I.A.M.-beeinflußte Architektur der zwanziger Jahre als modernistische Version des Klassizismus zu verstehen. So sinnvoll oder irrig diese Vorschläge auch sein mögen: sie sind Indizien für die Nötigung des Historikers, Ereignisse sinnvoll zu kategorisieren und, mehr noch, diese Kategorien folgerichtig und aneinandergrenzend anzulegen.

Vor kurzem untersuchte der Philosoph und Ästhetiker Morris Weitz die Folgewidrigkeiten des als Manierismus bezeichneten Stils *(The Concept of Style in Art History)*. Er zeigt, daß unter vier angeführten Autoritäten sich nicht zwei über die Vorläufer, die Daten, die Künstler, die Merkmale oder die Bedeutung des Manierismus einig sind. Weitz erklärt, die Nebenbedeutungen von 'maniera' griffen negative Eigenschaften auf, die der Ausdruck 'Manierismus' noch immer mit sich führe. Es ist beinahe so, als denke man von künstlerischen Perioden günstiger, wenn sie eine chronologisch eindeutige Visualität aufweisen und im Gegensatz zu den Nachbarepochen stehen. Die

Quintessenz von Weitz' Aufsatz lautet: »Eine Untersuchung über den Umfang der Meinungsverschiedenheiten unter den Historikern des Manierismus und zumal über die Gründe, die sie dafür anführen, ob einzelne Arbeiten oder Künstler manieristisch oder nicht manieristisch seien, enthüllt die unaufhebbare Vagheit von Stilbegriffen, die von allen Kunsthistorikern übersehen wurde, welche festlegen, was Stil sei, ohne zu verstehen, wie stilbildende Ursachen in der Kunstgeschichte tatsächlich wirksam werden.« (A. a. O.) Und daher empfindet man schmerzlich die Unzulänglichkeiten des Stils, wie sie Meyer Schapiros berühmter Essay über dieses Thema schon vor nahezu zwei Jahrzehnten bestätigte *(Style)*. »Wie die Stilbildung tatsächlich in der Kunstgeschichte vor sich geht«, bleibt eine unbeantwortete und fesselnde Frage.

In einigen Bereichen wird auf diese Frage bereits durch die Ablehnung der Geschichte selber als einer Sozialphilosophie eingegangen; dies geschieht zumal dort, wo ein volles Bewußtsein der Implikationen aus Saussures Termini *diachronisch* und *synchronisch* vorhanden ist. Nach Lévi-Strauss wehren sich primitive Gesellschaften verzweifelt gegen Veränderungen in ihrer Lebensweise. Dennoch eintretende Wandlungen rühren entweder von unvorhergesehenen Umweltbedingungen her oder vom Eindringen »zivilisierender« Kräfte im Besitz einer höherentwickelten Technologie. Die meisten unaufgeklärten Gesellschaften ziehen es vor, bescheiden in einem ökologischen Balancezustand mit ihrer Umwelt zu leben. Dies sind, nach den Worten von Lévi-Strauss, »kalte Gesellschaften, Gesellschaften, die keine denkbare Veränderung im Lauf der Zeit in Betracht ziehen und keine geschriebene Geschichte nötig haben; daher sind sie ihrer Struktur nach ahistorisch oder synchronisch. Im Gegensatz zu ihnen ist seit der neolithischen Revolution eine Anzahl »heißer Gesellschaften« entstanden. Ihr Dynamismus ist dem Forschen, ständigen mörderischen Kriegen, dem Klassenkampf und einem Selbstverständnis im Sinn florierender Organismen zuzuschreiben; kurzum, es handelt sich bei ihnen um diachronische Strukturen, um Gesellschaften mit historischem Sinn.

Lévi-Strauss gibt zu verstehen, daß sämtliche Gesellschaften in ihre Gebräuche und Informationssysteme Mythen eingliedern, da Mythen stabilisierende Elemente in Form von Erzählungen sind, die unbeschadet der zahlreichen Weisen wahr bleiben, in denen sie erzählt werden. Zumindest für Lévi-Strauss ist es fragwürdig, ob eine diachronische Kultur den Mythos aufrechterhalten kann, da die Langlebigkeit von Mythen von Sozialstrukturen abhängig ist, in denen sich die Ereignisse unverändert wiederholen und damit psychisch und intellektuell die gleichen bleiben. Geschichtsorientierten Gesellschaften scheint die Grundlage für eine stabile Mythenstruktur abzugehen. Lévi-Strauss ist sich jedoch durchaus bewußt, daß es in aufgeklärten Gesellschaften Mythen gibt, und er meint, wir hätten eben begonnen, die Mechanismen zu entdecken, nach denen sie funktionieren.

Ein Mechanismus, nach dem Mythen sich in der Kunstgeschichte zur Geltung bringen, ist der 'Genre-Begriff', beziehungsweise das Klassifikationsmittel, das künstlerische Ereignisse zur leichteren Handhabung in Gruppen und Untergruppen aufteilt. Stil als solcher fungiert als eine Art Angelpunkt zwischen dem Kunstobjekt und der Kunstgeschichte. Er vermittelt den monolithischen Begriff der Kunstgeschichte durch eine unendliche Zahl von Ereignissen und Objekten, die das historische Ideal ausmachen. Wie die Tabelle I zeigt, wird jede diachronische Zeitabfolge durch Begriffe synchronischer Zeit 'eingeklammert'. Diachronische Zeit setzt voraus, daß sich eine unendliche Anzahl von Ereignissen überlappt und in einer Weise verschmilzt, daß keine materiellen oder von selber einleuchtenden Unterscheidungen möglich sind. Infolgedessen halten geschichtsorientierte Kulturen mythische Strukturen dadurch aufrecht, daß sie fließende Zeiteinschnitte zwischen die monolithischen Abfolgen der synchronischen Zeit einbauen. Neu entdeckte Kunstobjekte werden, wenn möglich, in die Konzepte von Objekt, Stil und Geschichte eingegliedert. Ist eine radikale Regulierung nötig, geschieht sie dadurch, daß man ein neues stilistisches Konzept definiert und andere Stile im wesentlichen ungestört läßt. Auf ähnliche Weise werden ältere Werke angepaßt und neu bewertet.

I Historisch-mythische Strukturen in der Kunst durch diachronisch-synchronische Synthese

Synchronische Zeit	Diachronische Zeit	Synchronische Zeit	Diachronische Zeit	Synchronische Zeit
Kunstgeschichte	Abfolge von Stilen	Stil	Abfolge von Kunstobjekten	Kunstobjekt
Geschichte	Abfolge von Epochen	Historische Epoche	Abfolge von Ereignissen in Urkunden	Ereignis

Fundamental für die mythische Form der Kunstgeschichte ist die Praxis, wonach sämtliche Objekte als völlig einheitlich verstanden werden. Kunstwerke lassen sich nie teilen oder vervielfachen, obwohl sie sich fortlaufend oder zyklisch auf andere Werke beziehen mögen. Dies trifft für Stile zu, die zu linearen Segmenten in der Spanne der historischen Zeit werden. Theoretisch ist es unmöglich, daß mehrere Objekte denselben Platz in Raum oder Zeit einnehmen. In ähnlichem Sinn machen sich Stile, ideal verstanden, sequenzförmig geltend. Moderne Kunst stellt etwas von einem Gegensatz dazu dar. Seit dem Impressionismus hat die Stilpluralität so weit zugenommen, daß in der Kunstwelt vielleicht ein halbes Dutzend von Stilen gleichzeitig praktiziert und akzeptiert wird.

Chronologische Homogenität ist gleicherweise für die Aufrechterhaltung des kunsthistorischen Mythos nötig. Es kann nicht mehr als eine Kunstgeschichte geben, da eine zweite widersprüchliche mythische Strukturen hervorbrächte. Daher werden sämtliche Objekte, die wenigstens gewisse Züge von Kunst aufweisen, zu Kunstobjekten. Seit der Jahrhundertwende haben zahlreiche archäologische und anthropologische Entdeckungen zu einer lästigen Situation geführt, in der es eine Globalkunstgeschichte statt der Geschichte abendländischer Kunst gibt. Daher stellen sich Fragen darüber, was Kunst ausmache: ursprüngliche ästhetische Intention oder nachträgliche Wahrnehmung ästhetischer Werte? Infolgedessen wurden Eingeborenen-Artefakte aus Afrika, der westlichen Hemisphäre, Asien und Ozeanien zuweilen unmittelbar mit Beispielen modernistischer Kunst verglichen. Weder der Gebrauch noch die Morphologie verbindet diese unterschiedlichen Artefakte miteinander; gemeinsam ist ihnen natürlich, daß sie als Elemente dieser oder jener mythischen Form entstehen und unbewußt in diesem Sinn verstanden werden. (In dieser Hinsicht ist es interessant, über die Gründe nachzudenken, warum man der Kinderkunst nie einen Platz in der 'Kunstgeschichte' einräumte – zumal doch Kinderkunst gleiche Affinitäten zur modernen Kunst aufweist, wie sie sich in der sogenannten primitiven und Eingeborenenkunst zeigen. Unter mythischem Gesichtspunkt liegt die Ursache darin, daß Kinder unfähig sind, Kunst hervorzubringen, weil sie keinen Nachwuchs zeugen; und dann bewirkt ihre Kunst nicht die Erfahrung historischer 'Evolution', sondern ist das Ergebnis physischer Wachstumsphasen.)

Alle Mythen enthalten als notwendige Merkmale Zeitumkehrungen. Platon hat beispielsweise in seinem *Phaidon* eine klare Vorstellung von Unsterblichkeit. Auch entwickelte er eine Dialektik zwischen dem Einzelnen und dem Dauernden (nicht unähnlich der Synchronie und der Diachronie), und zwar im Hinblick sowohl auf die Zeit wie auf das Selbst. Platon war überzeugt, daß Essenzen kontinuierlich existierten, während Elemente der menschlichen Kultur danach trachteten, zu allgemein idealen Formen zu werden. Einheiten existierten in der dauernden Zeit, Einzeldinge gruppenweise in bestimmten Zeitpunkten.

Platon behauptete, der menschliche Körper sei aus Teilen und Tätigkeiten zusammengesetzt, die zeitlich in diskreten Zuständen existierten. Innerhalb des Körpers gebe es jedoch die Seele, die den Körper bewegt, wie man beispielsweise ein Auto fährt. Da sich der Körper stets im Zustand des Werdens befinde, müsse er eine diskrete, sich mit dem Zeitablauf entwickelnde Form sein, während die Seele eine stets einheitliche sei. Doch da die Seele essentiell existiere, lasse sie sich nicht zergliedern und daher lebe sie fort. Die christliche Eschatologie ist infolgedessen die perfekte Weise, in Erzählform die platonische Unsterblichkeitstheorie zu legitimieren.

Im *Willen zur Macht* entwickelt Nietzsche ein Argument, das im Widerspruch zur Grundlage der christlichen Logik steht. Er widerlegt die Existenz Gottes, indem er die Vorstellung angreift, jeder Augenblick sei diskret und einzigartig. Nietzsche behauptet, die Materie sei im Universum endlich, die Zeit dagegen unendlich. Da eine bestimmte Anzahl von Teilen sich nur zu einer endlichen Zahl von Kombinationen verbinden lasse – wiewohl es dabei zu einer großen Anzahl komme – werde jede mögliche Kombination dieser Teile auftreten (vorausgesetzt, es werde nie ein Gleichgewichtszustand eintreten, was offensichtlich nicht geschehen sei, weil sich die Welt noch immer ändere und sich bereits von keinem bekannten Zeitpunkt aus entwickelt habe).

Infolgedessen werde jede Kombination eine unendliche Zeitdauer lang ausprobiert. Permutationen einer bestimmten Abfolge entständen gemäß der Kraft der beteiligten Ereignisse und Konfigurationen. Doch selbst das laufe auf eine endliche Anzahl hinaus. Daher wiederhole sich jede mögliche Sequenz mit Notwendigkeit im Verlauf einer unendlichen Zeit (*Aus dem Nachlaß der Achtziger Jahre*, passim). (Aus Nietzsches Argumentation ergibt sich, daß es derselben Person bestimmt sei, unendlich oft dasselbe Leben zu leben!)

Man kann sich über Nietzsches Physik und Kosmologie streiten, und das mit guten Gründen, dennoch bleibt er einer der ersten Philosophen, die versuchten, die Logik hinter mythischen Strukturen auszuhöhlen. Unter Verwendung von Platons Annahmen zerstört Nietzsche die Vorstellung einer fortdauernden und essentiellen Seele, indem er eine dem widersprechende Vorstellung vertritt, nämlich den Gedanken, daß jedes Ereignis im Leben eines Menschen eine einzigartige und diskrete Kombination von Umständen sei. Platons Seele konnte niemals ihre Tätigkeit in anderen Körpern wiederholen. Nietzsche schaltet die Möglichkeit der geistigen Kontrolle über eine unbegrenzte Zeit aus und ersetzt sie durch seinen Übermenschen, jenes einmalige Individuum, dessen »Wille zur Macht« es, im Augenblick, in die Lage versetze, das Geschick anderer zu kontrollieren. Als mythische Form, die zugleich mit dem technologischen Demiurgen identisch ist, verlagert Nietzsche die Bedeutung vom ewigen Leben auf die absolute Macht über die Gegenwart.

Die gleiche Wechselbeziehung ist dem Verhältnis zwischen Künstler und Kunsthistoriker inhärent. Der Ertrag einer künstlerischen Tätigkeit ist die unmittelbare Kontrolle über den Augenblick durch das Individuum, und zwar über die Vermittlungsinstanz der Kunstgeschichte. Erfolgreiche künstlerische Produktion im historischen Sinn entwertet jede vorangegangene Schöpfung, indem sie diese veralten läßt. Parallel dazu verwendet das Christentum die Zerstörung des einen Lebens, um viele Existenzen ewig dauern zu lassen. Kunst stellt eine ähnliche Umkehrung dar. Sie wird zum Produkt eines Einzelmenschen statt ganzer Gesellschaften, so daß Kunstobjekte allen Menschen zu allen Zeiten Vergnügen bereiten. Die Legitimität des Künstlers ist davon abhängig, daß er den richtigen Ansatz in der Verwendung von Zeichen zur Herstellung von Objekten (Kublers »Stellenwert«) in einem bestimmten historischen Zeitpunkt findet. Daraus erwächst ein mythischer Austausch zwischen Künstler und Kunsthistoriker. Jeder bedeutende Künstler erhält im Kontinuum der Kunstgeschichte die Kontrolle über Zeitsegmente, und im Austausch dagegen gewinnt der Kunsthistoriker die Herrschaft über die ideale Zeit, über Vergangenheit und Zukunft. Die Bedeutung dessen ist offensichtlich. Wie Lévi-Strauss zu verstehen gibt, üben Mythologien Zwänge auf eine ewige Gegenwart aus. Doch er weigert sich zu sagen, daß sich geschichtlich orientierte Mythologien herausnehmen, über die Vergangenheit zu bestimmen, und damit in gewissem Grad über die Zukunft. Im Verlauf der Zeit beginnen Künstler intuitiv, Regeln gemäß dem historischen Mythos zu formulieren, wobei sie notwendige Bedingungen der Logikstruktur erfüllen. Die Kunstgeschichte verlangt, wie die Seele in

Platons *Phaidon*, eine Behandlung als dauerndes und sich entwickelndes Ideal. Der Begriff eines fortdauernden Ideals korrespondiert damit, daß der avantgardische Künstler den wesentlichen Zusammenhalt von Elementen in seiner Kunst ausdrückt. Gleicherweise mythisch ist die Auffassung Nietzsches, der ideale Ausdruck nehme die Form endlicher, wiederholter Machtbestätigungen zu einer bestimmten Zeit und an einem bestimmten Ort an.

So bringen offenbar alle Versuche, Ereignisse zu kategorisieren, Tendenzen in Richtung auf eine mythische Struktur hervor. Nichtsdestoweniger bleibt das eine ungelöste Frage, da eben die Natur solcher Kategorien voraussetzt, daß eine 'Sprache' oder ein Standpunkt unerläßlich seien. George Kubler läßt in *The Shape of Time* mehr Einsicht in diese mißliche Lage erkennen als viele seiner Kollegen. Mit beträchtlicher Objektivität erörtert er die Schwäche der meisten historischen Techniken. Seine eigene und eigentümliche Vorliebe entstammt möglicherweise seiner Wertschätzung des Kunsthistorikers Henri Focillon. Er würde, wenn das möglich wäre, Focillons organische Metapher in einen Komplex wissenschaftlicher Techniken übersetzen, um die formalen Eigenschaften aller Arten von Artefakten, nicht nur einfach von Kunstwerken, zu untersuchen. Als Archäologe nimmt Kubler den synthetischen Charakter der Unterscheidungen wahr, die das eine Objekt zum Kunstwerk machen, das andere dagegen nicht. (In der Tat nimmt eben diese Willkür dem kunsthistorischen Konzept viel von seiner Glaubwürdigkeit.) Kublers morphologisches Schema stützt sich auf die erfinderische Einzigartigkeit von Werken, die in einer Abfolge auftreten. Und eben in diesem mathematischen Verständnis der Reihe deckt Kubler eine Haupttäuschung der Kreativität auf. Er bemerkt, daß von »innen« gesehen (nämlich im Zusammenhang der Kunstgeschichte) die meisten Klassen als offene Folgen und daher als unendlich erscheinen; von »außen« gesehen, wirken sie dagegen als geschlossene Reihen. Das impliziert, daß moderne Kunst ein halbblindes Unterfangen ist, daß sie sich als Reihe in Richtung auf Null oder Unendlich bewegt. In jedem Fall beschränken ihre Bedingungen alle künftigen Bedingungen innerhalb derselben historischen Reihe. In einem anderen Zusammenhang führt Kubler die Reihenregel an: »1. Im Verlauf einer unumkehrbaren endlichen Reihe reduziert die Verwendung einer Position die Zahl der verbleibenden Positionen; 2. jede Position innerhalb einer Reihe läßt nur eine begrenzte Anzahl von Handlungsmöglichkeiten zu; 3. die Wahl einer Handlung legt die entsprechende Position fest; 4. die Einnahme einer Position definiert und reduziert den Bereich von Möglichkeiten in der darauffolgenden Position.« (*The Shape of Time*, S. 54) Periodologie ist gemäß der Autorität Kublers (ebd., S. 105) eine völlig willkürliche Konvention, festgelegt hauptsächlich aufgrund ästhetischer Erwägungen.

Kubler beendet sein Buch mit der Überlegung, daß Stil einem »Regenbogen« gleiche: »Er ist ein Phänomen der Wahrnehmung, beherrscht vom Zufall bestimmter materieller Bedingungen. Wir können ihn nur kurzfristig sehen, wenn wir zwischen Sonne und Regen innehalten, und er verschwindet, wenn wir dorthin gehen, wo wir ihn zu sehen vermeinten. Wann immer wir denken, wir könnten ihn greifen, etwa in der Arbeit eines einzelnen Künstlers, löst er sich in die weitere Perspektive der diesem Künstler vorangegangenen und auf ihn folgenden Künstler und ihrer Arbeiten auf ...« (Ebd., S. 129.) Wie alle Mythen besitzen die Begriffe des Stils und der Kunstgeschichte solange Vitalität und Kraft, wie sie *lebendige* Ideen sind; einmal angesichts von Widersprüchen einer genauen Prüfung unterzogen, lösen sie sich vor unseren Augen auf.

Eine strukturale Auffassung von Kunst

Falls das Wesen von Wissenschaft, Ethik, Sprache und Zeremoniell in begrifflichen Beziehungen besteht, dann könnte das gleiche auch von Kunst gelten. Und auf dieser Ebene bewegend, müssen wir die Möglichkeit akzeptieren, daß Kunst nach einem nicht wahrgenommenen und unkonventionellen logischen Schema funktioniert. Wenn diese Erkenntnis beängstigend erscheint, dann deshalb, weil es die Verschmelzung visueller Formen schwierig macht, Themen, bildnerische Elemente und Reflexionsebenen in leicht zu handhabende Kategorien auseinanderzulegen. Doch falls sich die Syntagma-System-Beziehungen ikonischer Arbeiten definieren lassen, ist die Aufgabe, Struktur festzustellen, nicht unüberwindlich. Ja, die zugrundeliegende Logik enthüllt sich mit zunehmender Klarheit, wenn wir zeitgenössische Kunst untersuchen, die die meisten traditionellen signifizierenden Termini preisgegeben hat.

Bis vor kurzem blieb Kunst eine Quelle sozialen Zusammenhalts, vergleichbar dem Totemismus, dem Schenken und dem Frauentausch zwischen den Clans. So repräsentiert Kunst, trotz allem, was am Modernismus zersplitternd zu wirken scheint, eine stabile Kommunikation innerhalb einer Gesellschaft. Daher ist die Avantgarde mit ihrem Verfall mehr als eine versagende Institution; sie kündet vielleicht die Unfähigkeit einer bestimmten mythischen Form an, sich länger zu erhalten, und das gilt möglicherweise für alle mit ihr verbundenen mythischen Formen.

Zur Verifikation bedenke man den Ort der Kunst in nachklassischen Zeiten. In den Jahrhunderten unmittelbar nach dem ersten christlichen Jahrtausend war die Funktion zwei- und dreidimensionaler Bildwerke offensichtlich totemistisch. Kunst diente der Kirche; ihr didaktisches Ziel war es, die Gläubigen zu begeistern und über die augenblicklichen Lehren zu unterrichten, wobei sie das geistliche und das weltliche Gesetz vermittels biblischer Erzählungen miteinander vermischte. Beispiele byzantinischer und mittelalterlicher Kunst ermöglichen uns, die Bedeutung des Ausdrucks 'Ikone' zu verstehen: im buchstäblichen Sinn die Vorführung einer heiligen Bilderwelt, die Objekte mit der magischen Kraft der dargestellten Ideen ausstattet. In Ikonen, illustrierten Büchern, farbigen Fenstern, Mosaiken und anderen religiösen Artefakten bestimmte die begriffliche Kraft eines Themas die Fähigkeit des Betrachters, heilige Eigenschaften mit den Objekten selber zu identifizieren.

Wenn irgend etwas, dann repräsentiert die prahlerische Perfektion klassischer Ideale während der Renaissance die Verringerung des religiösen Rapports durch das Medium von Objekten. Infolgedessen waren die bildnerischen Neuerungen der relativen Größe, der verschwindenden Punkte, der räumlichen Tiefe, der natürlichen Farbgebung, des Schattens und der Luftperspektive am geeignetsten für ein Zeitalter mit geringem Glauben an die abgebildeten Mythen und Lehren. Die Darstellung religiöser Ideale und ihrer irdischen Gegenstücke wichen spärlich kaschierten Abbildungen der wirklichen Welt. Bedeutung kommt dem Umstand zu, daß im 17., 18. und 19. Jahrhundert – also während des Niedergangs religiösen Ausdrucks – die Akademien historische und mythologische Themen als die edelsten und für den Künstler wichtigsten greifbaren Gegenstände herausstellten. Die Darstellung von Genreszenen, Stilleben, lebenden Personen und Landschaften galt als zweitrangiges Unterfangen. So entwickelte sich im Verlauf von vier Jahrhunderten (vom 13. bis zum 17.) die abendländische Kunst von den unemotionalen Stereotypen und der psychologischen Neutralität totaler religiöser Überzeugung zur Abbildung lebendiger, intimer Szenen des Alltagslebens, wobei die akademische Tradition der offenen Mythologie eine Brücke zwischen beiden bildete. Die Bedeutung der akademischen Tradition liegt darin: mythische Fabeln und historische Vorfälle beziehen sich auf Ereignisse, die evidentermaßen mythisch und daher passende Materialien für Kunst sind. Freilich wurde man allgemein nicht vor dem 19. Jahrhundert gewahr, daß die Tätigkeit großer Künstler an sich die Substanz von Mythos bilden konnte. Dennoch war es im Endeffekt eben das, was seit Rembrandt verschiedene Künstler mit ihrem Werk impliziert hatten.

Man hat viel vom Verfall der realistischen Malerei im Anschluß an die Erfindung der Daguerreotypie im Jahr 1839 hergemacht. Aber es sieht so aus, als habe der Niedergang der Renaissance-Konventionen schon wenigstens zwei Jahrhunderte früher in der niederländischen Malerei eingesetzt. Die Fotografie tat, wie ihr Delacroix bescheinigte, nur eines: sie führte den Malern eine unfehlbare Realitätsimitation vor, mit der sie es wohl nie aufnehmen konnten. Daher bestand das Resultat in Frustration und an einigen Stellen in wilder Opposition gegen die Fotografie. Womit die optisch-chemische Reduplikation aktueller Ereignisse einfach eine vom Realismus wegführende Tendenz bekräftigte, die unter den Künstlern schon seit Jahrhunderten wirksam gewesen war. Einige Akademiker versuchten, es mit den unendlichen Abstufungen der Fotografie in Tonwerten und Details aufzunehmen. Doch ironischerweise erkannten Maler wie Manet, Degas und Cézanne die volle Bedeutung der Kamera in ihrer Fähigkeit, Räume flach zu machen, Schatten zu eliminieren und bewegte Formen leicht außerhalb des Gleichgewichtszustands festzuhalten.

Zumindest seit dem 16. Jahrhundert verwendeten Künstler die Camera obscura (einen Kasten mit einer feinen Öffnung, durch die sich ein reales Bild auf einen Schirm projizierte). Damit hatten sie ein Mittel an der Hand, Bildkompositionen mit naturgetreuen Abbildern ihrer Modelle zu beglaubigen. Es scheint in der Tat verständlich, daß nur eine Kultur, die gezwungen war, die Resultate einer Kamera zu imitieren, sich damit abmühen konnte, dieses spezielle Stück Technologie zu entwickeln. Wir sind an den fotografischen Realismus so sehr kulturell angepaßt, daß Anthropologen und Psychologen erst vor kurzem erkannten, daß bildnerischer Illusionismus von visuellen Reizen abhängig ist, die wesensmäßig ebenso abstrakt sind wie Beispiele primitiver oder modernistischer Kunst (Segall u. a., *The Influence of Culture on Visual Perception*, S. 3–22, 209–214). Nichtsdestoweniger versuchten Psycho-Ästhetiker wie Rudolf Arnheim hartnäckig, einen formalistischen oder atomistischen Zugang zur visuellen Rekonstruktion zu finden. In *Art and Visual Perception* zerlegt Arnheim die bildnerische Darstellung in Balance, Gestalt, Form, Wachstum, Raum, Licht, Farbe, Bewegung, Spannung und Ausdruck. Und er erklärt hier den Abstraktionsmechanismus, indem er die Eigenschaften eines visuellen Elements nach dem anderen untersucht. Abstraktion wird in solchen Fällen (S. 51–53) fast stets im Sinn der optischen Abweichung von der Norm beschrieben, also unter Einschluß der Verzerrungstypen. Natürlich setzt das unter einem formalistischen Gesichtspunkt voraus, daß sämtliche Abbildungen von Wirklichkeit abstrakt sind – abgesehen von der Wirklichkeit selber. Überdies erklärt diese Theorie nur einige der begrenzteren Verzerrungen, wie man sie in avantgardistischer Malerei und Skulptur in den ersten Jahrzehnten unseres Jahrhunderts findet. Wie kann das die Tatsache erklären, daß viele moderne Künstler das Empfinden haben, *ihre Arbeit stelle Wirklichkeit in ihrer eigentlichen Form wieder her, statt von ihr abzuweichen?*

Infolgedessen legen wahrnehmungsorientierte Erklärungen, auch die wissenschaftlichsten, nie die Ursprünge künstlerischer Transformation bloß, die wir 'Abstraktion' nennen. Um abermals auf die Terminologie von Lévi-Strauss zurückzugreifen: Künstler malen Bilder nicht, weil sie 'gut anzusehen', sondern vielmehr, weil sie 'gut zu denken' sind. Kunstwerke sind Totems, die sich durch ihre Assoziationen mit anderen Werken systematisch selber definieren. Diese Beziehungen sind Wahrnehmungsgewohnheiten, die uns in die Lage versetzen, einen gewissen Aspekt der äußeren Wirklichkeit in den gesehenen Objekten zu realisieren. Daher sind mechanische Perspektiven und Luftperspektive, Lokalfarbe, Gestaltbeziehung, Figur-Hintergrund-Konstruktion, Körper-Objekt-Assoziationen und die Herstellung und die begriffliche Erfassung von Kunst in die totemistische Struktur von Kunst einbezogen. Was wir unter 'moderner Kunst' verstehen, ist nichts als die Tradition der Preisgabe einer derartigen Konvention nach der anderen. Kunst ist ein System, das die Assimilation oder Zurückweisung jeglichen Inhalts einkalkuliert, vorausgesetzt, die Verschlüsselung geschieht nach den Regeln der historischen Neuerung.

Wie schon früher festgestellt, ist die Methode, nach der Beziehungen zwischen Signifikanten und Signifikaten verschoben oder fallengelassen werden, die der Barthesschen »Überschreitungen«. Um seine Definition zu wiederholen: Überschreitung ist »die Ausdehnung eines Paradigmas auf die syntagmatische Ebene«. Ganz allgemein bedeutet das, daß Künstler auf einzigartige Weise gewisse Beziehungen innerhalb einer Arbeit systematisieren, während sie andere Systeme fallenlassen oder neutralisieren. Die Substrate für alle formalen Beziehungen bilden die oben aufgeführten mimetischen Konventionen; jede avantgardistische Kunst versucht, das Mittel der realistischen

Nachahmung, also des fotografischen Illusionismus hinter sich zu lassen. Es wird offenkundig, daß das Ziel des persönlichen Ausdrucks, das die nachklassische Kunst durchzieht, ein immer höherer Grad der Entfernung von der exakten Imitation darstellt. Daher zwingt der historische Druck schließlich die meisten Künstler zu dem Versuch, die Heterogenität der systematischen Ebene aufzuheben und dadurch die normalen 'Redemuster' der Kunst zu verändern.

In späteren Phasen der modernistischen Kunst hat »Überschreitung« eine andere Bedeutung. Dies ist dann eine Umkehrung von Barthes' Definition. Es treten Umstände auf, bei denen die syntagmatische Ebene völlig die systemhaften oder kulturellen Entscheidungen beherrscht. Der Begriff des Ready-made ist ein wesentliches Beispiel dafür. In diesem Fall systematisiert der Künstler nichts, statt dessen determiniert die Konsistenz des gewählten Objekts die paradigmatische Ebene vollständig.

In der Kunst gibt es zwei Arten der Überschreitung: wir wollen sie als *formale* und als *historische Überschreitung* klassifizieren. Bislang sind wir nur auf die ersteren eingegangen. Nach dem modernistischen Sprachgebrauch dient sie als Rückgrat des Formalismus. So sind die Thematik, aber wichtiger noch die Komposition, die Figur-Hintergrund-Beziehungen, Farbe, Maßstab und taktile Werte samt und sonders anerkannte Mittel der Überschreitung, was auch immer gerade unter normaler Kunst verstanden wird. Die meisten großen Neuerer des 19. und des 20. Jahrhunderts – Manet, Courbet, Monet, Van Gogh, Cézanne, Rodin, Picasso, Matisse, Mondrian und Pollock – haben wichtige formale Überschreitungen vollzogen. Im Vergleich dazu werden historische Überschreitungen weithin mißverstanden oder genauer: man versteht sie überhaupt nicht. Dafür gibt es einen interessanten Grund. Formale Überschreitungen beruhen auf literarischen und bildhaften Neuerungen, die die Illusion des historischen Wandels aufrechterhalten; historische Überschreitungen sind wesentlich strukturelle Zersplitterungen, die den zeitlichen Kunstmythos untergraben; das heißt, sie zerstören die Illusion, Kunst schreite im Verlauf der Zeit von einer Stufe zur nächsten voran. Historische Überschreitungen schließen, um Marcel Duchamps Formulierung zu verwenden, die Evolution formaler Überschreitungen kurz. Und ganz offenkundig war Duchamp der erste Künstler, der historische Überschreitungen als strategisches Mittel einsetzte. Dabei gibt es mehrere Ansatzmöglichkeiten; die gebräuchlichste ist die Produktion von Arbeiten, die ihrer Zeit, historisch gesehen, weit voraus sind und unerklärt bleiben, also abermals die Ready-mades. Kunst kann ebenso die verschiedenen Grenzen des Kunstmythos überschreiten, so im Fall einer Kunst, die dank ihrer absichtlichen *Nicht-Einmaligkeit* oder kraft der dialektischen Anwendung von Reihenhaftigkeit Kunst ist. Ein weiteres Beispiel wären etwa Arbeiten, die sich auf das Zeitelement konzentrieren, doch auf eine Weise, daß Zeit negiert oder auf eine endliche Dauer reduziert wird (wobei daran zu erinnern ist, daß, mythisch gesehen, Kunstwerke nur als Punkte im Zeitkontinuum fungieren, niemals aber als Ereignisse). Künstler, die sich konsequent historischer Überschreitungen bedienen, besitzen gewöhnlich ein außerordentlich intuitives Gespür für die strukturellen Kunstregeln. Im Augenblick sollte man Daniel Buren und Les Levine in diese Kategorie mit aufnehmen. Allerdings hat auch die Concept Art mehrere Künstler hervorgebracht, die sich auf historisch überschreitende Kunst eingelassen haben.

Vor 1870 war Avantgardismus eine Angelegenheit des persönlichen Temperaments und der individuellen Besonderheit. Maler wie Delacroix, Turner, Courbet und Manet hatten psychische Motivationen, so zu arbeiten, wie sie es taten. Doch mit dem Impressionismus begannen die programmatischen und kollektiven Aspekte extremen formalüberschreitenden Verhaltens sich Geltung zu verschaffen. Aus dem beigegebenen Diagramm (II) ist ersichtlich, daß der eigentliche Startpunkt kunsthistorischen Bewußtseins etwa beim Jahr 1910 liegt. Das ganz allmähliche Ansteigen der Linie und das anschließende Hochschnellen der Kurve sind natürlich eine nichtmathematische Annäherung daran, wie Künstler ihr Denken mit dem historischen Imperativ des Avantgardismus synchronisierten. Aus den im nächsten Kapitel zusammengestellten Analysen dürfte hervorgehen, daß, abgesehen von Duchamp, die bewußte Realisierung des historischen Mythos durch den linguistischen Konzeptualismus 1967 oder 1968 zutage trat. So erreichte kurz danach das kunsthistorische Bewußtsein einen hundertprozentigen Zustand der Sättigung.

II Anstieg des historischen Bewußtseins in der Produktion von Kunst

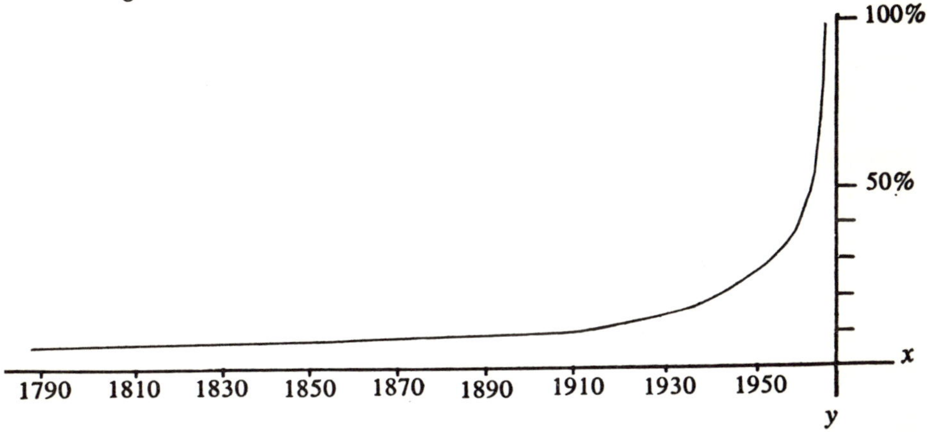

Im Verlauf dieser Studie wurde zu verstehen gegeben, daß Lévi-Strauss' Verwendung des Natur-Kultur-Gegensatzes die fundamentale, durch den Mythos vermittelte Dichotomie darstelle. Alle erörterten Tätigkeiten, Begriffe und sprachlichen Elemente lassen sich in der einen oder der anderen Kategorie unterbringen. Die beigegebene Tabelle III gliedert die Termini so auf, wie sie von Lévi-Strauss und Barthes benutzt werden.

Im allgemeinen bestehen sie aus Kategoriengruppen, die normalerweise zum Zweck linguistischer, semiologischer und anthropologischer Analysen verwendet werden. Wir fanden, daß leicht abweichende Unterteilungen für die Kunstanalyse brauchbarer sind.

III Aufgliederung der von Claude Lévi-Strauss und Roland Barthes verwendeten Natur- und Kulturtermini

Natur	Kultur
Synchronische Zeit	Diachronische Zeit
Kontinuierliche Elemente	Diskrete Elemente
Alle in der Natur auffindbaren Elemente (ein Kontinuum ohne Differenzierung)	Klassifikation von Elementen nach begrifflich brauchbaren Systemen (als eine Komplexreihe)
Lévi-Strauss:	
Weiblich	Männlich
Was ein Signifikant ist (Geräusch, Farbe, Linie, gesprochene Wörter etc.)	Was bezeichnet ist (Sprache, spezifische Form, Tonalität, Gesang etc.)
Signifikant	Signifikat
Syntagma (Kontraste)	Paradigma oder System (Beziehungen)
Rede	Sprache
Konnotation	Denotation
Barthes:	
Phoneme: lexikologische Einheiten	Morpheme: grammatische Einheiten
Unmotivierte Zeichen	Motivierte Zeichen
Ausdrucksebene	Inhaltsebene
Arbeit	Ertrag

Sie befassen sich spezifisch mit dem Plan, der Herstellung, der Wahrnehmung und der Einordnung von Kunstwerken. In gewissem Grad neigen die Kategorien in der entsprechenden Tabelle (IV) dazu, sich zu überschneiden. Außerdem besteht die Wahrscheinlichkeit, daß es Gegensatzpaare gibt, die nicht in unsere Tabelle aufgenommen wurden.

Vor der Durchführung einer Strukturanalyse ist zu betonen, daß gelungene Kunst die gleiche Vermittlungsfunktion ausübt wie der Mythos. Infolgedessen sind die einfachen Gruppentransformationen, die Lévi-Strauss zur Entschlüsselung mythischer Formen einsetzt, auch auf Kunst anwendbar. Indem wir die Signifikanten und die Signifikate einer Arbeit in ihrer richtigen Ordnung definieren, vollziehen wir den ersten Schritt in Richtung auf eine Versöhnung des Gegensatzes zwischen der materiellen Wirklichkeit und den von einem Kunstwerk benutzten ästhetischen Idealen.

Wie Lévi-Strauss behauptet, sind Religion und Magie nicht voneinander zu trennen; die eine kann nicht ohne die andere überleben: »Denn wenn man auch in gewissem Sinn sagen kann, die Religion bestehe in einer *Humanisierung der Naturgesetze* und

IV Aufgliederung von Natur- und Kulturtermini für die Kunstanalyse

Natur	Kultur
Alle 'realen' materiellen Gegebenheiten	Die Entscheidung als Konzept
Feststellung der Künstlertätigkeiten	Feststellung der Betrachter-Wahrnehmung
Kontinuierliche Zeit	Der Augenblick (zeitlos)
Bewegung innerhalb der Arbeit (entweder durch die Künstlertätigkeit oder durch den Gegenstand bewirkt)	Feste Positionen innerhalb der Arbeit
Hintergrund	Figur
Emotion	Bedeutung
Gemischte Reihen, Kontraste und Zufallseinheiten	Einheit, Objekt und Gegensatzgruppen im Rahmen eines Systems
Umwelthaft	Anti-umwelthaft
(Nicht wahrgenommene Ganzheit)	(Wahrgenommene Teile des Ganzen)

die Magie in einer *Naturalisierung des menschlichen Tuns* – Behandlung eines bestimmten menschlichen Tuns, als ob es ein integrierender Teil des physischen Determinismus wäre –, so handelt es sich dabei nicht um Termini einer Alternative oder um Etappen seiner Entwicklung. Der Anthropomorphismus der Natur (mit dem wir die Magie definieren) sind zwei immer gegebene Komponenten, bei denen einzig die Dosierung variiert.« (*Das wilde Denken*, S. 256.) Kunst ist einfach ein anderer Fall der Vereinigung von Religion und Magie, eine Sprache, die durch ihre eigene innere Logik die Resultate beider ausspricht. Nach Lévi-Strauss' Definition von Magie ließe sich die *Naturalisierung menschlicher Tätigkeiten* als »Naturalisierung des Kulturellen« ausdrücken; die *Humanisierung von Naturgesetzen* ist die »Kulturisierung des Natürlichen«. Im Verlauf der folgenden Analysen wird evident werden, daß jede erfolgreiche Kunst beide Vorgänge so gleichartig und vollständig wie möglich integriert. Der Sinn solcher Analysen besteht folglich darin, zu entscheiden, wo und wie das in jedem einzelnen Fall geschieht. Während alle Zeichen in kulturelle oder natürliche Termini aufgeteilt sind, kulturisieren kulturelle Termini ihre natürlichen Gegenstücke, und natürliche Termini naturalisieren die kulturellen. Wo keines von beiden eindeutig geschieht, kann Kunst auf der ideologischen Ebene kulturisiert oder naturalisiert sein, oder ihre Struktur kann mehrdeutig sein, oder sie fungiert vielleicht überhaupt nicht als Kunst.

Für diese einführende Analyse wurde ein Gemälde von Joseph Albers ausgewählt, weil Albers' Kunst auf einer logischen Form beruht, die für die avantgardistische Kunst des letzten Jahrzehnts bezeichnend ist, und sie sich zugleich als etwas komplexer erweist. In seiner ganzen Folge *Homage to the Square* sind die Variablen auf eine einzige reduziert: Farbbeziehungen. Die 'Kunst' von Albers' Malerei leitet sich aus zwei Kriterien ab. Ihre kompositionelle Einfachheit dank konzentrischer Quadrate setzt sie in Beziehung zur Farbfeldmalerei Barnett Newmans, Mark Rothkos und Kenneth Nolands. Die wesentliche formale Ähnlichkeit besteht hier im Fehlen asymmetrischer, unausbalancierter Formen, die in *beiden Dimensionen* des Bildes wirksam würden – wie etwa in den Kompositionen Miros, Klees oder de Koonings. Das andere wichtige Merkmal von Albers' Malerei ist ihre Verwendung von 'Mengen'-Beziehungen. Eine 'Menge' ist eine Reihe von Gegebenheiten, die wenigstens ein Attribut gemeinsam haben. Zahlreiche zeitgenössische Maler und Bildhauer verwenden das Verfahren einfacher Mengen oder einfacher Reihungen von Objekten oder Feldern. Albers ist nicht der einzige, der nichtobjektive Kunst unter Verwendung miteinander verbundener Untermengen anfertigt. Mit anderen Worten: innerhalb einer *Homage*-Folge kann die Farbe in zwei Gruppen aufgeteilt sein, die ihrerseits durch ein zumindest einer Farbe jeder Gruppe gemeinsames spezifisches Attribut verbunden sind.

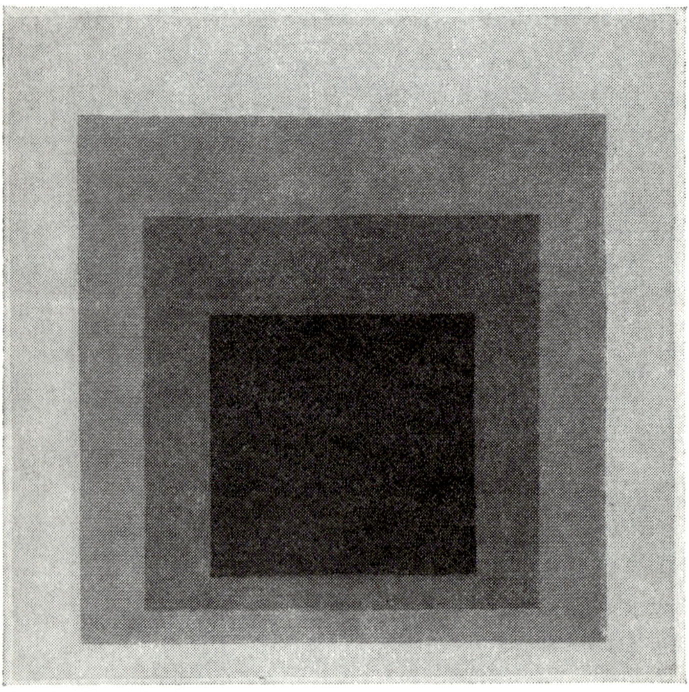

1 Josef Albers, *Study for Homage to the Square: Closing*, 1964. Öl auf Leinwand, 40 x 40 cm, Sammlung Solomon R. Guggenheim Museum, New York

Natur		Kultur
1 A	Albers malt auf die rauhe Seite einer ungehärteten Holzfaserplatte, die mit sechs Schichten weißer Grundierung vorbehandelt ist; er verwendet nur ein Palettenmesser, um die Farbe aufzutragen, die direkt aus der Tube kommt, wobei kaum eine Farbmischung stattfindet.	Unter Verwendung von Kadmiumscharlachrot, das mit Kadmiumhellrot übermalt ist, Kadmiumorange (Newmaster) und Kadmiumgelb verklammert Albers die beiden mittleren Orange zwischen dem Gelb und dem inneren roten Quadrat, so daß sie gleich erscheinen und dabei drei miteinander verbundene Untermengen entstehen
1 B	Albers malt vier horizontale a-zentrische Quadrate auf eine quadratische Holzfaserplatte	Die von Albers verwendete bilateral asymmetrische Bildform wird der für eine spezifische Phase der nichtobjektiven Malerei erforderlichen Gestalt gerecht.
2	Das materielle Objekt aus der Gemäldefolge *Homage to the Square*	*Der Titel dieser Studie,* Closing, *leitet sich aus dem optischen Zusammenschluß zwischen den beiden mittleren orangen Quadraten in einem nahezu konzentrischen Format her.*
3	*Albers' Artikel und Bücher über seine Arbeit und seine Theorie der farblichen Interaktion*	Albers' Farbforschung stellt die sowohl bewußte wie intuitive Logik heraus, die bei dieser visuellen Neuorganisation der Welt Anwendung findet; Albers ist in erster Linie ein phänomelogischer Strukturalist; den Ausdruck 'Op-Art Künstler' lehnt er ab.

Diese Tabelle ist eine umgekehrte Form des Systems, das Barthes verwendet, um die Ebenen der Signifikanten und der Signifikate zu unterscheiden. Duplizierte man sie entsprechend Barthes' schematischen Konventionen (vgl. S. 32), sähe sie so aus, wie in der folgenden Tabelle V.

V Ein auf Kunstwerke anwendbares metasprachliches System mit einem doppelten 'realen System'

3 Rhetorisches System (Konnotation)	Signifikant: Die kompetenteste schriftliche Äußerung über das Kunstwerk als kategoriale Beschreibung			Signifikat: Die ästhetische Ideologie hinter dem Kunstwerk im Sinn von Stil, Schule und Philosophie
2 Artikulations-system (Denotation)	Signifikant: Das die Erfahrung bezeichnende Kunstobjekt	Signifikat: Der 'Inhalt' des Kunstwerks vermittels der gemachten Erfahrungen		
1 Das reale System B		Signifikant: Inhalt	Signifikat: Intention des Künstlers	Inhalts-ebene
		Herstellungs-prozeß	Logische Relation	Ausdrucks-ebene
Das reale System A		Inhalt	Intention des Künstlers	Inhalts-ebene
		Herstellungs-prozeß	Logische Relation	Ausdrucks-ebene

Im ganzen folgenden Kapitel wird die modifizierte Tabelle benutzt, obgleich zuweilen nur das erste System in schematischer Form Aufnahme finden wird. In allen Fällen, wo Wörter in einer Spalte kursiv gesetzt sind, bedeutet dies, daß ein bestimmter Komplex von Termini den Inhalt des Systems oder der Systeme darüber in sich aufnimmt, wodurch ein konnotatives oder metasprachliches System so definiert wird, wie es in gestufter Form erschiene. In einigen Fällen, zumal bei Kunstwerken des 19. Jahrhunderts, werden zu Arbeiten, die einen erkennbaren Inhalt und damit entsprechende Signifikate haben, Systeme höherer Ebene hinzugefügt. Diese Werke sind auf der Ebene des realen Systems strukturell vollständig, doch da sie in einem gewissen Grad vom abbildhaften Realismus 'abstrahiert' sind, enthalten sie außerdem latente ideologische Implikationen. Dies dient als Brücke zwischen der Kunst des frühen 19. Jahrhunderts und völlig nichtobjektiver Kunst des folgenden Jahrhunderts. Zu erwähnen wäre, daß Barthes im Verlauf von *Système de la mode* kurzerhand die Praxis, Modesysteme in Diagrammform zu bringen, fallen läßt. Ja, sie ist vermutlich nur als eine Art Notationskonvention für andere Zugänge zu strukturellen Beziehungen gedacht. Wir werden jedoch im folgenden Kapitel die Tabellenform aus zweierlei Gründen verwenden. Einmal ist unsere Kunstanalyse sowohl horizontal wie vertikal angelegt, indem sie viele Stile und Ansätze *im zeitlichen Sinn* mit umfaßt. Und dann erscheint es als wichtig, Signifikanten und Signifikate (natürliche und kulturelle Elemente) in den Arbeiten verschiedener Künstler auseinanderzulegen, weil sie in vielen Fällen keineswegs auf den ersten Blick zutage treten.

Kehren wir zum semiotischen Diagramm von *Study for Homage to the Square* zurück. Dabei sind mehrere Merkmale beachtenswert. Bei beiden realen Systemen (A und B) fehlt die Inhaltsebene. In allen Fällen, in denen eine Ebene fehlt, wird eine horizontale Linie eingesetzt, um die Auslassung zu bezeichnen. Der Umstand, daß zwei Teile des realen Systems vorhanden sind, macht deutlich, daß Albers' Gemälde nach zwei getrennten Kriterien als 'Kunst' zu verstehen ist. Der Leser muß sich allerdings auf den Signifikanten und das Signifikat im Artikulationssystem zurückbeziehen, um den 'Inhalt' des Bildes zu finden. Sie ersetzen die fehlende Inhaltsebene. Bei jeder Form nichtobjektiver Kunst ist der metasprachliche oder denotative Signifikant der zweiten Ebene *stets* das Kunstobjekt selber. Ein reales System von nur einer Ebene kann sich allein auf sich selber beziehen (nämlich in einem bestimmten Kunstkontext), aber *nicht* auf eine Thematik außerhalb seiner selbst. Eine Thematik läßt sich bei nichtobjektiver Kunst lediglich vermittels Sprache (einer metasprachlichen Form) einführen.

Man kann axiomatisch feststellen, daß dann, wenn in einer Arbeit nur die Ausdrucksebene vorhanden ist, der Künstler das *Kulturelle naturalisiert*, das heißt, gewisse Wahrnehmungsbeziehungen *ausgedrückt* hat, ohne sich auf einen Inhalt zu beziehen (das heißt, ohne das Natürliche zu kulturisieren). Handanfertigung und Primitivität sind nicht immer notwendige Elemente der Naturalisierung. Der Prozeß, durch den eine Idee materieller Existenz erlangt, *ist schon Naturalisierung*. Die Stichhaltigkeit nichtobjektiver Kunst beruht auf strukturellen Beziehungen, die sich in Farbe, Form und

Komposition finden. Die Artikulation dieser Beziehungen hängt von wechselnden Graden der Freiheit beim Herstellungsprozeß ab. Das diesem Sachverhalt zugrundeliegende Denken wird ein späteres Buch behandeln.

Es muß zwei entscheidende Arten von Beziehungen zwischen den Signifikanten und den Signifikaten des realen Systems geben. Erstens muß eine direkte kausale Beziehung zwischen den Signifikanten und ihren Signifikaten vorhanden sein. Zweitens muß eine feste Beziehung vermittels *Analogie* zwischen den Signifikaten und den Signifikanten der beiden Ebenen existieren. Im Endeffekt stellt dies die Umwandlungsprobe für eine nichtsprachliche Semiotik dar. Wo ein metasprachliches oder denotatives System für die fehlende Inhaltsebene oder die fehlende Ausdrucksebene eintritt, nimmt es die Stelle der fehlenden Ebene in der strukturalen Gleichung ein. Daher besteht eine analogische, aber keine Gleichheitsbeziehung zwischen der Inhaltsebene und der Ausdrucksebene.

$$\frac{\text{Signifikat (Inhalt)}}{\text{Signifikant (Inhalt)}} \Bumpeq \frac{\text{Signifikat (Ausdruck)}}{\text{Signifikant (Ausdruck)}}$$

Albers' Gemälde erfordert zwei Gleichungen, da zwei Teile des realen Systems vorhanden sind.

Empirisch | Ästhetisch

$$\frac{\text{Die Wahrnehmung von Farbbeziehungen (Denotation)}}{\text{Das fertige Gemälde als Objekt (Denotation)}} \Bumpeq \frac{\text{Vier in drei Unter-Mengen arrangierte Farben (reales System A)}}{\text{Anfertigung des Gemäldes (reales System A)}}$$

$$\frac{\text{Wahrnehmung reduzierter formaler Beziehungen (Denotation)}}{\text{Das fertige Gemälde als Objekt (Denotation)}} \Bumpeq \frac{\text{Vier auf einer asymmetrischen Achse bilateral angeordnete Quadrate (reales System A)}}{\text{Anfertigung des Gemäldes (reales System B)}}$$

Über den beiden Gleichungen stehen die Angaben *Empirisch* und *Ästhetisch.* Ein solches Verfahren wendet Lévi-Strauss an, um die Termini eines Mythos zu definieren. Das *Empirische* bezieht sich auf Hypothesen und Feststellungen, die dank des Mythos (oder der Kunst) selber eine Grundlage in der realen Welt zu haben *scheinen.* Das *Ästhetische* oder *Mythische* ist nach Lévi-Strauss die Logik hinter der materiellen Anordnung des Mythos (oder des Kunstwerks). Die Glaubwürdigkeit von Kunst rührt von der analogischen Verbindung zwischen Herstellung und Feststellung her. Diese Beziehung impliziert eine wechselseitige Abhängigkeit: das Empirische verleiht dem Kunstobjekt stets eine konkrete Plausibilität, indem es das Kunstobjekt mit Umständen außerhalb seiner selber verbindet, während das Ästhetische diese Umstände irgendwie materiell verdoppelt und so dem Empirischen einen Anflug von Unerklärlichkeit oder Magie hinzufügt.

Wie sich zu Beginn des folgenden Kapitels zeigen wird, stellt Albers' Gemälde eine besondere Form einer Doppelstruktur dar, wie sie nur gegen Ende der Entwicklung von nicht-objektiver Kunst auftritt. Wo es in der Kunst zu einer Wiederholung des realen Systems kommt, geht normalerweise eine Form darstellerischer Kunst daneben her. Man kann den avantgardistischen Zustand von Kunst erklären, wenn man versteht, wie Künstler neue Zeichen schaffen, indem sie die in den Zeichen früherer Kunst vorhandenen formalen Beziehungen oder Zeichen *neutralisieren.* Die in dieser Studie verwendete Art der strukturalen Analyse kann die zugrundeliegenden Wahrnehmungsmechanismen nicht aufdecken, die für signifikante Veränderungen in der Kunst verantwortlich sind. Das wird Gegenstand eines zukünftigen Buches sein. Die Analysen des vorliegenden Buchs sind grundsätzlich synchronisch. Wenn der Leser allerdings die sich verschiebenden ästhetischen und materiellen Bedürfnisse der Künstler wahrnimmt, kann er allmählich die einer reduktionistischen Ästhetik zugrundeliegenden allgemeinen Tendenzen erfassen. Die begrenzte Anzahl der für diese Studie ausgewählten Arbeiten ist keineswegs erschöpfend. Wenn überhaupt etwas, dann stellt sie einen Querschnitt durch eine Kunst dar, die dem kunstbewußten Teil der amerikanischen Öffentlichkeit als maßgeblich gilt.

Fassen wir kurz das bisher Gesagte zusammen: Die mythische Struktur von Kunst wird durch ein binäres System *natürlicher* und *kultureller* Attribute rekonstituiert, die das reale System beschreiben. Jedes Kunstwerk beruht auf zwei oder mehr Zeichen, zwischen denen analogische Beziehungen bestehen. Alle figurativen Arbeiten weisen ein Wechselverhältnis zwischen motivierten und unmotivierten Zeichen auf. Keine Kunst ist mehr oder weniger 'fortschrittlich'; vielmehr hat Kunst, die zu einem bestimmten Zeitpunkt am progressivsten erscheint, einfach die größte Anzahl signifizierender Konventionen ausgeschaltet. Kunst erscheint aus zwei Gründen als historisch: erstens wegen ihrer häufigen Verbindung mit Vorstellungen von Fortschritt, technischer Weiterentwicklung und Zeitgenossenschaft; zweitens wegen ihrer umfassenden Verbindung mit der menschlichen Psychologie, wobei Betrachter unbewußt die Negation signifizierender Konventionen in 'neuer' Kunst antizipieren.

Wie beim Totemismus besteht die Absicht von Kunst darin, den Menschen von der undifferenzierten Konsistenz der Natur dadurch zu scheiden, daß sie in die Umwelt, so wie sie vorgestellt wird, eine gewisse Ordnung hineinträgt. Durch das vereinigte Potential der Analogie bildet Kunst ein Medium, vermittels dessen der Mensch die gleiche Art von Unterteilungen definiert, wie sie im Aufbau von Sprache, Verwandtschaft, Handelsbeziehungen, Mythen und anderen wesentlich kulturellen Systemen zutage treten. Kunst ist symbolisches Spiel der höchsten Bedeutungsordnung. Sie verschafft jeder Kultur gewissermaßen ein Barometer, das Gesundheit und Stabilität ihrer zivilisatorischen Gebräuche und Strukturen anzeigt.

III Strukturale Analysen

»Strukturalismus ist die Suche nach unvermuteten Harmonien. Er ist die Entdeckung eines in einer Objektreihe latent vorhandenen Beziehungssystems.«

E. N. und T. Hayes, *Claude Lévi-Strauss*

Die strukturale Matrix

Bisher ergab sich die Hypothese, daß alle Kunst auf einer vierteiligen Struktur beruht, bei der zwei Termini analogisch zwei anderen Termini gleich sind. Das Beispiel des Albers-Gemäldes im vorigen Kapitel impliziert, daß es in dieser vierteiligen Struktur eine Anzahl von Varianten gibt. Man könnte dies die Matrix logischer Modi nennen, die das Herstellen von Kunst bestimmen. Vor zwanzig Jahren entwickelten die Bourbaki-Mathematiker eine Gruppe von Theoremen, die zur Mengenalgebra gehören. Unabhängig davon verwendete Lévi-Strauss einige dieser Ideen, um Verwandtschaftsbeziehungen und mythische Formen zu definieren. Diese Klein-Gruppen-Begriffe benutzten im Anschluß daran auch andere Semiologen. Die Universität der Klein-Gruppen-Mathematik bringt einen auf die Vermutung, das menschliche Gehirn könne eine angeborene Fähigkeit besitzen, bedeutungsvolle Beziehungen in Vierergruppen zu zerlegen. Doch das ist alles andere als erwiesen.

Wir stellen hier die Hypothese auf, daß die einfachste Logik für ein Kunstwerk die Form einer Proportion hat, nämlich $a : b :: c : d$. Darin steckt die Annahme, daß das Zeichen der Inhaltsebene bei jeder beliebigen Kernstruktur ihrer Ausdrucksebene äquivalent ist; oder Inhalt (I) = Ausdruck (A).

Klein-Gruppen sind vierteilige Strukturen: eine Identitätstransformation plus drei permutatorische Transformationen. Die Konsistenz einer derartigen Struktur ist stets das Ergebnis von Permutationen, die aus einer oder zwei Operationen mit einer Einzelfunktion abgeleitet sind. Beispielsweise kann x in $-x$ verwandelt werden (die eine Operation) und dann in seine Umkehrung $1/x$ (die zweite Operation), während die einzige Permutation der beiden Operationen $-1/x$ ist. Es wurde vorgeschlagen, daß die einfache Funktion I = A sei. Doch nehmen wir einmal an, die grundlegendste Funktion sei $n(I) = n'(A)$ oder eine oder mehrere *Inhaltsebenen* seien einer oder mehreren *Ausdrucksebenen* äquivalent. (Das impliziert, kurz gesagt, daß der bevorzugte kulturelle Modus in der Satzstruktur oder in Kunstwerken aus mehrfachen Aussagen oder aus solchen Aussagen besteht, die mehr als einen Einzelgedanken enthalten.) Weiter unten haben wir eine Klein-Gruppe auf der Grundlage der Identität $n(I) = n'(A)$ formuliert. (Vgl. ›On the Meaning of the Word Structure‹ von Marc Barbut in *Structuralism,* New York 1970, S. 367–388.)

Für die semiotische Gleichung $n(I) = n'(A)$ ist das Gegenteil $n(I) \neq n'(A)$; außerdem gibt es unter Weglassung der Koeffizienten auch $I = A$; und schließlich als Produkt dieser beiden Operationen $I \neq A$. In der anschließenden Analyse haben wir für die Gleichungen und die durch sie repräsentierten Strukturen die alchemistischen Stoffe eingesetzt. In der alchemistischen Literatur finden sich genügend Belege für diese Anordnung:

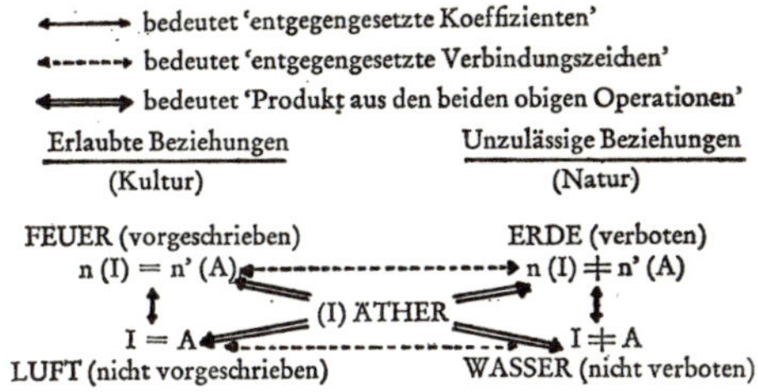

In der semiotischen Logik gibt es gewisse *implizite* Beziehungen zwischen den durch die unterbrochenen einfachen Linien festgelegten Funktionen. LUFT impliziert FEUER, doch nicht umgekehrt. Gleicherweise impliziert WASSER ERDE, doch nicht umgekehrt. Die fünf Elemente legen die fünf Gleichungsarten fest, die eine Sprachform mit zwei Ebenen bestimmen. Diese Elemente schließen sich gegenseitig aus, es sei denn unter bestimmten Bedingungen, die nicht aus ihrer algebraischen Form zutage treten. Das Albers-Gemälde beispielsweise ist eine Konjunktion von WASSER und ERDE, wobei die Illusion von FEUER entsteht. Disjunktive Beziehungen treten in zwei Arten auf: als Disjunktion von *Gegensätzen*, bezeichnet durch die gestrichelten Linien (Gleichungen mit einer einzigen Differenz) und als Disjunktion von *Widersprüchen*, bezeichnet durch die Doppellinien (Gleichungen mit zwei Differenzen). Die andere mögliche Konjunktion besteht zwischen FEUER und ERDE, wobei die Oberflächenbedeutung eines Kunstwerks über einer zweiten, esoterischen Bedeutung liegt, die gewöhnlich durch eine esoterische Symbolik oder einen verborgenen Beziehungskomplex gegeben ist.

Die multiple Struktur von FEUER, $n(I) = n'(A)$, verschafft uns die folgenden vierteiligen Beziehungen:

Signifikanten	Signifikate
Inhalt	Intention des Künstlers
Herstellungsprozeß	Logische Relation

Inhalt
Erster Kern
Ausdruck

Inhalt	Intention des Künstlers
Herstellungsprozeß	Logische Relation

Inhalt
Zweiter Kern
Ausdruck

Im Gegensatz dazu bezieht sich LUFT, $I = A$, auf semiotische Systeme in zwei Ebenen mit nur einer einzigen Kernstruktur. Das Element WASSER, $I \neq A$, bezieht sich auf alle semiotischen Strukturen mit einer Ausdrucksebene, aber ohne Inhaltsebene. In verschiedenen semiotischen Systemen scheint WASSER eine Inhaltsebene zu haben. Doch nimmt diese die Form einer *metasprachlichen* oder denotativen Ebene an. Alle nichtobjektive Kunst ist auf eine metasprachliche Unterstützung in der Form angewiesen, daß ein Künstler oder ein Kritiker sich über ihre Bedeutung oder ihren eigentlichen Inhalt äußert. In allen Fällen bedeutet $I \neq A$, daß die 'Inhaltsebene' (Metasprache) der Ausdrucksebene analog oder äquivalent ist.

Beschreibung des Objekts	Metasprachliche Beschreibung		
	——	——	Inhalt
	Herstellungsprozeß	Neutralisierende Funktion	Ausdruck

Die dunkelste und am wenigsten bevorzugte semiotische Gleichung betrifft ERDE: $n(I) \neq n'(A)$. Bei ERDE ist der Herstellungsprozeß überhaupt nicht wichtig; von Bedeutung ist vielmehr die Konsistenz der Beziehungen zwischen verschiedenen Inhaltskomponenten einer Arbeit. Daher ist die Inhaltsebene von der Ausdrucksebene getrennt. Derartige Kunst arbeitet mit multiplen Ebenen (*n* oder *n'*), weil ihre Logik darauf beruht, daß der Betrachter zumindest zwei Unter-Mengen einer Menge wahrnimmt, die als Minimum drei Elemente hat. Für ERDE sind daher die Wechselbeziehungen zwischen Entitäten oder Attributen von Entitäten bedeutsam, die sich im Inhalt der betreffenden Kunst finden. Wenn *a, b,* und *c* Bestandteile zweier miteinander verbundener Unter-Mengen sind, dann nimmt die Beziehung zwischen den dreien die folgende algebraische Form an:

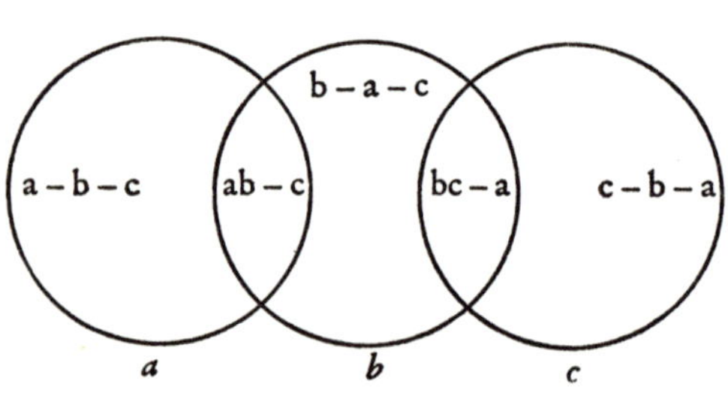

Das fünfte Element, ÄTHER (I), hat eine besondere Bedeutung, da es eine Inhaltsebene besitzt, aber keine Ausdrucksebene. Das Genie Marcel Duchamps war es, das dieses Element deduzierte und es in Gestalt des Ready-made in Kunstwerke umsetzte. Er bezog den Terminus von Saussures Ausdruck für ritualisierte oder durch ihren Kontext vollständige Redewendungen: *locutions toutes faites*. Daher ist das Ready-made stets ein hergestelltes Objekt mit sowohl natürlich-kulturellen wie auch heilig-profanen Konnotationen. Die Struktur von ÄTHER (I) sieht folgendermaßen aus:

Rhetorik		Ideologie	
Objekt	Zweck des Objekts		Inhalt
——	——		Ausdruck

In sämtlichen alten Philosophien der abendländischen Hermetik bleibt ÄTHER die bevorzugte Struktur, weil ihre Wahl impliziert, daß die Person, die sich für sie entscheidet, über die gesamte Klein-Gruppen-Matrix und ihre gesellschaftlichen Implikationen Bescheid weiß. ÄTHER bezeichnet vollkommene Balance und Selbsterkenntnis.

Im Spektrum der Stile, die die modernistische Kunst ausmachen, erfordern verschiedene Ideen unterschiedliche Elemente. FEUER beispielsweise zeigt sich in einer bestimmten surrealistischen, dadaistischen, hermetischen und religiösen Kunst; LUFT erscheint in vielen Beispielen der figurativen avantgardistischen Kunst aus dem 19. und 20. Jahrhunderts; WASSER repräsentiert sämtliche Schulen der nicht-objektiven Kunst, einschließlich Suprematismus, Konstruktivismus, de Stijl, abstraktem Expressionismus, Farbfeldmalerei, Object Art und Process Art. ERDE bestimmt häufig die Kunst des Surrealismus, des Dadaismus und neuerdings viele Arten der Concept Art und der ökologischen Kunst.

Der Leser muß sich vergegenwärtigen, daß die nachfolgenden Analysen wesentlich synchronisch sind; daher legen sie keinen unmittelbaren Kausalitätszusammenhang zwischen einzelnen Arbeiten bloß. Wie schon erwähnt, erfordern diachronische Verschiebungen zwischen aufeinanderfolgenden Stilen eine umfassende Untersuchung. Diese Analysen stützen zwei Grundthesen der Sozialwissenschaften: erstens, daß sich jedes Sozialsystem, das aufgrund allgemein und stillschweigend akzeptierter qualitativer Kriterien funktioniert, durch Gesetze definieren läßt, auch wenn derartige Gesetze letzten Endes unbewußt sein mögen; zweitens haben wir, wenn wir zeigen können, daß eine einigermaßen große Kollektion von Kunstwerken der Klein-Gruppen-Matrix entspricht, einen triftigen Beleg dafür, daß der menschliche Geist teilweise nach entsprechenden logischen Mustern arbeitet. Diese Analysen sind nichts Abschließendes; sie sind ein Anfang.

Für Lévi-Strauss bleibt das fundamentalste Gegensatzpaar weiterhin das von 'Kultur' (FEUER und LUFT) und 'Natur' (WASSER und ERDE). In der hermetischen Tradition heißen sie 'Kosmos' (Kultur) und 'Chaos' (Natur). Wir verwenden sie in den Analysen anstelle von *Signifikant* und *Signifikat*. Zu betonen ist nochmals, daß die genannten Termini mit einem weiten Komplex von Dichotomien korrespondieren, indem sie einerseits *reine Wahrnehmung* und andererseits *durch intelligentes Denken modifizierte Wahrnehmung* definieren.

1 J. M. W. Turner: Rain, Steam and Speed – Great Western Railroad (1844)

Natur	Kultur
Die atmosphärischen Effekte einer mit Kohle betriebenen Eisenbahn, die im Regen eine Brücke überquert.	Turner fand den Einfall für dieses Bild vermutlich auf einer Fahrt im Zug von Exeter nach London, und zwar zu einer Zeit, als der Zug im Regensturm durch Maidenhead fuhr.
Turner malte, indem er Schritt für Schritt um eine kulturelle Thematik herum Wirbel natürlicher Elemente anlegte; recht häufig war die Thematik nichts als ein Vorwand für die Darstellung atmosphärischer Effekte; diese sind gewöhnlich durch Höhung mit Weiß erzielt (für den Künstler Ausdruck reinen Lichts), das mit pulverisierten Pigmenten überzogen oder lasiert ist; die Konsistenz der Farbe ist gewöhnlich granulös und matt, und nicht weich verlaufend.	Ebenso wie spätere Arbeiten des Künstlers definiert *Rain, Storm and Speed* die stetige Konfrontation von Mensch und Natur; die Zeit und der beständige Wandel der Umstände spiegeln sich in Turners Ablehnung des realistischen Naturalismus, und in diesem Fall durch die eigentümliche verfließende Perspektive des über die Brücke brausenden Zugs; Turner verwendet kulturelle Elemente wie Schiffe, Bauwerke oder menschliche Gestalten, weil nur sie die Effekte der Natur definieren, und zwar dadurch, daß sie im Gegensatz zu ihnen stehen.

Im Fall von Turners *Rain, Steam and Speed* ist evident, daß die Natur-Kultur-Vermittlung im Sinn von Inhalt internalisiert (Turner wandte sich von reinen Landschaften oder Seestücken ab) und durch das Verfahren veräußerlicht ist. Der Gedanke, ein Gemälde eines über eine Brücke fahrenden Eisenbahnzugs anzufertigen, ist eine Kulturisierung des Natürlichen; aber Turner naturalisiert seinen Gegenstand in einer

1 J. M. W. Turner, *Rain, Steam and Speed – Great Western Railroad*, 1844. Öl auf Leinwand, 90,6 x 121,9 cm, National Gallery, London

völlig modernen Weise. In vielen Beispielen zeitgenössischer Malerei wird der *Malakt* selber zum Mittel der Naturalisierung. Das gilt zweifellos auch für Turners letzte Bilder, in denen die malerische Tätigkeit ausdrücklich zum Zeichen gemacht wird. Es ist bekannt, daß Turner bis 1835 seine Gemälde für die alljährliche Akademieausstellungen häufig am Eröffnungstag 'vollendete'. Gewöhnlich wurden diese Tage dazu verwendet, kurz vor dem Eröffnungstermin die letzten Firnisschichten aufzutragen. Turner dagegen pflegte, mit wenig mehr als einer verwaschenen Skizze auf seiner Leinwand, eines seiner atmosphärischen Seestücke vor den Augen der versammelten Betrachter erst hier anzufertigen, wobei er, soweit nötig, historische oder mythologische Gegenstände einsetzte. Offenkundig wollte er das Publikum sehen lassen, daß diese Interpretationen visueller Natureffekte Erzeugnisse seines Geistes und seiner Hand seien. *Rain, Steam and Speed* stellt nach seinen Worten »eine von Menschen geschaffene Konstruktion in den Rahmen einander bekämpfender Naturelemente.«

Historisch gesehen stand Turners Denken um wenigstens dreißig Jahre außerhalb des gängigen Zusammenhangs. Doch 1877 konnten die Impressionisten seine Version durchaus als meisterhaft anerkennen (in einem Brief an Sir Coutts Lindsay, nachdem dieser die Grosvenor Gallery in London gegründet hatte). Was Turner intuitiv tat, unternahmen spätere Künstler mit voller Absicht. In immer stärkerem Maß schufen moderne Künstler Zeichensysteme aus zunehmend entschiedeneren Gegensätzen. Ganz bezeichnenderweise war der Vorwand dafür allemal der Effekt eines größeren Realismus und eines geringeren Illusionismus.

Führen wir die Termini der Natur-Kultur-Struktur in Turners Gemälde auf ihre einfachste Form zurück, treten die folgenden über- und unterstrukturellen Beziehungen zutage:

Empirisch		Ästhetisch
Eindrücke des Künstlers vom Kontrast zwischen der Turbulenz des Wetters und modernem Transportwesen		Die Nebeneinanderstellung von Natur und Kultur
Vermischung natürlicher und kultureller atmosphärischer Effekte	≎	Durch Maltechnik simulierte atmosphärische Effekte

2 *Edouard Monet: Mlle. Victorine in spanischem Kostüm (1862)*

2 Edouard Manet, *Mlle. Victorine in spanischem Kostüm*, 1862. Öl auf Leinwand, 164,7 x 127,6 cm. Metropolitan Museum, New York. Aus dem Nachlaß von Mrs. H. O. Havemeyer, 1929. Sammlung H. O. Havemeyer.

Natur	Kultur
Eine als Matadorin gekleidete junge Frau in einer Stierkampfarena.	Manet entscheidet sich, ein ganzfigürliches Porträt einer als Matador gekleideten jungen Frau zu malen; die Situation macht deutlich, daß sie als Modell posiert und dadurch das Gemälde aller historischen und anekdotischen Ansprüche entkleidet; allerdings kommt die Komposition durch eine genaue Untersuchung mehrerer Drucke aus Goyas Tauromachie-Serie zustande – ein Ausfluß des damaligen Interesses an spanischen Themen.
Mit einigen frappierenden Ausnahmen ist das Gemälde im allgemeinen düster; die Figur ist eine Studie schwarz-weißer Kontraste mit Anflügen von Pastelltönen, während der Hintergrund aus Schwarz, trübem Grau und Brauntönen besteht; Lebhaftigkeit und direkter Pinselstrich verleihen diesem Bild eine Unmittelbarkeit, welche die meisten Künstler der Epoche für vulgär oder unkünstlerisch gehalten hätten; Manet verwendet weder eine Untermalung noch einen abschließenden Firnis, so daß das Gemälde Farbe an sich vorführt; er unterminiert den Naturalismus, indem er einheitliche blasse Töne, große Flächen mit Lokalfarbe und harte Farbton- und Farbwertkontraste einsetzt; dank der allgemein fehlenden Modellierung mußte das Bild zur Zeit seines Entstehens irgendwie unglaubwürdig erschienen sein.	Manet liebte die japanische Komposition und empfand wenig Sympathie für die mechanische Perspektive, was vielleicht erklärt, warum das Pferd und der Picador im Mittelgrund zu klein für den Maßstab der übrigen Figuren sind: kompositionell fügen sich das Pferd und der Reiter perfekt in den Raum ein, indem sie tangential an Victorine anschließen; das verstärkt den Eindruck, beide Figuren befänden sich auf derselben Ebene; der fade Blick des Modells ist beabsichtigt, weil er suggeriert, der Betrachter befände sich in der Bildebene.

Der bewußte Prozeß des Preisgebens und Modifizierens von Signifikanten setzt mit diesem Bild Manets ein. Das Bedürfnis des Künstlers, mit wenigen Pinselstrichen festzuhalten, was ihm vor Augen stand, markiert das Ende eines Künstlertums, das allein Interpretation äußerer Ereignisse ist. Indem er das Augenmerk auf den Malvorgang und seine für gesichert gehaltenen Konventionen lenkt, proklamiert Manet einfach, daß er *selbst* der eigentliche Gegenstand seiner Arbeit sei.

Von Manet bis Pollock und bis in die Gegenwart hinein war es die Aufgabe des Künstlers, systematisch signifizierende Konventionen von sich zu weisen oder so zu modifizieren, daß sie für einen ästhetischen Kontext Bedeutung besitzen. Jedem Künstler ist aufgegeben, seine signifizierenden Systeme neu zu organisieren, damit ihre Elemente sich stärker unterscheiden oder in größeren Gegensatz zueinander geraten. So tendiert Manet beispielsweise in dem besprochenen Gemälde dazu, die Farbe zu eliminieren, indem er neutrale Werte für Hell-Dunkel-Kontraste einsetzt. Das naturalisiert das Kulturelle durch die Demonstration dessen, daß der Maler nach freiem Willen über sein Objekt verfügt; zugleich kulturisiert es das Natürliche, indem es dem Bereich der Lokalfarbe in wirklichen Environments ein neues System überstülpt. Logisch geht die Reduktion systematischer Beziehungen im abbildhaften Illusionismus nach den folgenden Schritten vor sich:

1 Homogenisierte Pinselstriche werden zunehmend voneinander getrennt und einzeln faßbar (Impressionismus, Nachimpressionismus, Expressionismus, abstrakter Expressionismus und so fort);
2 die Maler reduzieren die Flächentiefe und den perspektivischen Raum immer mehr;
3 die Elemente werden mit wenigen Schatten und mit geringerer Modellierung wiedergegeben;
4 bei der Evolution in Richtung auf Farblosigkeit werden verschiedene symbolische oder synthetische Farbsysteme anstelle natürlicher Farbgebung eingesetzt;
5 abstrakte und nicht-objektive Formen werden in steigendem Maß anstelle mimetischer oder illusionistischer Form eingeführt;
6 in späteren Phasen der Abstraktion tendieren die Beziehungen von Figur und Hintergrund dazu, sich aufzulösen, sowie die Bildfläche undifferenziert wird (dies wird auch als 'Gesamtkomposition' bezeichnet);
7 man beginnt, materielle Zerlegungen zu verwenden, um die zweidimensionale Bildebene neu zu definieren (Duchamps Wandbild Tu m', Rauschenbergs Combine paintings und Stellas geformte Leinwände sind bemerkenswerte Beispiele dafür).

Empirisch — Ästhetisch

$$\frac{\text{Ein vom Maler aufgestelltes Modell}}{\text{Eine junge Frau als Matador}} \Bumpeq \frac{\text{Der Malprozeß als Gegenstand}}{\text{Absichtlich falsche Perspektive}}$$

$$\text{oder: } \frac{\text{Unmittelbarkeit}}{\text{Unregelmäßigkeit}} \Bumpeq \frac{\text{Unmittelbarkeit}}{\text{Unregelmäßigkeit}}$$

3 Claude Monet: Heuschober im Winter bei Giverny (1891)

Natur	Kultur
Ein Heuschober in der Nähe von Monets Wohnung in Giverny zur Morgendämmerung; der Schnee auf dem Boden scheint zu schmelzen; Hügel und Bäume im Hintergrund vermitteln zum dunklen Himmelsblau.	Monet entscheidet sich, einen gewöhnlichen Heuschober an einem *spezifischen* Ort und zu einer *bestimmten* Tageszeit zu malen; es handelt sich um ein Bild aus einer Folge von wenigstens dreißig Heuschober-Bildern, von denen jedes für eine der vier Jahreszeiten je nach landschaftlichen Veränderungen und dem Lichteinfall auf die Objekte einsteht; diese Gemälde konzentrieren sich auf jeweils ein Beispiel eines beleuchteten Raums, wobei das Sonnenlicht die Form einhüllt.
Monets Technik ist wesentlich optisch bestimmt und anschaulich; er möchte einfangen, was andern Malern an Farb-Licht-Nuancen entgangen ist; der kommaartige Pinselstrich ist freier als der in den achtziger Jahren des 19. Jahrhunderts übliche; der Schnee ist bläulichweiß mit Anflügen von Veroneser Grün; die Sonne steht unter dem Horizont und strahlt ein warmes Gelb aus; der in einem leuchtenden, rötlichen Braun gemalte Heuhaufen liegt im Schatten des Sonnenlichts und bildet einen Kontrast zur Kühle des Schnees.	Für Monet finden sich in der Natur keine Unterschiede zwischen Farbe und Form; diese Komposition besteht aus wenigen, relativ einfachen Zonen, die hauptsächlich durch die Farbe unterschieden sind; der Heuschober ist ein Lichtmodulator, eine architektonisch neutrale Form, nicht so sehr ein Stück rustikaler Szenerie; Monets Bilder sind die Destillate einer Seherfahrung, aber nicht die Abbildung einer Landschaft um ihrer selbst willen.
Das Gemälde *Heuschober im Winter bei Giverny*	Der 'Inhalt' dieses Gemäldes ist die Übersetzung atmosphärischen Lichts in Farbpigmente durch den Künstler.
Emile Zola, Marcel Proust und Theodore Duret sind frühe Autoren und Parteigänger des Impressionismus; zu den späteren Gelehrten gehören John Rewald und George Heard Hamilton.	Ideologisch ist der Impressionismus eine fortgesetzte Reaktion gegen die akademische Tradition, unter Verwendung von prismatischer Farbe, Freiluftmalerei und naturgegebenen Themen.

3 Claude Monet, *Heuschober im Winter bei Giverny*, 1891. Öl auf Leinwand, 64,1 x 92,7 cm. Mit freundlicher Genehmigung des Art Institute of Chicago, Sammlung Mr. and Mrs. Martin A. Ryerson

Claude Monet verdiente seine erste beträchtliche Geldsumme, als fünfzehn der Heuschober-Gemälde 1891 in der Galerie Durand-Ruel gezeigt wurden. Es scheint offenkundig zu sein, daß der Künstler seine Bildfolge als geschlossene Gruppe gesehen wissen wollte. Monet unterstreicht *die Wirkung des Lichts* auf einen Gegenstand, nicht den Gegenstand selber. Normalerweise fassen wir das einen Gegenstand umgebende Licht als etwas Selbstverständliches auf. Nur dadurch, daß er denselben Gegenstand unter einer Anzahl verschiedener atmosphärischer Bedingungen einfängt, überzeugt uns Monet davon, daß Licht und Lichtspiegelung sein eigentliches Interesse ausmachen. *Heuschober im Winter bei Giverny* ist in einer Hinsicht einzigartig: der Künstler verwendet, um den Schatten aufzuhellen, beträchtliche Mengen von Erdfarbe mit kleineren Anteilen an Blau und Rot. Die strukturale Gleichung für Monets Gemälde setzt den malerischen Erzählstil fort, der mit den englischen Naturalisten einsetzte.

Empirisch		Ästhetisch
Eine für eine Abfolge von Gemälden gewählte Szenerie		Der fließende Eindruck von Licht im Freien, nicht eine Szenerie
	≎	
Ein alltägliches Freiluftmotiv als Studie über Lichtverhältnisse		Weiß und die Spektralfarben als Pigmentäquivalente des Lichts

4 Georges Seurat: Die Seine-Mündung bei Honfleur am Abend (1886)

Natur	Kultur
Nach einer Skizze, angefertigt am Strand bei Honfleur und der Seine-Mündung bei Sonnenuntergang.	Seurat entschließt sich, eine Seelandschaft nach einer Reihe von Skizzen aus der Gegend von Honfleur anzufertigen; es handelt sich um eine Phase, in der er die neoimpressionistische Theorie auf eine neue Ebene der Präzision und der quasiwissenschaftlichen Klarheit weiterentwickelt; der Farbtupfen ist zum erstenmal als beherrschendes Element verwendet; Farbe wird zu einer Stimmung orchestriert, die mit den übrigen Kompositionselementen im Einklang steht.
Die Seine-Mündung bei Honfleur am Abend zeigt eine neue Einheitlichkeit in der Anwendung der divisionistischen Maltechnik; obwohl die Komposition eine Studie in Grüngelb und Violettblau mit entschiedener Gegensätzlichkeit ist, mischte Seurat wenigstens 25 Töne, um das Gesamtbild zustande zu bringen; die Farbtupfen-Technik hat eine lohbraune Untermalung zur Grundlage, wobei sich offenere Pinselstriche im Himmel und gedrängter angeordnete Tupfen, hauptsächlich in Blau und hellroten Tönungen, im tiefgezogenen Vordergrund finden; der optisch behandelte, bemalte Rahmen, der daraufhin angelegt ist, jeder angrenzenden Bildfläche eine optimale Brillanz zu verleihen, ist eine bemerkenswerte Neuerung.	Mehrere Kritiker haben die Ruhe, fast Traurigkeit dieses Gemäldes bemerkt, das genau im Einklang mit Seurats Theorie steht, horizontale Linien könnten Ruhe bewirken; außerdem läßt die leicht abwärts gerichtete Linie der Pfosten einen Anflug von Trauer aufkommen; die Komposition ist ganz vorzüglich ausbalanciert, um die kräftigsten Gegensätze zwischen den Bildelementen hervorzurufen: vertikale Pfosten stellen sich gegen die Linie des Horizonts, die weiße Spiegelung des Sonnenuntergangs kontrastiert mit dem gezackten Felsen rechts vorne, während der bläulich-gelbe Himmel und das Wasser sich gegen den blauvioletten Strand abheben; der Gesamteffekt ist der großer Beständigkeit und Vorausschau (eine Parallele zur Statik von Poussins Kunstmitteln).

4 Georges Seurat, *Die Seine-Mündung bei Honfleur am Abend*, 1886. Öl auf Leinwand, 62,8 x 80 cm. Museum of Modern Art, New York. Geschenk von Mrs. David M. Levy

Da der Neoimpressionismus unter dem Anschein auftrat, eine präzisionistische Revolte gegen die romantische Sorglosigkeit der impressionistischen Maltechnik zu sein, könnte es so aussehen, als sei er tatsächlich 'wissenschaftlich' gewesen, wie einige seiner Befürworter behaupteten. In der Rückschau jedoch gewinnt man den Eindruck, daß die Pointillisten in Wirklichkeit eine der vom Impressionismus eröffneten, doch nicht ausgewerteten Möglichkeiten zu Ende führten. Sie bestand darin, die Sehillusion reinen Lichts durch Farbgebung zu erhöhen. Die Impressionisten näherten sich diesem Effekt durch den Kontrast von Weiß und Grundfarben. Georges Seurat stellte methodisch Kombinationen miteinander kontrastierender Farben her, die den Eindruck optischer Vibration erzeugen. Aus der richtigen Entfernung betrachtet, scheint jede Teilfläche von der *Seine-Mündung bei Honfleur am Abend* auf gedämpfte Weise zu tanzen und zu schillern. Der Künstler achtet sorgfältig darauf, seine Kompositionen so zu stabilisieren, daß sie nicht in Widerstreit mit der optischen Oberfläche der Bildebenen geraten. Binnen weniger Jahre freilich sollten die Nabis und später die Fauves Farbkontraste von beträchtlich größerer optischer Heftigkeit hervorbringen. Seurats ausgereifte Ästhetik wurde im April oder März 1890 in einer Zeitung veröffentlicht. Was explizite Regeln anlangt, hat sich möglicherweise kein großer Künstler jemals auf eine klarere Absichtserklärung eingelassen.

»Kunst ist Harmonie; Harmonie wiederum ist Einheit von Kontrasten und Einheit von Ähnlichem, im Ton, in der Farbe, in der Linie. Ton, das sind Hell und Dunkel; Farbe, das sind Rot und seine Komplementärfarbe Grün, Orange und seine Komplementärfarbe Blau, Gelb und seine Komplementärfarbe Violett; Linie, das ist Richtung im Verhältnis zur Waagerechten. Alle diese Harmonien scheiden sich in solche der Ruhe, der Heiterkeit und der Trauer. Heiterkeit entsteht im Ton bei Vorherrschaft des Hellen, in der Farbe bei Vorherrschaft des Warmen, in der Linie bei Bewegung, die über die Horizontale aufsteigt. Ruhe stellt sich ein im Ton bei Gleichgewicht des Dunklen und Hellen, in den Farben bei Gleichgewicht des Warmen und des Kalten, in der Linie bei Ausrichtung auf die Horizontale. Der Ton stimmt sich auf Trauer bei Vorherrschaft der Dunkelheit, die Farbe bei jener der Kälte, die Linie bei absteigender Bewegung. Nun ist das Ausdrucksmittel dieser Technik die optische Mischung von Tönen, Farben und ihrer Reaktionen (Schatten), was nach sehr genau festgelegten Gesetzen vor sich geht, und der Rahmen ist nicht mehr einfach weiß, wie zu Anfang, sondern steht im Kontrast zu den Tönen, Farben und Linien des Motivs.« (Nach W. J. Homer, *Seurat and the Science of Painting*, S. 185 f.)

Strukturell verwendet Seurat weiterhin *Luft* als den logischen Modus, der normalerweise figurative Kunst bestimmt.

Empirisch		Ästhetisch
Die physiologische Auswirkung von Licht auf die Netzhaut		Der optische Eindruck eines Sonnenuntergangs in divisionistischer Technik
―――――	≎	―――――
Ein ruhiges Seestück		Der Auftrag voneinander getrennter Farbtupfen

	Physikalische Theorie		Optischer Eindruck
oder:	―――――	≎	―――――
	Phänomenale Theorie		Bildhafte Realität

5 Paul Gauguin: Der Geist der Toten wacht, Manaõ Tupapaú (1892)

Gauguin sieht sich genötigt, seine Geliebte zu malen, die allein in seiner Hütte liegt. Tehura ist ein junges, von der Dunkelheit verängstigtes Maori-Mädchen. Sie hält irrtümlich Gauguins Kontur unter der Tür für einen bösen Geist. Der Künstler interpretiert diesen Geist als eine alte Frau, als ein Todessymbol, von dem er meint, Tehura könne es verstehen. Psychologisch stellen beide Frauen Animae dar, weibliche Gestalten als Repräsentationen unbewußter Instanzen im Künstler – besonders der Spannung zwischen Fleischlichkeit und Tod. Gauguins Titel dieses Bildes, *Manaõ Tupapaú*, bedeutet wörtlich 'Denken' und 'Geist', wobei unentschieden bleibt, ob das Mädchen oder der Geist das Denken vollzieht. Für den Maler bedeutete die alte Frau die Transzendenz über den Tod hinaus, mithin das Ende der Wollust, während das junge Mädchen Sexualität ohne Sünde oder Verfallensein ist. Die aufeinanderprallenden Farben rings um die beiden Gestalten können Gauguins von Schuldgefühlen belastete Beziehungen zu Frauen seiner eigenen Rasse artikulieren. Zu dieser Zeit wurden seine Kompositionen weniger eckig, die Formen weicher und größer und die Farben in unvermittelten Kontrasten aufgetragen. Hier verwendet er eine Kombination aus grün-

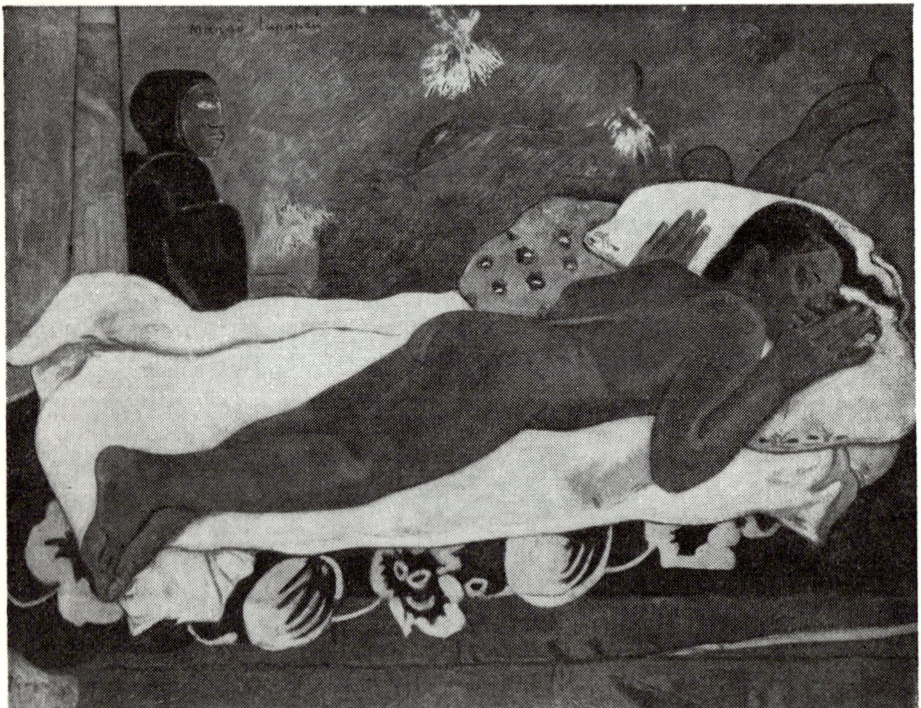

lichem Gelb, Violett, Blau und Gelborange, das für ihn ein barbarisches, gespenstisches Licht bedeutet; die kupferfarbene Haut des Mädchens vereinigt diese Farben in sich und weist auf Sinnlichkeit und Entschiedenheit in einem sonst disharmonischen Schema hin.

Manaõ Tupapaú deckt die Unzulänglichkeit formalistischer Kritik auf. Die meisten Kritiker geben sich damit zufrieden, das Gemälde im Hinblick auf seine Komposition zu beschreiben und Paul Gauguins Briefe über seine symbolistischen Implikationen zu zitieren. Doch die beiden Aspekte sind eindeutig zusammenzuführen. Um die Argumentation Lévi-Strauss' zu wiederholen: Mythen sind logische Systeme, die widersprüchliche Faktoren in der physischen oder psychischen Situation des Menschen miteinander versöhnen. Kunst vermittelt den fundamentalsten aller Übelstände: den Widerspruch zwischen dem Überlebenstrieb oder der Sehnsucht nach Unsterblichkeit und der Einsicht in die Unausweichlichkeit des Todes. Kunst reduziert den physischen Ablauf zeitlicher Ereignisse auf einen geistigen Augenblick, auf eine erstarrte konzeptuelle Ordnung, die im Endeffekt so lange bestehen bleibt wie das Gemälde selber.

Dieses Bild enthält zwei Kernstrukturen, die auf die Logik von *Feuer* bezogen sind. *Feuer* ist die in Ritual, Mythos und Kunst bevorzugte Form, weil es sich mit der Essenz des religiösen Denkens befaßt, die die begriffliche Versöhnung aller wichtigen Ambiguitäten in der menschlichen Kultur ist: von Leben und Tod, Tag und Nacht, heiß und kalt, Gesundheit und Krankheit, Liebe und Haß, Nahrung und Hunger, und so fort. Gauguin setzt sich hier mit einem der heroischen Freudschen Konflikte auseinander, nämlich mit dem in jedem Individuum stattfindenden Nahkampf zwischen Eros und Thanatos oder dem Wunsch nach Genuß und Selbstzerstörung.

	Empirisch		Ästhetisch
	Der Konflikt zwischen Eros und Thanatos im Künstler ——— Ein nacktes Mädchen in Todesangst	≎	Visuelle sexuelle Stimulation ——— Das warme Braun des Mädchenkörpers im Kontrast zu den umgebenden kälteren Farben
und:	Sexuelle Schuld und Todeswunsch ——— Zwei Frauen als Animae (das widersprüchliche Unbewußte)	≎	Für den Künstler ist Todessymbolik Sexualität ——— Disharmonische u. aufeinanderprallende Farben rings um den Mädchenkörper

◁ 5 Paul Gauguin, *Der Geist der Toten wacht (Manaõ Tupapaú)*, 1892. Öl auf Leinwand, 71,4 x 92,1 cm. Sammlung der Albright-Knox Art Gallery, Buffalo, New York. Sammlung A. Conger Goodyear

6 *Paul Cézanne: Stilleben mit Apfelkorb (1890–1894)*

Natur	Kultur
Das Motiv besteht aus zwei horizontalen Ebenen, einem Korb mit Äpfeln, wobei einige Äpfel im Vordergrund untergebracht sind, einer Weinflasche, einem Tischtuch und einem Teller mit Gebäck.	Cézanne entscheidet sich, ein Stilleben zu malen, das er mit äußerster Sorgfalt und Überlegung organisiert hat; die Objekte sind mit möglichster Dinglichkeit und Gediegenheit gemalt: für Cézannes Empfinden eine Neubelebung des Klassizismus; er 'humanisiert' seine Objekte, indem er sie zum offensichtlichen Resultat seines Eingreifens macht, das seinerseits eine natürliche Antwort auf die Struktur der Natur ist – daher seine Bemerkung: »Kunst ist Harmonie parallel zur Natur«.
Cézanne organisiert die Linien seiner Komposition auf eine Weise, die für sein Empfinden 'strukturell' ist; im Effekt kommen dadurch die Formen der Objekte und der Objektbeziehungen geometrisch in Übereinstimmung mit der flachen Bildebene; die Farben des Künstlers sind so 'moduliert', daß viele Schattierungen derselben Farbe gemischt und in voneinander getrennten Pinselstrichen aufgetragen werden; derartige zusätzliche Anpassungen an benachbarte Farben gestatten es dem Betrachter, Unterschiede zwischen den verwendeten Farben und Abstufungen auf den wirklichen Objekten wahrzunehmen; die späteren Stilleben und Landschaften sind in gewissen Zonen ziemlich dünn gemalt und bewahren damit die Architektur der Pinselstriche, und häufig bleiben Leinwandflächen nackt.	Die offensichtliche visuelle Reaktion auf dieses Stilleben tritt heute nicht so deutlich zutage, wie zu der Zeit, als Cézanne das Bild malte; er zwingt uns nicht nur, die Materialität des Motivs zu überprüfen, indem er geringfügige Angleichungen zwischen den Objekten vornimmt (so ist beispielsweise der Winkel des Korbs durch die beiden Tischebenen und die Neigung der Weinflasche ausbalanciert, und außerdem sind die Äpfel mit Rücksicht auf ihre Auswirkung auf ihren Hintergrund arrangiert), er verlangt vielmehr auch noch, daß wir die Bildebene als eine mit farbigen Pinselspuren bedeckte reale Gegebenheit zur Kenntnis nehmen.

Paul Cézanne ist möglicherweise der erste Maler, der die Implikationen einer 'buchstäblichen' Bildfläche untersuchte, nämlich einer Bildoberfläche, die kein wesensmäßiges Illusionspotential beansprucht, sondern bei der Bereitstellung der naturalistischen Metapher von der gewöhnlichen Konsistenz des Farbauftrags abhängig ist. Cézanne erklärt, es gebe nur malerische Farben: »Es gibt keine Linien, keine Formen, sondern nur Kontraste.«

Die Struktur von Cézannes Kunst ist völlig vorhersagbar:

Empirisch		Ästhetisch
Reproduktion, nicht Darstellung der Natur	≎	Cézanne betont den 'Arrangement'-Charakter seiner Kompositionen
Die materielle Substanz des Motivs		Cézanne läßt erkennen, daß ein Gemälde nichts als Farbe und Leinwand ist

6 Paul Cézanne, *Stilleben mit Apfelkorb*, 1890–1894. Öl auf Leinwand, 64,1 x 81,3 cm. Mit freundlicher Genehmigung des Art Institute of Chicago. Gedächtnissammlung Helen Birch Bartlett

7 *Pablo Picasso: Daniel-Henry Kahnweiler (1910)*

Natur	Kultur
Daniel-Henry Kahnweiler und seine Umgebung. In diesem Gemälde gibt Picasso seinen analytischen Stil facettierter Umrisse zugunsten einer neuen Raumvorstellung auf, bei der große lineare Flächen beständig die zwischen Raum und Objekten vorhandenen Konturen unterbrechen; der Künstler zeichnet und malt abwechselnd, wobei ein Vorgang den anderen betont; die Farbe wird sparsam verwendet, da sie Illusionen wechselnder Tiefe hervorbringt und hier ein sehr seichter Hintergrund angedeutet ist; im allgemeinen sind die Farben auf Braun- und Grautöne, Schwarz und Weiß beschränkt; Picasso arbeitet mit überschaubaren, voneinander getrennten Pinselstrichen (die fast wie ein Mauerwerk wirken), um uns daran zu erinnern, daß es sich um gemalte Flächen handelt; reflektierendes Licht scheint mit den gemalten Flächen mehr zu tun zu haben als der von der Figur eingenommene Raum.	Picasso entscheidet sich, ein Porträt seines Kunsthändlers Kahnweiler zu malen. Statt uns mehrere Ansichten einer und derselben Person zu bieten, suggeriert Picasso die Verschmelzung von Ansichten in den Bewegungen des Gegenstands; auch gemahnt uns Picassos Idee, Objekte durch einzigartige Charakteristika zu identifizieren, daran, daß wir uns Objekte durch derartige Merkmale vergegenwärtigen, unbeschadet dessen, auf wieviel verschiedene Weisen wir diese Objekte sehen; daher malt Picasso nur diejenigen Züge, die, verzichtete man auf sie, ein Objekt unerkennbar werden ließen; bei dem Porträt Kahnweilers gehören dazu die Hände der Person, die Uhrkette und vieles vom Gesicht; zur Linken steht eine Flasche auf einem Tisch, und darüber ist an der Wand eine hölzerne Skulptur aus Neukaledonien angebracht.
Das kubistische Gemälde *Daniel-Henry Kahnweiler*	Der 'Inhalt' dieses Gemäldes ist die Spannung zwischen den identifizierenden Rudimenten Kahnweilers und der kubistischen Maltechnik selber.
Es gibt zahlreiche begabte Apologeten des Kubismus, darunter Kahnweiler selber, Jean Metzinger, Albert Gleizes, Maurice Raynal, André Salmon und Guillaume Apollinaire.	Die kubistische Ideologie nimmt viele Formen an und verfolgt viele Absichten, doch ihr Hauptziel besteht darin, die Renaissance-Form und den Renaissance-Raum völlig zu eliminieren.

7 Pablo Picasso, *Daniel-Henry Kahnweiler,* 1910. Öl auf Leinwand, 100,6 x 71,6 cm. Mit freundlicher Genehmigung des Art Institute of Chicago. Geschenk von Mrs. Gilbert W. Chapman

Pablo Picassos Gemälde der Periode von 1910 bis 1912 weisen nahezu keinen erkennbaren Gegenstand auf und stellen semiologisch Picassos größte Annäherung an die Hervorbringung eines metasprachlichen Systems dar. Sämtliche metasprachlichen Systeme implizieren, daß ein Betrachter mit der hinter einem Gemälde wirksamen ideologischen Argumentation vertraut sein muß, ehe sich die Arbeit selber vollständig beurteilen läßt. Das gilt in gewissem Grad zweifellos für den Kubismus. Strukturell schließt Picasso eine von Manet ausgehende Tendenz ab, zu der es gehört, den Konflikt zwischen Gegenstand und Maltechnik bis zu dem Punkt voranzutreiben, wo das eine dem anderen gegenüber nachgibt.

Empirisch		Ästhetisch
Picasso wählt Kahnweiler als Gegenstand		Die Fusion von Geometrie und persönlichen Merkmalen des Gegenstands
———	≎	———
Die physische Konsistenz des menschlichen Subjekts		Materielle Konsistenz der Maltechnik

8 *Georges Braque: Le Courrier (1913)*

Während analytischer und hermetischer Kubismus von wesentlichen Details abhängig sind, führt der synthetische Kubismus Objekte vor, indem er reale Materialien oder Objekte neben dazugehörige gezeichnete und gemalte Kontexte setzt. Historisch wirft Georges Braque den Begriff des zweidimensionalen bildhaften Objekts insofern über den Haufen, als er Gegenstände in drei Formen einsetzt: Materialien, die sich selber repräsentieren; Materialien, die eine Eigenschaft von etwas anderem festhalten; und Zeichnungselemente, die ein Objekt oder ein Merkmal eines Objekts *darstellen.* Als reale Materialien verwendet der Künstler Papierstreifen mit simulierter Holzmaserung, ein einzelnes Stück Tapete, eine gebrauchte Steuerbanderole von einer Tabakdose und ein Stück aus dem Kopf der Zeitung ›*Le Courrier*‹. Ehe er diese Materialien festklebt, arrangiert sie Braque auf einer weißgestrichenen Platte. Die darübergelegte Kohle-

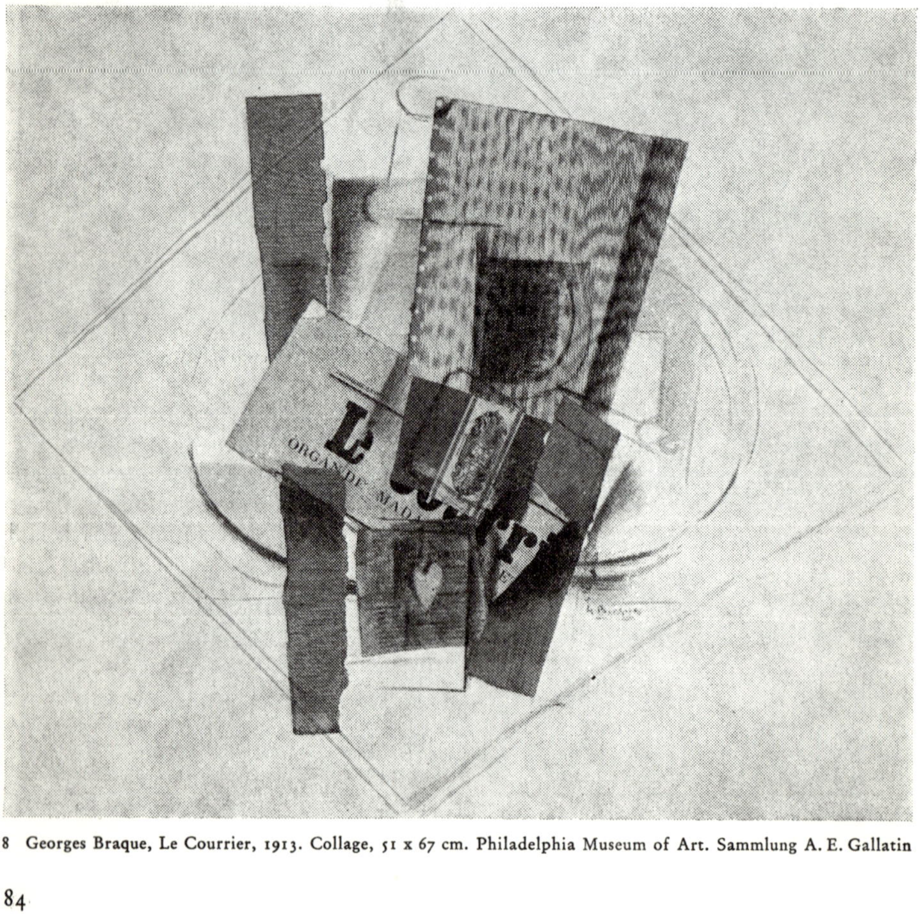

8 Georges Braque, Le Courrier, 1913. Collage, 51 x 67 cm. Philadelphia Museum of Art. Sammlung A. E. Gallatin

zeichnung stimmt nicht mit den Formen der aufgeklebten Papiere überein. Ja, verschiedene Elemente der Zeichnung erwecken den Eindruck, als blickten wir auf eine Tischplatte hinab und sähen sie sowohl im Aufriß wie im Grundriß.

Je nachdem, ob wir unsere Aufmerksamkeit auf die gezeichneten Elemente oder auf die buchstäblichen Materialien richten, verschiebt sich die Struktur des Papier collé. Infolgedessen hat *Le Courrier* eine intentionale Doppelstruktur, dargestellt als FEUER.

Empirisch		Ästhetisch
Produktion eines Stillebens aus alltäglichen Objekten / Tisch mit Glaswaren, Tabakdose, Zeitung und so fort	≎	Flach aufgeklebte Materialien implizieren mehr als eine Perspektive / Aufgeklebte Materialien, die sich selber repräsentieren
und: Produktion eines Stillebens aus alltäglichen Objekten / Tisch mit Glaswaren, Tabakdose, Zeitung und so fort	≎	Darübergelegte und kollidierende Perspektive / Im Kontext aufgeklebter Materialien mit Kohle gezeichnete Objekte

9 Raymond Duchamp-Villon: Großes Pferd (1914)

Raymond Duchamp-Villons *Großes Pferd* scheint mehr unter dem Einfluß der futuristischen Beschäftigung mit Zeit und Geschwindigkeit zu stehen als unter dem des Kubismus und seiner flächigen Artikulationen. Die Positionen des Pferds suggerieren eine Reihe multipler Perspektiven, die eine Metapher für den Fortgang der Zeit und vielleicht für den kulturellen Wandel selber sind. Diese Suggestionen sind zu einer Abfolge sich entfaltender, aber integraler Bilder zusammengefaßt, ungefähr vergleichbar mit Boccionis *Entfaltung einer Flasche im Raum* (1912). Da das Pferd eine erste Darstellung des Übergangs von tierischer zu maschineller Kraft ist, schildert diese Arbeit den technologischen Ablauf selber, nicht ein bestimmtes Tier. Dieser nach dem Tod des Künstlers angefertigte provisorische Abguß entwickelte sich aus einer Folge kleiner Pferde- und Reiterstudien, bei denen das Pferd sich auf zwei Beinen aufbäumt. Allmählich wurde daraus die Grundlage für das geometrische Pferd ohne Reiter.

Teile des Pferdes, zumal die Beine und die Hufe, sind in geometrische Formen umgesetzt: Kolben und Lager, Antriebswellen und Motorgehäuse, und so fort. Harte, geradlinige Flächen sind gegen sanft gerundete Formen gestellt. Das originale Gipsmodell Duchamp-Villons wurde später unter Aufsicht seines Bruders vergrößert. Vor seinem Tod im Ersten Weltkrieg hoffte der Künstler, zu einer endgültigen Fassung in poliertem Stahl zu gelangen.

9 Raymond Duchamp-Villon, *Großes Pferd*, 1914. Bronze (der sechste von sechs Abgüssen), 100 x 61 x 92,1 cm. Mit freundlicher Genehmigung des Art Institute of Chicago

Der Kubismus ist eine Ästhetik der Vereinfachung und der Implikation. *Das große Pferd* verwendet die vereinfachenden Techniken des Kubismus, um eine Vorstellung zu produzieren, die weder eine 'pferdehafte Maschine' noch ein 'mechanisiertes Pferd' ist, sondern vielmehr eine Synthese aus beidem. Als Ästhetik konnte der Kubismus niemals ohne Gegenstand funktionieren, der nicht zu etwas anderem geworden wäre; Robert Delaunays Farbphilosophie (Orphismus) ging vom Kubismus zur nicht-objektiven Kunst über. Wie alle Kunst sucht der Kubismus nach etwas, daß über ihn selbst hinausgeht. Für Duchamp-Villon bot die kubistische Technik die Mittel, Kultur im Übergang zu simulieren. Auch diese Skulptur läßt die Doppelstruktur von FEUER sichtbar werden.

Empirisch

	Der Künstler wählt das Pferdemotiv als beste Zusammenfassung von Veränderung		Die Pferdezüge sind in der Endfassung fast verloren gegangen
	———	≎	———
	Ein Pferd mit maschinenartigen Teilen		Ein zunehmend geometrisiertes Pferd entwickelt sich aus früheren Modellen
	Der Künstler wählt das Pferdemotiv als beste Zusammenfassung von Veränderung		Die Maschine wirkt nicht funktional, und ihre Teile beziehen sich nicht logisch aufeinander
und:	———	≎	———
	Ein Pferd mit maschinenartigen Teilen		Der Künstler zeigt eine eingerollte asymmetrische Maschine im Spannungszustand

10 *Wassily Kandinsky: Schwarze Striche (1913)*

Natur	Kultur
Kandinskys Gemälde aus dieser Periode benutzen bildliche Elemente, die so komplex sind wie diejenigen in darstellender Kunst; technisch *scheint* er figurative Bilder zu machen, doch wirklich figurative Elemente fehlen.	1913 beginnt Kandinsky anschauliche Regeln für den Gebrauch verschiedener Formen und Farben zu formulieren; dazu gehören spezifische Vorstellungen über ihre emotionale Bedeutung; außerdem nimmt er programmatische Analysen seiner Hauptwerke vor, wobei er impliziert, daß es ein ablesbares, der Musik vergleichbares zeitliches Schema seiner Malerei gibt; all das fällt mit der Absicht des Künstlers zusammen, nicht-objektive Malerei so konkret wie möglich zu machen.

10 Wassily Kandinsky, *Schwarze Striche*, 1913. Öl auf Leinwand. 130 x 130 cm. Sammlung Solomon R. Guggenheim Museum, New York

Das Gemälde *Schwarze Striche*	*Der 'Inhalt' von* Schwarze Striche *läßt sich in Termini aus den vielen Erklärungen des Künstlers über Farbe und Form übersetzen; so stellt er beispielsweise fest, Gelb und Blau bewegen sich in entgegengesetzte Richtungen, Grau sei ruhend; viele seiner Interpretationen sind aus der Theosophie abgeleitet und auch aus früheren Untersuchungen zur Wahrnehmungspsychologie; obwohl sich* Schwarze Striche *aufgrund der zahlreichen Hinweise Kandinskys interpretieren läßt, bleiben doch sämtliche Interpretationen notwendig persönlich und vage; alle Analysen erzeugen emotionale Korrespondenzen – falls der Betrachter an den bezeichneten Inhalt der Arbeit glaubt*
Obwohl Kandinsky sein Leben lang schrieb, bleiben Über das Geistige in der Kunst *(1912) und* Grammatik des Schöpferischen *(1914) die beiden Essays, die dem ernsthaft Kunstinteressierten am besten zeigen, was das Publikum damals nach Wunsch des Künstlers von seiner Malerei denken sollte.*	Die geistigen Impulse im modernen Menschen sind für den Drang verantwortlich, nicht-objektive Kunst zu schaffen; Gegensätze innerhalb solcher Gemälde zeigen das Spektrum humaner Emotionen und der Ausdrucksgrade an; die sichtbaren Rhythmen eines Malers korrespondieren mit den inneren Harmonien, die der Künstler in sich findet oder die ihm fehlen.

In Wassily Kandinskys erste nicht-objektive Periode von 1911 bis 1914 fällt ein anfänglicher Versuch, Kunst ausschließlich im Sinn ideologischer Aussagen zu rechtfertigen. Kandinskys Abhandlung *Über das Geistige in der Kunst* von 1912 fand als Polemik gegen objektive Erscheinungen in der Kunst starke Beachtung. Indem er verkündete, der wissenschaftliche Materialismus sei bankrott, behauptete er zugleich, die Kunst bereite auf ein neues Zeitalter geistigen und visionären Ausdrucks vor. Er sagte vorher, die Abbildung des Objekts werde Schritt um Schritt durch die Erzeugung abstrakter Elemente verdrängt, die zwar von der materiellen Wirklichkeit geschieden, aber nicht vom emotionalen Bereich der menschlichen Seele getrennt seien.

Kandinskys Malereien sind programmatisch gemäß gewissen zeitlichen Prioritäten der visuellen Wahrnehmung angelegt – oder wenigstens ist das ihre Theorie. In seinem Essay *Rückblicke* berichtet er: »Ich empfand, daß seine (Rembrandts) Bilder 'lange dauern', und erklärte es mir dadurch, daß ich erst *einen* Teil dauernd erschöpfen mußte und dann den *anderen.* Später verstand ich, daß diese Teilung ein der Malerei erst fremd und nicht zugänglich erscheindendes Element auf die Leinwand hinzaubert – *die Zeit.«* (A. a. O., S. XII) Strukturell spiegeln alle nicht-objektiven Arbeiten wie *Schwarze Striche* die Konsistenz von WASSER wider. Daher verlagert sich das *empirische Zeichen* für dieses Gemälde von der fehlenden Ausdrucksebene auf die Konnotationsebene darüber.

Empirisch		Ästhetisch
Der Inhalt wird durch die Erklärungen des Künstlers und die Empfindungen des Betrachters definiert		Die Interpretationen des Künstlers zu verschiedenen Form- und Farbkombinationen
Das Gemälde als ein Objekt	≎	Das Spektrum der vom Künstler verwendeten formalen Elemente

11 Marcel Duchamp: Boîte-en-Valise (1941/42) (Fassung 1961)

Die *Boîte-en-Valise* ist besonders deshalb interessant, weil sie völlig kulturisiert zu sein scheint. Marcel Duchamp wählt achtundsechzig Stücke aus seiner Gesamtproduktion aus. Einige davon sind verkleinert, die übrigen im Druck reproduziert. Die Arbeiten passen in eine Schachtel, und die Schachtel kann man in einem Koffer tragen. Im Endeffekt läßt nichts von den Vorgängen an eine Naturalisierung des Kulturellen denken – ausgenommen das Eine: die Auswahl von achtundsechzig Kunstwerken. Das neunundsechzigste ist natürlich die Idee der *Boîte-en-Valise* selber, abgesehen davon, daß ihre Struktur ihr nicht erlaubt, Kunst zu sein. Doch liegt hier Barthes' Nullpunkt des Gegensatzes vor, wo Abwesenheit zu einem durch Implikation ausgefüllten fehlenden Terminus wird. Duchamp impliziert jedoch einen natürlichen Gegensatz, wodurch er das Kulturelle durch die human-sexuellen Implikationen des fehlenden neunundsechzigsten Kunstwerks naturalisiert.

11 Marcel Duchamp, *Boîte-en-Valise*, 1941/42. 68 Reproduktionen nach Arbeiten Marcel Duchamps, in grünes Leinen gebundene Pappschachtel, 40,6 x 37,5 x 7,9 cm. Sammlung Solomon R. Guggenheim Museum, New York

11 A Fontaine (Ein bewirktes Ready-made) (Original 1917)

Natur	Kultur
———	———
Ein hochkant gestelltes Urinoir, signiert ›R. Mutt 1917‹.	Ebenso, wie nicht-objektive Kunst einen Inhalt zu haben *scheint*, ist dieses bewirkte Ready-made als 'Fontäne' angesprochen, während es in Wirklichkeit ein etwas aus seinem Zusammenhang gerissenes Urinoir ist.

Ein Porzellanurinoir aus der Massenproduktion.	*Der Inhalt von* Fontaine *liegt im unglaubwürdigen Titel, mit dem der Künstler suggeriert, die betreffende Arbeit sei eine moderne Skulptur unter Verwendung von Wasserprojektionen.*
Duchamps völlig rätselhafte Schriften über die Ready-mades und verwandte Kunst.	Selbst Kritikern gilt solche Kunst als unlogisch und unsinnig.

Empirisch		Ästhetisch
Ein als Fontäne bezeichnetes Urinoir		Ein in einem mehrdeutigen Kontext gezeigtes Urinoir
———	≎	———
Ein gewöhnliches Urinoir		Ein leicht modifiziertes Urinoir

Die Einzigartigkeit von Marcel Duchamps reifer Kunst beruht auf der Tatsache, daß sie als semiotische Erklärung aller denkbaren Kunstarten gedacht ist. Da *Fontaine* ein bewirktes Ready-made ist, bezieht sich seine Struktur nicht auf ÄTHER, sondern auf WASSER. Es fungiert rein als modifiziertes Objekt mit einem durch eine metasprachliche Erklärung definierten Inhalt. Duchamps Bemerkungen zu seinem berühmten Experiment von 1914: *Trois Stoppages – Etalon,* lassen erkennen, daß dieses Stück weithin genau so beschaffen ist wie *Fontaine.* Es handelt sich um drei Schablonen, angefertigt nach Mustern, die sich ergaben, als drei Leinenfäden mit ausgestreckten Armen einen Meter über den Fußboden gehalten und dann fallen gelassen wurden. Jeder fällt und »krümmt sich, wie es ihm gefällt«. Über der Bemerkung steht als Titel *Die Idee der Herstellung,* und das besagt: Duchamp erkennt, daß Kunst auf der extremen Stufe der Nichtobjektivität darin besteht, gewöhnliche Materialien aufs Geratewohl fallen zu lassen; der Inhalt aller nicht-objektiven Kunst ist offenbar der Herstellungsprozeß selber. Die *Drei Musterfäden* stellen eine elegante Weise dar, nicht-objektive Kunst mit möglichst geringer Arbeit zu schaffen. In diesem Fall befaßt sich der Künstler nicht nur mit den Auswirkungen des Zufalls, sondern auch mit diesen Auswirkungen im Zusammenhang einer *Menge von Elementen,* mit den Varianten der drei Fäden.

Echte Ready-mades von Duchamp gibt es nur in geringer Anzahl, und sie verwenden natürlich die Struktur von ÄTHER. Zunächst sind sie lediglich ausgesucht, nicht gemacht. Sie besitzen kein zeitliches Element, wie es durch den Herstellungsprozeß zustande kommt. In seinen Bemerkungen über das Ready-made besteht Duchamp darauf, daß man die genaue Zeit fürs Signieren einer solchen Arbeit planen und, falls nötig, auf die ästhetische Antwort (»mit allen möglichen Verzögerungen«) warten solle. Weiter besteht er darauf, daß der Zeitpunkt der Objektwahl ausschlaggebend sei: »Natürlich trage man dieses Datum mit Stunde und Minute als *Information* in das

Ready-made ein.« Als konzeptuelle Arbeit hat *Fontaine* keine Dauer, *ausgenommen* die Zeit, die nötig ist, das Stück hochkant zu stellen. In seinen Bemerkungen in der *Grünen Schachtel* teilt Duchamp diese Beobachtung mit:

»Die Uhr *im Profil*
und der *Kontrolleur* des Raums.
BEACHTE: Von der Seite (im Profil) gesehen,
zeigt eine Uhr keine Zeit mehr an.
MD 58«
(Duchamp, Hamilton, and Hamilton)

Im Grunde verwendet Duchamp eine Metapher, um zu erklären, daß die Struktur des Ready-made die Auswirkungen der Zeit (durch den Herstellungsprozeß) negiert und dafür automatisch den Gedanken eines spezifischen Raums oder eines Kunstzusammenhangs als Mittel einsetzt, um den Kunstzustand des betreffenden Objekts zu definieren. Das echte Ready-made (ÄTHER) ist stets ein fabrizierter Gebrauchsgegenstand, der die 'Heiligkeit' von FEUER mit der 'profanen' und 'natürlichen' Qualität von WASSER und ERDE vereinigt. Mit anderen Worten: je nach den Umständen ließe sich ein Ready-made als Werkzeug oder funktionales Objekt benutzen oder es ließe sich als Symbol verschiedener religiöser Beziehungen verstehen.

11 B Flaschentrockner (Ein Ready-made) (Original 1914)

Natur	Kultur
Ein Flaschenständer zum Trocknen von Weinflaschen.	Der Künstler wählt ein Utensil zur Verdunstung von WASSER vermittels LUFT; indirekt steht das Objekt in Zusammenhang mit dem heiligen Vorrang der Weinerzeugung, beispielsweise in der Verbindung FEUER (natürlichem Wachstum) und ERDE.
In einer völlig religiösen Kultur 'vermittelt' der Flaschenständer als sakramentales Objekt zwischen den notwendigen Funktionen.	ÄTHER repräsentiert die höchste Ebene des Eigenbewußtseins, wie es Kulturen erreicht haben, die sich auf eine ausbalancierte, in der Gegenwart gelebte Existenz verstehen.

12 Kasimir Malewitsch: Suprematistische Composition (Fliegendes Flugzeug) (1914)

Natur	Kultur
Der Künstler malt seine Kompositionen mit einem Minimum an Pinselstrichen und Textur; visuell sind seine Konfigurationen durch Farbe, Massierung, Größe und Annäherung oder Überlagerung von Elementengruppen voneinander geschieden.	Die Interaktion geometrischer Elemente in diesem Gemälde ist das Resultat einer »ökonomischen Geometrik« (Bezeichnung des Künstlers für Feldprinzipien der Gestaltpsychologie).
Das Gemälde *Suprematistische Composition (Fliegendes Flugzeug).*	*Höchstwahrscheinlich stammt der metasprachliche Inhalt dieses Gemäldes von Flugzeugformationen des Ersten Weltkriegs; für den Künstler repräsentiert die visuelle Dynamik dieser Elemente im Raum die Entwicklung in Richtung auf reines Gefühl und nützlichkeitsgerichtete Perfektion; die Komposition von Schwarz, Grau, Weiß und Rot auf einem weißen Feld symbolisiert die neue Weise der Wahrnehmungsreaktion, die mit dynamischen und scheinbar schwerelosen Phänomenen aufkam.*
Malewitschs ausführliche Schriften über die Frühphasen der modernen Kunst, einschließlich des Suprematismus.	Die suprematistische Ideologie ist eine Verschmelzung von nachkubistischem Formalismus und dialektischem Materialismus.

Von Manet bis Picasso kulturisierten die Künstler zunehmend immer größere Teile des gewöhlich bei der Realitätsbetrachtung angewandten Verfahrens. Kasimir Malewitsch geht darin 1913 bis zum Extrem, indem er behauptet, menschliche Wesen entwickelten Wahrnehmungsmuster gemäß den Erfordernissen ihrer Umwelt. Kommen neue Elemente hinzu, bringen sie die bisherigen Betrachtungsmuster durcheinander. Die suprematistische Malerei stellt nach Malewitsch den Leitfaden für die Neuorgani-

12 Kasimir Malewitsch, *Suprematistische Composition (Fliegendes Flugzeug)*, 1914. Öl auf Leinwand, 58 x 48,3 cm. Sammlung Museum of Modern Art, New York. Foto: R. Petersen

sation der Wahrnehmung im 20. Jahrhundert zur Verfügung und justiert damit den Blick für ein Verständnis der Umwelt als eines organisierten Ganzen neu.

Die russische Bewegung des Suprematismus stellt einen interessanten Kontrast zu der einige Jahre später einsetzenden holländischen De-Stijl-Bewegung dar. In Malewitschs Malerei geistern noch immer Überreste des Renaissance-Raums, zumal in seiner Verwendung einander überlagernder Flächen und eines unendlich tiefen Bildraums. Die geradlinige Übereinstimmung mit dem Bildrahmen bei De Stijl repräsentiert einen bildlich rigoroseren Kompositionsansatz. Daß Malewitsch, wenn auch unmethodisch, die Gestaltprinzipien beachtete, war für die Periode von 1913 bis 1918 enorm fortschrittlich, da sein Gemälde *Weiß auf Weiß* (1917) in seiner Problematik frühestens in den fünfziger Jahren begriffen wurde.

Malewitsch war jedoch überzeugt, in den anfänglichen Entwicklungsphasen der suprematistischen Malerei die zweidimensionale Malerei bis an ihre Grenzen vorangetrieben zu haben. In einem Essay über suprematistisches Zeichnen schrieb er 1920, über das Malen im Suprematismus könne es keine Frage geben; die Malerei sei seit langem erledigt und der Künstler selber ein Vorurteil der Vergangenheit (Malewitsch, *Suprematismus – Die gegenstandslose Welt*). Der Künstler hatte das Empfinden, die Imperative revolutionärer Politik und der Technologie müßten kurzerhand die Kunst und ihren Einfluß auf das Volk unter einem Prinzip zusammenfassen, und in praktischer Hinsicht hatte er damit recht. Seine statischen Bilder spielen auf rasch bewegte Flugzeugformationen als auf ein Symbol der dem Suprematismus zugrundeliegenden Werte an, die vielleicht die erzählstilistische Ästhetik der Zukunft repräsentieren.

Da hier die logische Struktur von WASSER vorliegt, gibt es im realen System keine Inhaltsprobleme. Daher wird die Konnotationsebene bei der Definition des empirischen Zeichens zum Ersatz für sie.

Empirisch		Ästhetisch
Die Interaktion dynamischer Massen		Wahrnehmung von Gestalt-Feldbeziehungen
―――――――――――	≎	―――――――――――
Das Gemälde als ein Objekt		Auf einem weißen Feld präzis gemalte geometrische Figuren

13 Piet Mondrian: Komposition 2 (1922)

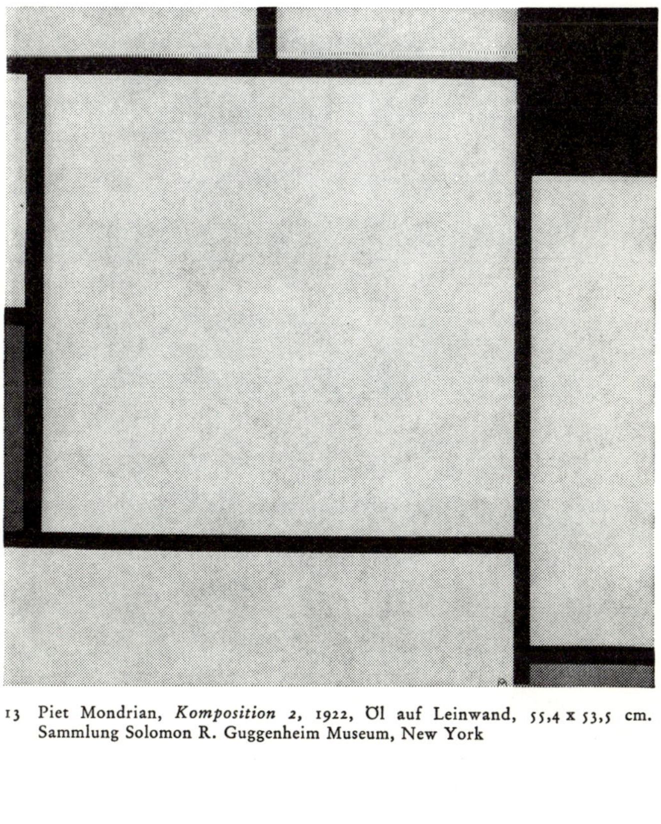

13 Piet Mondrian, *Komposition 2*, 1922, Öl auf Leinwand, 55,4 x 53,5 cm. Sammlung Solomon R. Guggenheim Museum, New York

Natur	Kultur
Mondrian konstruiert ein Gemälde, indem er aufs äußerste reduzierte und ausbalancierte bildnerische Elemente auf einer weißen Fläche anbringt; er betont den zeitlichen Vorgang des Malens, indem er sich überschneidende schwarze Linien und Texturunterschiede zwischen dem weißen Grund und den rechteckigen farbigen Flächen anwendet; in späteren Gemälden hebt er die gemalte Bildfläche noch mehr hervor, indem er die Oberfläche der Leinwand sich über den Bildrahmen selber hinausprojizieren läßt.	Durch ein Verfahren der Wahrnehmungsreduktion trennt Mondrian systematisch die bildnerischen Elemente der Malerei und verfeinert sie, wobei er schrittweise Dinge wie natürliche Färbung, Perspektive, Schatten und subjektiven Inhalt zurücknimmt; die uneingestandene Absicht des Künstlers ist es, die schmucklosesten malerischen Elemente mit der rechtwinkligen Materialität des Bildes oder Kunstobjekts zu versöhnen; dafür wählt er horizontale und vertikale Linien verschiedener Breite, und zwar wegen ihres Gegensatzpotentials innerhalb der normalen Bildfläche; er entscheidet sich für die Trias der Grundfarben Rot, Gelb und Blau; mittels dieser Elemente strebt er die höchste nichtobjektive Gleichgewichtssynthesis durch absolute Gegensätze an.
Das Kunstobjekt *Komposition 2*	*Der metasprachliche Inhalt dieses Gemäldes entstammt dem Beharren des Künstlers darauf, daß Äquivalenz zwischen bildnerischen Elementen »dynamisches Gleichgewicht hervorbringt und den wahren Gehalt der Wirklichkeit offenbart.« (Mondrian,* Plastic Art, *S. 53)*
Mondrians zahlreiche Aufsätze über seine Malerei	Das Endziel des Neo-Plastizismus ist die Verschmelzung von Kunst und Wirklichkeit.

Sehr wahrscheinlich hatte kein Künstler außer Piet Mondrian jemals eine derart klare Vorstellung von den geltenden Kunstregeln und eine so von Hoffnung erfüllte Vision der Welt in einem nachkünstlerischen Zustand. Mondrian erkannte, daß der Prozeß der Preisgabe von signifikanten Termini unvermeidlich war: »Es ist gewiß, daß für den nichtfigurativen Künstler kein Ausweichen möglich ist; *er muß in seinem Bereich bleiben und den Konsequenzen seiner Kunst entgegengehen.«* (A. a. O., S. 62.) Ähnlich stellte er als Prinzip die Tatsache heraus, daß der 'Fortschritt' in der Kunst von zunehmend verstärkten Gegensätzen innerhalb der Signifikanten abhängig sei: »Bildende Kunst bekräftigt, daß sich Gleichgewicht nur durch das Ausbalancieren ungleicher, aber gleichwertiger Gegensätze erzielen läßt. Die Klärung des Gleichgewichts durch die bildende Kunst ist für die Menschheit von großer Bedeutung. Sie offenbart, daß das menschliche Leben, wiewohl es in der Zeit zum Ungleichgewicht verurteilt ist, nichtsdestoweniger auf Gleichgewicht beruht.« (Ebd., S. 15.)

Mondrian war entschlossen, seine Bilder von zweidimensionalem Illusionismus freizuhalten (zumal dadurch, daß er die gemalten Flächen betonte, gelegentlich die Bildfläche vor die Leinwand projizierte und die Seiten der Leinwand als Fortsetzung der Bildfläche bemalte). Dadurch entsteht eine wesentliche Spannung, da infolgedessen die angewandten bildnerischen Prinzipien denen gleichen, die in der figurativen Malerei Verwendung finden, aber der Zahl nach weniger stark vertreten sind. Interessant ist, daß Mondrian gezwungen war, auf eine Dreiheit zurückzugreifen, um seine Farbgegensätze zu definieren. In den späten fünfziger Jahren schuf Edwin Land eine Theorie von Rot und Grün als einer grundlegenden Farbpolarität, die sämtliche übrigen Farben reproduzieren könne. Hätte Mondrian diese Information in den zwanziger Jahren besessen, als er seine Entscheidung traf: hätte das dann einen Unterschied bewirkt, oder ist für seine Wahl die Mischung von *primär pigmentierten Farben* wesentlich, und nicht die von Spektralfarben? Mondrians Wahl von horizontalen und vertikalen schwarzen Linien erhält ihre Gewichtigkeit durch zwei Faktoren: durch das geradlinige Format seiner meisten Gemälde und durch den Umstand, daß wir senkrecht stehen, unser Blick aber rechtwinklig zu unserer Körperachse verläuft. Dies ist eine irreduzible Entscheidung, die lediglich Frank Stella mit seinen frühen Gemälden in Frage stellt. Außerdem können wir die Stichhaltigkeit von Mondrians Entscheidung prüfen, wenn wir die Arbeiten der zwanziger Jahre mit den De-Stijl-Malereien seines Kollegen Theo van Doesburg vergleichen. Dadurch, daß van Doesburg sämtliche geradlinigen Formen in 45-Grad-Diagonalen versetzt, annulliert er viel von der möglichen Verstärkung, wie sie zwischen den Rändern seiner Formen und den Rändern seiner Bilder zustande kommen könnte. Offensichtlich reduziert der 45-Grad-Winkel überdies die Spannung zwischen der Horizontalen und der Vertikalen, so daß diese Arbeiten, verglichen mit denen Mondrians, als historisch weniger 'erfolgreich' empfunden werden.

Strukturell sind die Über- und Unterbeziehungen von Mondrians Gemälden sehr klar in den Schriften und den technischen Entscheidungen des Künstlers artikuliert. Außerdem macht gerade dieser Klarheitsgrad Mondrians Malerei so sehr wertvoll als Kunst.

Die Autorität des Ästhetikers Mondrian leitet sich großenteils aus seiner langen Beschäftigung mit theosophischen Gedanken und seinen Freundschaften mit mehreren Denkern aus verwandten Gebieten der okkulten Philosophie her. Wie in Dr. M. H. J.

Schoenmaekers Buch *Het Nieuwe Wereldbeeld* (1915), das einen nachhaltigen Eindruck auf den Künstler machte, gibt es in den meisten Bereichen des Okkultismus Versuche, die Geometrie und die Theorie der natürlichen Zahlen mit den geistigen Kräften der Schöpfung zu versöhnen und Mathematik als Bindeglied zwischen dem Materiellen und dem Geistigen einzusetzen. Ebenso wichtig war vielleicht auch Mondrians Freundschaft mit dem kabbalistisch interessierten Kaufmann Salomon Slijper. Da die Kabbala auf dem Ausbalancieren von Gegensätzen und auf der Aufteilung der Zivilisationen in vier Welten absteigender geistiger Bewußtheit beruht, gibt es viele Indizien dafür, daß Mondrian sich selber als Teil dieses größeren Schemas verstand. Und wenn man die Ursprünge von Marcel Duchamps Entdeckungen ernstlich betrachtet, findet sich ein weiterer Beweis dafür, daß die okkulten Wissenschaften das Geheimnis der Kunst enthalten. Ihre Botschaft besagt, daß Kunst, wie wir sie kennen, ihrem Ende entgegengeht und daß nur ihre vollständige Desintegration uns die Klarheit verschaffen kann, das Leben als 'gelebte Kunst' zu verstehen. Mondrian äußert einen ähnlichen Gedanken: »'Kunst' ist nur ein 'Ersatz', solange die Schönheit des Lebens mangelhaft ist. Sie wird im selben Maß verschwinden, wie das Leben ins Gleichgewicht kommt.« (A. a. O., S. 32.)

Abermals ist WASSER die Struktur, die Mondrians reife Kunst bestimmt.

Empirisch		Ästhetisch
Eine geringe Anzahl ausbalancierter Elemente, abgeleitet aus figurativer Kunst		Bildnerische Elemente, abgestimmt auf die Bildebene selber
Das Gemälde als ein Objekt	≎	Konstruktion eines neo-plastizistischen Gemäldes

14 Constantin Brancusi: Leda (1920)

Brancusi erzählt den Mythos von Leda und dem Schwan neu (Geist, *Brancusi*, S. 76), indem er Leda *als den Schwan* beschreibt; nach Auskunft des Bildhauers wiederholen die Linien von Ledas zurückgelehntem Körper diejenigen des Vogels und lenken uns damit von der offensichtlichsten Lesart der Skulptur ab. Brancusis erste Fassung der *Leda* ist eine aus einem Stück bestehende Marmorskulptur auf einem Gipssockel; für den ersten Blick scheint sie auf einer sehr sicheren und stabilen Grundlage angebracht zu sein. Der Leda-Mythos ist, nach der Formulierung Geists, zu einer »quasigeometrischen Form rationalisiert«. Im Sinn einer formalen Artikulation weist die Arbeit nur

14 Constantin Brancusi, *Leda,* 1920. Marmor auf Gipssockel, an der breitesten Stelle 66 x 48,3 cm. Mit freundlicher Genehmigung des Art Institute of Chicago

wenige Details auf. Der Neigungswinkel dieser Marmorarbeit und die Instabilität des von dem eiförmigen Körper ausgehenden dreieckigen Fortsatzes strahlen ein Empfinden der Bangigkeit oder der bedrohlichen Unwirklichkeit aus.

In seinem ausgezeichneten Buch über den Künstler spricht Sidney Geist vom möglichen Einfluß Henri Bergsons auf Constantin Brancusi. Geist zitiert eine Passage aus Bergsons *Einführung in die Metaphysik,* in der der Philosoph schreibt: »Die Philosophen ... sind sich darin einig, daß sie zwei grundsätzlich verschiedene Weisen, eine Sache zu erkennen, unterscheiden. Die erste impliziert, daß wir uns um einen Gegenstand herumbewegen; die zweite beinhaltet, daß wir in ihn eintreten.« (Nach Geist, a. a. O., S. 147.) Später erklärt Bergson, die erste Erkenntnisform sei eine Sache der *Analyse,* die zweite dagegen beruhe auf *Intuition.* Beide entsprechen natürlich Lévi-Strauss' *Humanisierung des Naturgesetzes* und der *Naturalisierung menschlicher Handlungen.* Wir beginnen zu verstehen, warum Brancusi den Mythos so umformulierte, daß Leda zum Schwan *wird.* Die Skulptur ist androgyn und infolgedessen instabil, weder dieses Geschlecht noch jenes; ihr azentrischer Schwerpunkt läßt sie auch physisch instabil werden. In der Tat stellt Brancusi in vielen Skulpturen Gegenstandskonzeptionen in Gegensatz zu formalen Artikulationen.

Das Gleichnis hinter Brancusis Skulptur betrifft die Frage, ob seine Formen figurativ oder nicht-objektiv sind. Jedes Stück ist getrennt zu betrachten, doch im Fall der *Leda* darf man wohl sicher sagen, die Skulptur sei nicht-objektiv. Ihr metasprachlicher Inhalt ist die Form des Mythos selber. Doch ebenso wichtig ist, daß die Darstellung der Beteiligten bis zu dem Punkt verzerrt und verdrängt wurde, wo eine mimetische Identifizierung *ohne* Rückgriff auf den Mythos *nicht* mehr möglich ist. Daher wird das empirische Zeichen von der Konnotationsebene übernommen.

Empirisch — Ästhetisch

$$\frac{\text{Der von Brancusi interpretierte Mythos}}{\text{Das (ungleichgewichtige) gebildhauerte Objekt}} \Bumpeq \frac{\text{Der Gegensatz sich wechselweise durchdringender Formen}}{\text{Brancusi schafft eine instabile Skulptur}}$$

$$\text{oder: } \frac{\text{Verschmelzung (begrifflich)}}{\text{Instabilität (physisch)}} \Bumpeq \frac{\text{Verschmelzung (wahrnehmungsmäßig)}}{\text{Instabilität (physisch)}}$$

15 *Naum Gabo: Säule (1913)*

Natur	Kultur
___	___
Der Künstler fertigt eine Konstruktion an, die industriell produziert erscheint; ihre Grundform ist aus zwei Plexiglas-Scheiben gebildet, die sich im rechten Winkel durchschneiden; ihr unterer Aufbau besteht aus mehreren Elementen farbigen Plexiglases, die nach De-Stijl-Prinzipien angeordnet sind.	Die konstruktivistische Skulptur leitet ihre Ästhetik aus derselben Quelle her wie der Suprematismus, nämlich aus der Theorie der Gestaltwahrnehmung; in dieser Konstruktion befaßt sich Gabo, wie in anderen, mit der Anbringung von Formen und der Spannung zwischen ihnen, mit der Transparenz und dem Überschneiden von Formen, mit Konfrontation und Symmetrie.

Die Konstruktion *Säule*	*Dem 'Inhalt' nach ist diese Konstruktion weder abstrakt noch nicht-objektiv, sondern eine Realität an und für sich; laut Gabo ist* Säule *auf gleiche Weise eine einzigartige Struktur wie eine neue Erfindung oder ein neues technisches Merkmal unter Anwendung von Prinzipien der technischen Ökonomie.*
Die Aufsätze Gabos und verschiedener Kritiker über den Konstruktivismus und die Arbeiten Gabos	Der Konstruktivismus ist eine ästhetische Ideologie, die versucht, moderne technische und wissenschaftliche Konzeptionen der Wirklichkeit mit Kunst zu integrieren und dabei zu demonstrieren, daß beide miteinander vereinbar sind.

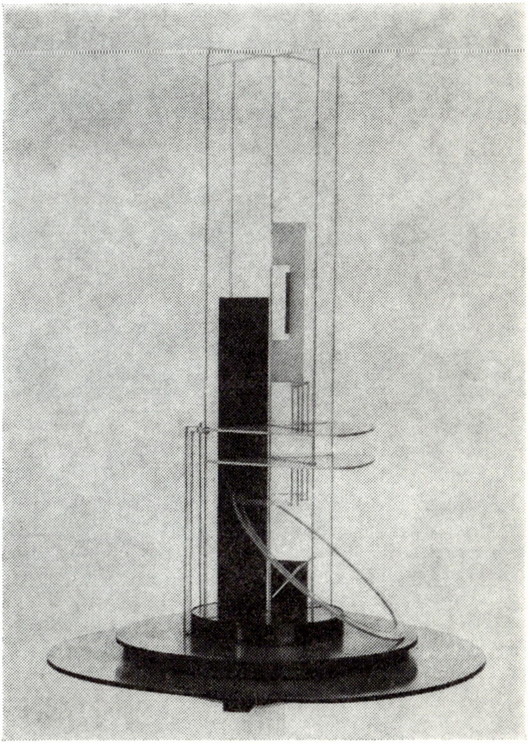

15 Naum Gabo, *Säule*, 1923. Kunststoff, Holz, Metall, 104,1 cm hoch. Sammlung Solomon R. Guggenheim Museum, New York

Die frühen Konstruktivisten traten für Bewegung und Zeit in ihren Arbeiten ein. Doch abgesehen von einigen vorbereitenden Experimenten, wurden diese zusätzlichen Dimensionen niemals realisiert. Aber Gabo beharrte ebenso wie sein Bruder Antoine Pevsner darauf, daß ihre Arbeiten ein kinetisches Element enthalten. Ihre Gedankengänge beziehen die Wahrnehmung von Rändersequenzen und sich überschneidender Formen ein, aber nicht getrennte Ansichten einer bildhauerischen Masse. Für mythische Strukturen ist das ein akzeptables Zeitelement, da es in keiner Weise die Dauer oder das Entstehen des Kunstobjekts beeinflußt.

Gabos Konstruktionen sind als Kunst nur insofern geglückt, als sie sich Gestaltprinzipien durch geometrische Beziehungen nutzbar machen und er ihren nicht-objektiven Status beibehält. Der am meisten kritisierte Aspekt an Gabos Konstruktionen ist sein Rückgriff auf technische und wissenschaftliche Formen. Sie fungieren als motivierte Zeichen auf der Konnotationsebene. Doch dazu erklärt Gabo: »Es ist daher ein Fehler, zu meinen, der konstruktivistische Künstler versuche, wenn er exakte elementare Formen verwende und es vorziehe, sie mit einer an Geometrie gemahnenden Präzision anzulegen, schon durch diese Tatsache allein, einen wissenschaftlichen Zusammenhang herzustellen. Er tut es nicht, und er kann es nicht. Mein Trachten nach der höchsten Präzision bei einer Linie oder einer Form oder einem Umriß ist nur insofern mit dem wissenschaftlichen Denken verwandt, als das für mich die höchste ökonomische Ausnutzung der bildnerischen und plastischen Mittel zur Übermittlung des Bildes darstellt.«

So steht Gabos Wunsch, die gewöhnlichen Konventionen der Skulptur fallenzulassen, im Einklang mit Theorien der technischen Ökonomie und der strukturellen Eleganz, ist aber nicht davon abhängig. Die formale Stichhaltigkeit seiner Konstruktionen beruht weiterhin auf ihrer Offenheit und Transparenz – auf der Eigenschaft 'Schwerelosigkeit', die auch Malewitsch anstrebte. Tatlin erkannte, als führender Kopf der Produktivisten in den zwanziger Jahren, die feine Trennungslinie zwischen der konstruktivistischen Ästhetik und dem modernen Utilitarismus und entschied sich für den letzteren.

Die strukturale Matrix von Gabos Kunst bleibt WASSER.

Empirisch		Ästhetisch
Die Säule als eine bezeichnende 'Erfindung' des technischen Zeitalters		Die Gestalteigenschaften flächiger und transparenter Materialien
Das Kunstobjekt *Säule*	≎	Die halb-maschinell angefertigte Konstruktion

16 *Paul Klee: Tanz Du Ungeheuer zu meinem sanften Lied (1922)*

Paul Klees Gespür für das Wechselspiel zwischen Titeln und formalen Bildelementen ist unerreicht. Seine Bauhaus-Aufzeichnungen (enthalten in *Das bildnerische Denken*) bleiben die klarste und ausführlichste Sammlung theoretischer Schriften über abstrakte Komposition. Sie lassen deutlich werden, daß Klee sehr genau die Bedeutung des Natur-Kultur-Gegensatzes in Kunstwerken verstand. Jene Schriften bieten zahlreiche brauchbare Beispiel dafür, wie diese Dichotomie in seinen eigenen Malereien wirksam ist.

Tanz Du Ungeheuer zu meinem sanften Lied befaßt sich strukturell mit den Interaktionen zwischen verbaler Mehrdeutigkeit und visuellem Ungleichgewicht. Klee entscheidet sich, ein Bild über das Thema ehelicher Beziehungen unter den jeweiligen Gesichtswinkeln beider Geschlechter zu malen. Semiologisch fällt diese Arbeit in keine der normalen Kategorien strukturaler Logik. Oberflächlich gemahnt es an FEUER, doch bei genauerem Zusehen zeigt sich, daß Klees Maltechniken zwar an sich völlig einzigartig sind, Materialien und Methoden aber verhältnismäßig wenig mit der strukturalen Gleichung der Arbeit zu tun haben. Der Umstand, daß der Titel ein Stück aus den Reden der Frau ist, verweist die Arbeit in den Bereich des Cartoon. Mit anderen Worten: der Titel ist hier mehr als Beschreibung oder genauere Angabe, er verleiht dem Bild vielmehr seinen Sinn.

16 Paul Klee, *Tanze Du Ungeheuer zu meinem sanften Lied*, 1922. Aquarell und Ölfarbenzeichnung auf gipsgrundierter Gaze, 39,5 x 29,2 cm. Sammlung Solomon R. Guggenheim Museum, New York

Man sollte nicht überrascht sein, daß Späße, Wortspiele und andere sprachliche Mehrdeutigkeiten strukturell eng mit Kunstwerken zusammenhängen. Klees Titel ist ironisch gemeint. Wir bekommen das Empfinden, daß die Bemühungen der Frau an der Drehorgel und ihr Gesang alles andere als ein 'sanftes Lied' sind; vielmehr haftet ihren Veranstaltungen implizit etwas Schrilles und Hartnäckiges an. Außerdem ist der Mann ein einigermaßen folgsames Opfer; physisch ist er groß und dominierend, psychisch aber bleibt er ruhig und widerstandslos. Während der Ehemann die Bildmitte beherrscht, kommandiert in Wirklichkeit die Frau. Er ist völlig statisch, abgesehen von einigen Gesichtsverzerrungen, sie dagegen ist räumlich explosiv. Verschiedene aus der Mitte gerückte Züge des Mannes balancieren die Position der Frau links unten aus. Das Wort »Ungeheuer« geht in die Drehorgel über und deutet damit vielleicht an, daß die Frau das 'Ungeheuer' ebenso 'bedient' wie die Drehorgel und das Tambourin (oder den Ehering) in der anderen Hand. Die Doppelstruktur dieses Bildes befaßt sich mit zwei unterschiedlichen Lesarten seiner Ausdrucksebene.

Empirisch		Ästhetisch
Klees Vorstellung, wie beide Geschlechter jeweils die Ehe verstehen		›Tanz Du Ungeheuer zu meinem sanften Lied‹ Die Frau beherrscht geschickt den empfindungslosen Mann
Eheliche Beziehungen	≎	Zeichnung der winzigen, physisch vom Mann beherrschten Frau
und: Klees Vorstellung, wie beide Geschlechter jeweils die Ehe verstehen		›Tanz des Ungeheuers zu meinem sanften Lied‹ Männliche Marionette, nach den schrillen Befehlen der Frau tanzend
Eheliche Beziehungen	≎	Extreme Asymmetrie der Frau stört das Gleichgewicht des Mannes

17 René Magritte: Das Liebeslied (1948)

Berücksichtigt man die eingängige und naturalistische Art von Magrittes Gemälde, hat es den Anschein, als habe sein spezieller Surrealismus wenig mit technischer Expressivität zu tun. Die vorhandenen Transformationen finden rein auf der Inhaltsebene statt und betreffen die von ERDE beherrschte logische Struktur. *Das Liebeslied* zwingt uns, auf offensichtliche Widersprüche einzugehen. Diese stellen das, was uns als Allgemeinwissen bekannt ist, dem entgegen, was wir in dem Gemälde sehen. In *Das Liebeslied* gibt es vier Triaden hierarchisch angeordneter widersprüchlicher Untermengen. In diesem Fall hat die mittlere Untermenge jeder Trias zumindest ein widersprüchliches Attribut mit den beiden übrigen anschließenden Untermengen gemeinsam. Die Logik dieser Beziehungen hat die Form der auf S. 66 abgebildeten dreikreisigen Venn-Diagramme *(a, b, c)*.

Wir beginnen mit dem allgemeinsten und umgreifendsten Widerspruch:

1.	a) Schiffe sind real	b) Umkehrung der Naturordnung	c) Nixen und Nixe sind reine Phantasiegebilde
2.	a) Fels ist anorganisch	b) Mythische Wesen sind wie Kunstwerke aus anorganischer Materie gebildet	c) Nixen und Nixe sind mythische Wesen, die man sich aus Fleisch und Blut vorstellt
3.	a) Wolken	b) Negation (Schiffs-silhouette auf Wolken	c) Segelschiff
4.	a) Menschen singen und lieben	b) Nixen und Nixe können singen und lieben	c) Fische können nicht singen und lieben

17 René Magritte, *Das Liebeslied*, 1948. Öl auf Leinwand, 77,5 x 98,4 cm. Sammlung Mr. und Mrs. Joseph R. Shapiro, Oak Park, Illinois

18 Henry Moore: Reclining Figure, II (zwei Teile) (1960)

Natur	Kultur
Seit den späten zwanziger Jahren behandelte Moore wiederholt das Thema der sich zurücklehnenden weiblichen Figur; ja, es ist so selbstverständlich, daß das Geschlecht der Figur gar nicht im Titel auftritt; der Grund für das weibliche Motiv ist ziemlich evident: das Weibliche ist entsprechend der Natur-Kultur-Dichotomie mythischer Strukturen 'natürlich'.	Moore entscheidet sich, eine sich zurücklehnende Figur als Ausdruck einer Realität anzufertigen, die tiefer reicht als die oberflächliche Erscheinung; sein Ziel ist es, eine geistige Vitalität zutage zu fördern, und zwar vermittels genauer Beobachtung natürlicher Formen; das ist die Grundlage für den Bildhauer, sich für den abstrakten Vitalismus zu engagieren; daß nämlich der Lebensimpuls beständig von einer Quelle zur anderen fließt (mithin von der Hand des Bildhauers in die Skulptur).
Viele von Moores geglückten Skulpturen lassen eine sehr unmittelbare Verwendung von Bildhauerwerkzeugen erkennen (zum Beispiel von Spitzhämmern, die unvollendete Oberflächen rauhen Gipses, oder von Gipsraspeln, die sehr körnige Texturen zurücklassen); diese Figur ist in zwei Teilen gegossen, die vielleicht die scheinbare Getrenntheit, aber unterschwellige Kontinuität von Felsenschichten simulieren; außerdem ist hier die 'angestaute Energie' der Figur durch die physische Kraft des Meißelns und Hämmerns ausgedrückt.	In *Reclining Figure, II* liegt der sehr offensichtliche Versuch vor, eine metaphorische Einheit aus der Verfaßtheit des menschlichen Lebens und den Arten allmählicher Erosion herzustellen, die im Verlauf einer jahrtausendelangen Einwirkung von Naturkräften sedimentäre Felsenschichtungen freilegen; eine Implikation besteht darin, daß auch dann, wenn die Zeitskala ganz erheblich anders ist, der menschliche Körper dennoch den gleichen Gesetzen des Wachstums, der Abnutzung und des Verfalls unterworfen ist wie alle Naturerscheinungen; Moores Neigung, glatte, vollendete Oberflächen gegen extrem rauhe Texturen auszuspielen, besagt auch etwas über den Zerfallszustand der Skulptur selber: über die Tatsache, daß sich die Kunst wandelt, aber doch gleich bleibt.

18 Henry Moore, *Reclining Figure (Liegende), II (zwei Teile)*, 1960. Bronze, links: 127 x 87,9 x 74,3 cm; rechts: 92,9 x 140,3 x 104,4 cm. Sammlung Museum of Modern Art, New York. Geschenk in memoriam G. David Thompson Jr. Foto: Barrows

Moores Äußerungen und besonders die Schriften Herbert Reads über den Bildhauer

Der abstrakte Vitalismus bedarf kaum einer Erklärung, da seine visuellen Implikationen so eindeutig in der Figur selber zutage treten.

Lange Zeit hielt Henry Moore in seiner Entwicklung an der vitalistischen Metapher fest. In den mittleren und späten dreißiger Jahren experimentierte er mit geometrischer Abstraktion, wie er es in den fünfziger Jahren mit surrealistischer Bildhaftigkeit tat.

Empirisch		Ästhetisch
Die zurückgelehnte Frau als Archetypus von Natur		Metaphorische Verschmelzung von menschlichem Leben und Felsenschichtungen
―――――――――	≎	―――――――――
Aufdeckung untergründiger Erscheinungen vermittels Vitalismus		Durch Moores Skulpturtechnik simulierte Felsflächen

oder: Natur (Frau) / Vitalistische Metapher ≎ Menschlich-geologische Verschmelzung / Natursimulierende Technik

19 Jackson Pollock: Cathedral (1947)

Natur	Kultur
Pollock läßt flüssige Farbe aus einer Dose laufen, oder er verteilt sie unter Verwendung eines Stocks in langen Arabesken; diese Tätigkeiten erfordern volles körperliches Beteiligtsein; den in *Cathedral* verwendeten Materialien kommt eine absichtsvolle Buchstäblichkeit zu; sie repräsentieren einfach verschiedene Arten der Verfestigung, des Flüssigkeitsgrades und der Absorption (reales System A).	Strukturell besteht dieses Gemälde aus drei miteinander verbundenen Untermengen, die zusammen eine Menge bilden: Keilrahmen und Leinwand, die Farben und die Schwerkraft.
Die obige Beschreibung von Pollocks Maltechnik (reales System B)	Grundsätzlich gibt sich *Cathedral* als Objekt zu erkennen, und das ist auch Pollocks Absicht.
Das Gemälde *Cathedral*	*Pollock benutzt keine Skizzen oder Vorzeichnungen; jedes Gemälde geht aus einer Periode rein physischer Einstimmung hervor; der eigentliche 'Inhalt' von Pollocks Gesamtkompositionen ist seine Fähigkeit, so 'in' der Arbeit zu bleiben, daß der Betrachter diesen Rapport spürt: daher ist der Bildgegenstand ein unmittelbares Dokument über den Geist-Körper-Dialog des Künstlers.*
Pollocks wenige Äußerungen und vor allem die frühen Schriften Clement Greenbergs	Auf der umfassendsten ideologischen Ebene bedeutet der abstrakte Expressionismus die Übertragung der unbewußten Impulse des Künstlers mittels direkter, kinästhetischer Materialbehandlung.

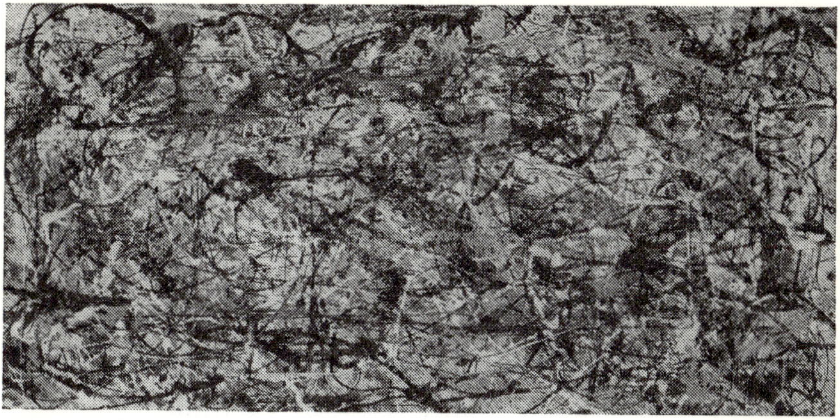

19 Jackson Pollock, *Cathedral,* 1947. Mischtechnik auf Leinwand, 181,6 x 89 cm. Dallas Museum of Fine Arts. Geschenk von Mr. und Mrs. Bernard J. Reis, New York

Der wahrhaft revolutionäre Aspekt von Jackson Pollocks Kunst besteht darin, daß sie das traditionelle Verfahren leugnet, wonach Kunst zuerst geplant und dann angefertigt wird. Pollock ist zweifellos ein 'Bastler' im Sinn Lévi-Strauss', ein Handwerker, der angesichts spezifischer Umstände erfindet. Überdies stellt Pollock durch seine Arbeiten fest, daß die Konzeption keine Priorität vor dem Schaffensakt beanspruchen kann. In den inspiriertesten Fällen gehen Konzeption und Kreation auseinander hervor. Äußerst hartnäckig bestand Pollock darauf, daß seine Kompositionen kontrolliert und bewußt seien – in dem Sinn nämlich, als jedes Gefühl und jeder Ausdruck geistiger Natur ist: »Ich arbeite nicht nach Zeichnungen oder Farbskizzen. Meine Malerei ist direkt ... Die Malmethode ist das natürliche Wachstum aus einer Notwendigkeit heraus. Ich möchte meine Gefühle ausdrücken, nicht sie illustrieren. Technik ist einfach ein Mittel, eine Aussage zu machen. Wenn ich male, habe ich eine allgemeine Vorstellung, worum es mir geht. Ich *kann* den Fluß der Farbe kontrollieren: es gibt keinen Zufall, wie es auch keinen Anfang und kein Ende gibt.« (Nach B. Robertson, *Jackson Pollock*, S. 194.)

Infolgedessen entscheidet für Pollock seine Verfaßtheit zur Zeit des Malens über das endgültige materielle Objekt, das Gemälde selber. *Cathedral,* gleich Albers' Folge *Homage to the Square,* strukturell durch WASSER und ERDE bestimmt, zeigt die Endphasen nicht-objektiver Kunst an. Das Bild naturalisiert Materialien in einem Maß, wie das nur noch der Process Art der letzten Jahre gelang.

20 *Willem de Kooning: Woman and Bicycle (1952–1953)*

Natur	Kultur
Eine Frau mit einem Fahrrad	De Kooning wählt eine Frau mit einem Fahrrad als Thema für ein Gemälde; häufig handelt es sich um besonders geistlose, übersexualisierte Frauen, die für den Künstler irgendwie eine fixe Idee darstellen.
De Koonings Maltechnik entwickelt sich ungebärdig und unter Mißachtung der Normen orthodoxer Malerei; seine Bilder der Frauenserie legen den Beweis für eine beständige Umarbeitung von Details ab; sämtliche Manierismen vergangener Kunst werden zu einander überschneidenden Ansätzen und Abbrüchen; Linienführung und Pinselstrich verschmelzen in kontinuierlichem Wechselspiel; Konturen, Figuren und Hintergründe sind absichtlich undeutlich und unvollständig gehalten.	Trotz seiner berechneten Mißachtung illusionistischer Konventionen bewahrt sich de Kooning ein entschiedenes Auswahlbewußtsein für Farbe, Linie, Form und häufig auch für eine spezifische Bildhaftigkeit; obgleich die Farbbehandlung durch den Künstler an einen Mangel an Kontrolle denken läßt, zeigen seine Gemälde ein klares Verständnis für kubistischen Raum und kubistische Komposition; der gewaltsame Einsatz des Pinsels und des Palettenmessers scheint eine Reaktion auf die realen oder imaginierten Kastrationskräfte der Frau zu sein – Gewaltsamkeit fungiert als Katharsis für die Besessenheit.
Das Gemälde *Woman and Bicycle*	Einige Perioden in der Kunst de Koonings, so etwa diese Frauen-Serie, weisen einen erkennbaren Inhalt auf, während andere völlig abstrakt und daher metasprachliche Systeme sind; nach 1947 besteht zwischen beiden nur ein geringer Unterschied, so daß seine nicht-objektiven Malereien dank seiner figurativen Arbeiten einen latenten Inhalt besitzen; in beiden Fällen ist Inhalt jedoch weiterhin durch die formalen Intentionen des Künstlers definiert.

20 Willem de Kooning, *Woman and Bicycle (Frau und Fahrrad)*, 1952–1953. Öl auf Lienwand, 193,3 x 123,5 cm. Sammlung Whitney Museum of American Art, New York. Foto: Geoffrey Clements

Willem de Koonings *Woman and Bicycle* repräsentiert das Bindeglied zwischen den Grenzen des Expressionismus und seiner Fortsetzung im abstrakten Expressionismus. Formale Organisation ist notwendig und vorhanden, aber durch verschiedene malerische Mißhandlungen der Bildebene verschleiert. Die durch den Herstellungsprozeß bezeichnete Emotion wird in de Koonings nicht-objektive Malerei späterer Perioden übergeführt. Die Verdichtung und die Lockerung der sexuellen Spannung vermittels des Malaktes rekapitulieren für das Kunstpublikum Beschreibungen wie diejenige Barbara Roses: »De Koonings bildnerisches Problem ist der Raum. Die Umrisse sind offen, so daß Fleisch und Umgebung ineinanderfließen; außerdem sind die anatomischen Formen zerstückelt; es ist also nicht deutlich gemacht, wo genau die Figur sich im Raum befindet. Diesem unbestimmten Raum hat de Kooning die Bezeichnung 'Nicht-Umgebung' gegeben, eine Metapher für den 'verrückten' Raum, in dem das moderne Leben sich abspielt. Spannung ergibt sich aus der Schwierigkeit zu bestimmen, wo die Figur steht, wie sie aus ihrer chaotischen Umgebung auftaucht, um ihre Identität zu behaupten. In den Bildern der frühen fünfziger Jahre kommt eine neue Heftigkeit, Aggressivität und Schroffheit zum Ausdruck in der Art, wie die Farbe auf die Leinwand geworfen ist. Ein solcher Angriff, bei dem der mit Farbe getränkte Pinsel über die Leinwand fegt und meteorische Spritzer und Tropfen hinterläßt, ist das Merkmal der gestischen Abstraktion oder ›Action Painting‹.« (B. Rose, *Amerikas Weg zur modernen Kunst*, S. 186 f.)

'Action'-Malerei gedeiht auf überreichen biografischen Details, zumal auf Anekdoten und Umständen im Umkreis des Malvorgangs selber. In der Tradition der Hochromantik impliziert der Titel jedes Bildes spezifische emotionale Bindungen, die er jedoch kaum offenlegt. Titel des abstrakten Expressionismus verweisen auf emotionale Assoziationen hinter dem Schaffensvorgang; in der Objektkunst jedoch gelten Titel, da das Machen kulturisiert und der Gegenstand nicht-existent ist, als irreführend und werden daher nur selten verwendet.

Strukturell ist der abstrakte Expressionismus von der formalen Klärung eines technisch unbegrenzten Herstellungsprozesses abhängig. Derartige Gemälde signifizieren Seins-'Zustände' sowohl des Künstlers wie des Bildes.

Empirisch		Ästhetisch
Der Gegenstand als eine aufgelöste private fixe Idee des Künstlers	≎	Das formal vollendete Gemälde
Eine Frau mit Fahrrad		Ein technisch unvollendetes, daher im Hinblick aufs Beteiligtsein des Künstlers noch 'lebendiges' Gemälde

21 Franz Kline: Mahoning (1956)

Natur	Kultur
In der Regel arbeitet Kline auf einer an die Wand genagelten, ungespannten Leinwand und mit Anstreicherpinseln (ehe er sich Künstlerfarben leisten konnte, verwendete Kline Tüncherfarben); seine Technik ist bewußt kräftig und schlampig; die	Klines reife Malerei bewegt sich auf der Linie der grundlegenden Gestaltdynamik; in gewissem Grad sind diese 'ausbalancierten' Gemälde das Resultat von Skizzen, auch wenn die fertigen Bilder radikal von ihnen abweichen können; Klines beste

schmissigen oder langgezogenen Pinselstriche verweisen auf Engagement und Emotion; *Mahoning* verwendet etwas braune Farbe.	Arbeiten reduzieren Farbe und Farbton auf den Kontrast von Schwarz und Weiß und deren Vermischung beim Übermalen; Klines Kunst geht gewöhnlich aus dem Ausprobieren hervor.
Das Gemälde *Mahoning*	*Der »Inhalt« ist Klines Malerfahrung, nicht eine Form von Symbolik oder Kalligrafie; häufig fügt Kline einfache Beschreibungen oder geografische Namen als Titel hinzu; sie werden einem Bild beigegeben, nachdem es abgeschlossen ist; so ist es bezeichnend, daß die meisten abstrakten Expressionisten das Bedürfnis empfinden, ihren Arbeiten durch Titel einen begrifflichen Inhalt zu geben; Kline legt großen Wert auf die Feststellung, daß seine Malereien umkehrbare Figur-Untergrund-Beziehungen aufweisen, obgleich in vielen Fällen evident ist, daß das Schwarz über das Weiß gelegt ist.*
Kline äußert sich verbal vermutlich am vernünftigsten und direktesten unter allen Vertretern des abstrakten Expressionismus.	Die Ideologie des abstrakten Expressionismus versucht, Leben und Leiden seiner praktizierenden Künstler mit ihren Malereien zu identifizieren.

Franz Klines Bild läßt etwas von der Doppeldeutigkeit erkennen, die auch in der Struktur von Jackson Pollocks Kunst zu finden ist. Sein Schaffensprozeß ist geplant wie ungeplant. Doch während er Pollocks Spontaneität praktiziert, sucht der Künstler zugleich nach kompositionellen Lösungen, die teils ausgedacht, teils zufällig sind. Kline behauptet, er habe das Figur-Untergrund-Konzept verlassen. Doch fast alle seine Kompositionen geben sich als Schwarz auf Weiß zu erkennen. Die Spannung in seinen Kompositionen ist am stärksten, wenn Kline mit extremen Kontrasten arbeitet. Seinen farbigen Malereien und den auf Grautönen beruhenden scheint es an Entschiedenheit zu fehlen, obwohl einige davon geglückt sind.

Dialektisch spiegelt die Struktur von Klines Malerei einen Großteil des abstrakten Expressionismus: sie impliziert einen erfolgreichen Abschluß eines Bildes vermittels formalistischer Kriterien durch eine möglichst geringe traditionelle Kontrolle des Malvorgangs. Malerei wird zu ihrem eigenen Gegenstand und Zweck.

21 Franz Kline, *Mahoning*, 1956. Öl auf Leinwand, 203,2 x 254 cm. Sammlung Whitney Museum of American Art, New York. Geschenk der Freunde des Whitney Museum of American Art. Foto: Geoffrey Clements

Die Struktur von Klines Ansatz ist daher doppeldeutig, auf der einen Ebene zwischen Emotion und Inhalt wechselnd, auf einer anderen mit der Figur-Untergrund-Umkehrung von Schwarz und Weiß. Logisch müßte sich das wirkliche System von Klines Kunst so darstellen:

Empirisch		Ästhetisch
Die Malerfahrung	≎	Das Ausbalancieren breiter schwarzer und weißer Pinselstriche
Das Gemälde Mahoning		Ein Gemälde, geschaffen vermittels Emotion, die von der elementarsten Materialbehandlung abhängig ist

22 *Jasper Johns: Painted Bronce (1964) (Original 1960)*

Natur	Kultur
Zwei Ballantine-Bierdosen (reales System A).	Johns wählt zwei Ballantine-Bierdosen, um sie abzugießen; seine Absicht ist, gewöhnliche Objekte in Kunst umzuwandeln.
Die Dosen sind abgegossen und auf einen Bronzesockel gestellt.	Diese Dosen waren ursprünglich vom Hersteller mit einem Bronzeüberzug angefertigt worden; Johns Abguß der Dosen verdoppelt einfach ihren Naturzustand als Konsumgegenstände.
Zwei gegossene Bierdosen (reales System B).	Der Künstler beabsichtigt nun, Kunst in gewöhnliche Objekte umzuwandeln.
Johns malt per Hand Etiketten auf die gegossenen Dosen.	Die Etiketten zerstören die Integrität der Bierdosen als 'Bronzeskulpturen' und bestätigen damit ihre Kunstqualität, indem sie Nicht-Kunst daraus machen.

Scheinbar einfache Kunstwerke weisen die aufregendsten Strukturen auf. Die meisten Skulpturen Jasper Johns sind visuelle Wortspiele über die Verwandtschaft zwischen der Konsistenz von Kunstmaterialien und der physischen Konsistenz der als Themen verwendeten Objektive. *Painted Bronce* ist ein kaum nachbehandelter direkter Abguß, wie auch das Etikett absichtlich handgemalt ist. Die Kunst hängt davon ab, daß der Beschauer die von Johns vorgenommenen Umkehrungen *kennt*. Diese bei Johns häufig angewandte Doppelstruktur steht in Bezug zum semiotischen Element FEUER.

Jasper Johns und Robert Rauschenberg sind unmittelbare Vorläufer der Pop Art. Zwischen den beiden Künstlern besteht allerdings ein grundlegender Unterschied. Bei der Struktur von Johns' Kunst geht es stets um verschiedene Lesarten desselben Objekts oder Kunstmittels, während diejenige Rauschenbergs mehr mit Nebeneinanderstellen und Collage zu tun hat. Gießen und Malen sind in Johns' Arbeit besonders geschickt angewandt, da beide Vorgänge je nach Art und Weise, wie eine Arbeit interpretiert wird, naturalisierende und kulturisierende Obertöne aufweisen.

Seit 1954 beruhen sämtliche Arbeiten Johns' auf einer Wechselwirkung zwischen Inhalt und Handhabung. Johns' erstes Fahnengemälde (1954) wurde angeblich durch

22 Jasper Johns, *Painted Bronce,* 1964 (Original 1960). Bemalte Bronze, 14 x 20,3 x 11,5 cm. Mit freundlicher Genehmigung des Künstlers und der Leo Castelli Gallery, New York. Foto: Rudolph Burckhardt

einen Traum angeregt. Die einfache Darstellung der amerikanischen Fahne in ihrer ikonischen, geradlinigen Form (die den Dimensionen der Leinwand entspricht) läuft auf ein Kulturisieren des Natürlichen hinaus, während die Verwendung der malerischen Glasurtechnik die Fahne als Symbol und standardisiertes Objekt naturalisiert. Man beachte die Feststellung Johns: »Ich versuche, etwas aufzugreifen, das mir typisch erscheint und sich nicht durch seine besonderen ästhetischen oder Gestaltungsqualitäten auszeichnet. Ich bin an Dingen interessiert, die an die Welt erinnern, nicht an Personalität.« (Nach M. Kozloff, *Jasper Johns*, S. 31)

Bei *Target with Four Faces* (1955) entschied sich Johns nach dem Malen der Zielscheibe, ein Kastenrelief mit vier Gesichtsabgüssen hinzuzufügen. Johns hatte vielleicht erkannt, daß sich die Zielscheiben als rein artistische Maßnahmen interpretieren ließen. Daher verleihen die Gesichter nicht nur der Zielscheibe eine besondere Verletzlichkeit und Spannung, sie betonen auch den Kontrast zwischen dreidimensionalen Objekten und Gegenständen wie papierenen Zielscheiben und Stoffahnen, die nominell als zweidimensional gelten. Die Malereien des Künstlers aus dieser Periode befassen sich durchgängig mit der Ambiguität dreidimensionaler Objekte, wiedergegeben in einer illusionistischen Malweise, und eben dieser Illusionismus zwang der zweidimensionalen Malfläche des Künstlers Lebensgröße auf.

Es sieht so aus, als sei sich Johns der Umkehrungsordnung besonders bewußt. Alle erfolgreichen Künstler, die die Doppelstruktur von FEUER benutzen, folgen einem einigermaßen ähnlichen Verfahren. Johns notiert in seinem Skizzenbuch (nach Kozloff, a. a. O., S. 40)

»Nimm ein Objekt.
Fang etwas damit an.
Fang etwas anderes damit an.

» » » » » «

23 *David Smith: Cubi XXVII (1965)*

Natur	Kultur
Die Cubi-Einheiten sind hohle Kästen und Zylinder aus rostfreiem Stahl, hergestellt von Smith und seinen Assistenten; die Einheiten sind zusammengeschweißt; das abschließende Schleifen und Polieren, das Smith allein vornimmt, verleiht dem Stück eine befriedigende Helligkeit und Einheitlichkeit.	Diese letzte Arbeit aus der Cubi-Folge faßt Smith's Handhabung der kubistischen Sprache zusammen; sie kombiniert Massivität, Frontalität, Offenheit und die Vorführung planer Oberflächen – doch am wichtigsten ist, daß die Skulptur labil ausbalanciert erscheint wie eine formalistische Komposition, bei der es hauptsächlich auf die Peripherie der Komposition ankommt.
Das hergestellte Kunstwerk *Cubi XXVII*	*Die Cubi-Folge dreht sich teilweise um das Tor- oder Bogenmotiv; visuell wirken diese Portale instabil und gefährlich für den Hindurchgehenden: Smith hat konsequenterweise zu jedem einzelnen den Zugang versperrt.*

23 David Smith, *Cubi XXVII*, 1965. Rostfreier Stahl, 282,8 x 222,9 x 86,4 cm. Sammlung Solomon R. Guggenheim Museum, New York

Die Struktur von David Smiths Skulpturen verändert sich nie; sie spiegelt die Verfahren sämtlicher Abstraktionisten vor Pollock wider. Dennoch enthalten seine Arbeiten Elemente, die sie mit den Minimalisten der sechziger Jahre verbinden. Einmal hat Smith die Angewohnheit, ausgefallene Metallstücke zu sammeln und sie aufzuheben, bis ihn ein Einfall veranlaßt, sie zu anderen Formen zusammenzustellen. Hier haben wir Lévi-Strauss' »Bastler« vor uns, der mit seiner Tätigkeit irgendwo zwischen dem Anfertigen von Collagen und demjenigen steht, der Ready-mades auswählt. Offensichtlich herrscht in den Elementen von Smiths Cubi-Folge ein gewisser Grad an Standardisierung, obwohl es Smith ästhetisch und psychologisch unmöglich sein dürfte, die 'Buchstäblichkeit' der Arbeiten von Judd oder Morris aufzugreifen.

Bei *Cubi XXVII* ist schwer zu entscheiden, ob man die Tor-Thematik für den Inhalt oder als metasprachliche nähere Angabe über ein grundsätzlich nicht-objektives Thema nehmen soll. Da die Tor-Thematik in eine bewußt nicht-objektive Reihe eingefügt ist, scheint es sinnvoller zu sein, die Skulptur mit der Struktur von WASSER zu verbinden. Obwohl sich die Formen der Skulptur als Totalkomposition zu erkennen geben, verleiht ihre ungleichgewichtige Anordnung der Arbeit einen Anflug von instabilem Gleichgewicht.

Empirisch		Ästhetisch
Ein Tor (begriffliche Stabilität)		Erscheinung (ausbalancierte Instabilität)
Das Objekt (physische Stabilität)	≎	Schweißen (physische Stabilität)

24 *Morris Louis: Saraband (1959)*

Natur	Kultur
Louis arbeitet mit großen ungespannten Segeltuchflächen; die sowohl in voller Stärke wie verdünnt verwendeten Liquitex-Farben werden unmittelbar auf die Leinwand gegossen; die Leinwand wird gefaltet und schief gehalten, um Richtung und Geschwindigkeit der Farbbewegung zu steuern (reales System A).	Wahrnehmungsmäßig bleiben Louis' Leinwände nicht so 'unstrukturiert' wie diejenigen Pollocks, dennoch sind sie von den gleichen Unter-Mengen-Beziehungen wie Farbe, Leinwand und Schwerkraft bestimmt; während Pollocks Arbeiten zufällig wirken, kann man bei denjenigen Morris' gewöhnlich eine Gerichtetheit im Farbfluß erkennen.
Gleiche Beschreibung wie oben (reales System B)	Grundsätzlich nimmt man Louis' Gemälde als Objekt ohne implizite Gestalt wahr, die die Bildfläche bestimmen könnte.

Die Struktur von Morris Louis' Gemälde weist die gleiche Doppeldeutigkeit auf, wie sie sich bei Pollock findet. Für beide stellen die Materialien sich selber dar und *naturalisieren* damit das *Kulturelle*. Außerdem kehrt Louis das Herstellungsverfahren um, indem er die Schwerkraft Fluß und Sättigungsgrad der Farbe bestimmen läßt, wobei er die Farbe in einem gewissen Grad steuert, indem er Täler, Falten und Vertiefungen in der Leinwand selber anbringt. Infolgedessen betrachten die 'formalen Abstraktionisten' Louis als einen glänzenden Koloristen und Neuerer auf dem Gebiet der Farbbahn-Komposition. Andererseits verstehen gewisse 'Literalisten' oder Process-Künstler Louis, ebenso wie Pollock, als logischen Vorläufer ihrer eigenen Bestrebungen. Für die Formalisten geht Louis' Farbe aus seiner kompositionellen Geschicklichkeit und Treffsicherheit hervor. Einige 'Literalisten' dürften allerdings die Wellen, Falten und sich überschneidenden Bahnen in *Saraband* als Beweis für ein Sequenzverfahren würdigen, bei dem Farbe als eine Art Trennmittel oder Indikator der Tätigkeiten dient.

In der kunstkritischen Polemik findet eine bezeichnende Kontroverse zwischen 'Formalisten' und 'Literalisten' statt. Dabei verstehen beide Gruppen eines nicht: daß es sich bei der Frage einfach um eine Angelegenheit von Prioritäten bei der künstlerischen Transformation handelt. Traditionsgemäß besteht moderne Kunst darin, daß eine Gegebenheit als Kunst ausgewählt wird (Kulturisierung des Natürlichen) und sie dann durch die persönliche Handschrift des Künstlers ausgestaltet wird (Naturalisierung des Kulturellen). Minimalisten und Process-Künstler versuchen, das umzukehren, indem

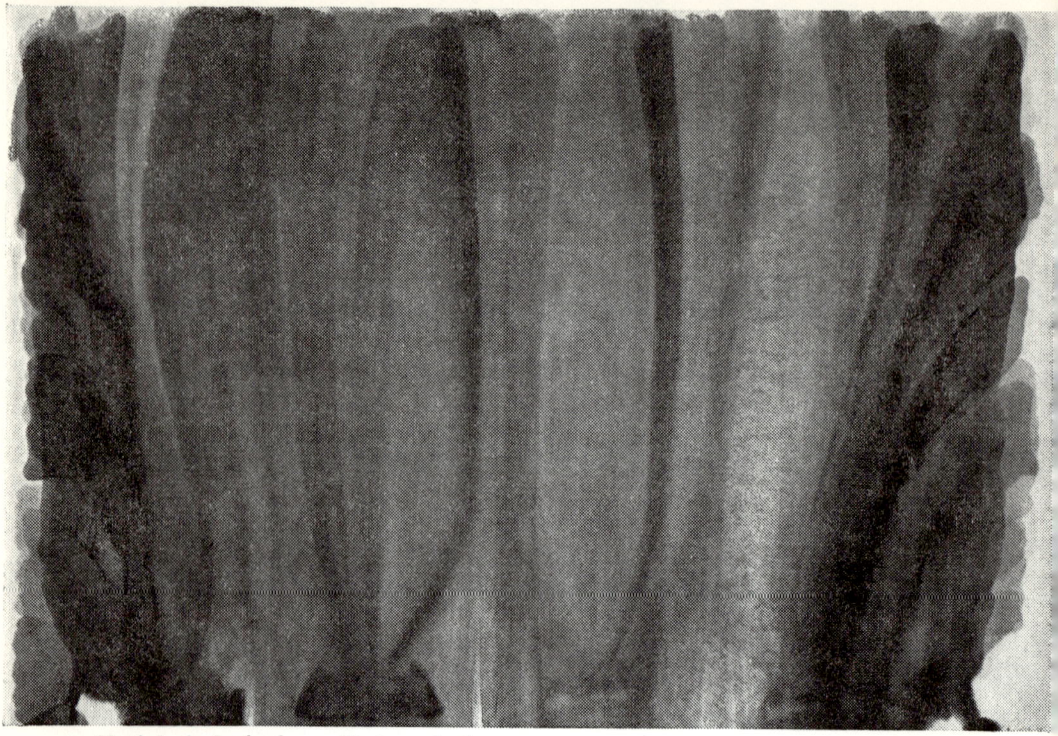

24 Morris Louis, *Saraband*, 1959. Liquitex a. Lwd., 255,3 x 378,5 cm. Slg. S. R. Guggenheim Museum, New York

sie völlig standardisierte Materialien oder Objekte wählen (Naturalisierung des Kulturellen) und diese Materialien durch die vernünftigsten Handlungen und Entscheidungen gliedern (Kulturisierung des Natürlichen). In dieser letzteren Hinsicht wird der Prozeß nie völlig umgekehrt; dies gelang das erste (und zugleich letzte) Mal Duchamp 1914 mit seinem *Flaschentrockner*. Object und Process Art können der begrifflichen Sicherheit von Duchamps Wahl allenfalls nahekommen. Alle formalistische Kunst ist auf ideologische Unterstützung durch Schriftsteller und Kritiker angewiesen, die ihr im kunsthistorischen Kontext 'Bedeutung' verschaffen. Für Farbbahn-Maler wie Louis, Noland, Olitzsky und Frankenthaler geschah dies durch die talentierten Schriften Clement Greenbergs, William Rubins, Lawrence Alloways und anderer. Alle sogenannte 'literarische' Kunst ist gleichermaßen von verbaler oder schriftlicher Rechtfertigung abhängig, aber das Problem verschärft sich in dem Maß, wie sich derartige Kunst von den approbierten Kanons der formalistischen Theorie entfernt. Man muß neue Ästhetiken für 'literalistische' Tendenzen finden. Ironischerweise sind die verschiedenen Formen der Tropf- und Fleckenmalerei sehr stark 'literalistische' Bestrebungen, doch darum kümmern sich jene Kritiker niemals, die Objekt- und Proceß-Art angreifen. Wie die Arbeiten Pollocks weist die Malerei Louis' die Doppelstruktur von ERDE und WASSER auf – und auf allegorischer Ebene repräsentiert WASSER die Rückkehr aller semiotischen Strukturen in ihren natürlichsten flüssigen und unmanipulierten Aggregatzustand.

25 *Frank Stella: Newstead Abbey (1960)*

Je nachdem, wie man Frank Stellas *Newstead Abbey* interpretiert, stellt es sich als 'literalistisches' oder 'formalistisches' Gemälde dar. Daß Stella später die literalistische Interpretation seiner frühen Malerei zurückwies, steht in Einklang mit seinen Farb-Form-Kompositionen nach 1964. Diese entwickelten sich zum brillanten Logos der 1967 einsetzenden Winkelmesser-Serie und verbanden sich seither immer mehr mit einem geradlinigen Format. Radikal an *Newstead Abbey* ist, daß hier die Dreidimensionalität den Illusionismus der Bildebene verstärkt und die gemalte Oberfläche die Objekthaftigkeit bekräftigt. Das Gemälde stellt, ohne daß sich das weiter zurückführen ließe, die aller Malerei innewohnenden Widersprüche vor Augen: nämlich die vom Totemismus überbrückte Kluft zwischen Idee und Materialität. *Newstead Abbey* ist als ästhetische Position eine Sackgasse, so daß es nicht überrascht, wenn Stella später daranging, Farbe und innere Komposition einzuarbeiten. Er hatte die Wahl, entweder das zu tun oder in drei Dimensionen zu arbeiten. Ganz offensichtlich verwarf Stella, indem er einstmals fallengelassene Signifikanten wieder aufgriff, den Literalismus zugunsten formaler Abstraktion und kehrte damit seine Position im Hinblick auf Pollock um. Wie die Malerei Albers' scheint Stellas *Newstead Abbey* die Doppelkonsistenz von FEUER zu haben, aber in Wirklichkeit handelt es sich um die zusammengefügte 'literalistische' Struktur von WASSER und ERDE. Auf der formalen Ebene von WASSER stellt sich das Gemälde als ein *Objekt* und nichts weiter dar. Doch sein Malmotiv ist eine Unter-Mengen-Serie (ERDE) von Streifen, die eine einzige symmetrische Figur ausmachen.

Natur	Kultur
Stella fertigt eine Komposition auf der Basis einfacher Gitterprinzipien an, wobei die Spannvorrichtungen der Leinwand als Begrenzung zum Motiv des Gemäldes selber werden (reales System A).	Auf der einen Ebene stellt sich *Newstead Abbey* als Objekt dar; die Spannvorrichtungen, ihre Dicke und ihre Rolle bei der Gestaltung der Komposition unterstreichen die dreidimensionale, nicht die bildhafte Beschaffenheit des Gemäldes.
Stella malt eine Abfolge von Streifen mit metallisierter Lackfarbe; sie sind durch schmale Nadelstreifen nackten Baumwoll-Malgrunds voneinander getrennt (reales System B).	Wahrnehmungsmäßig bewirkt die Bildebene die Doppeldeutigkeit, ob nun die gemalten Linien aus den Einschnitten in der Spannvorrichtung hervorgehen oder ob die Spannvorrichtung mit dem zweidimensionalen Design übereinstimmt.

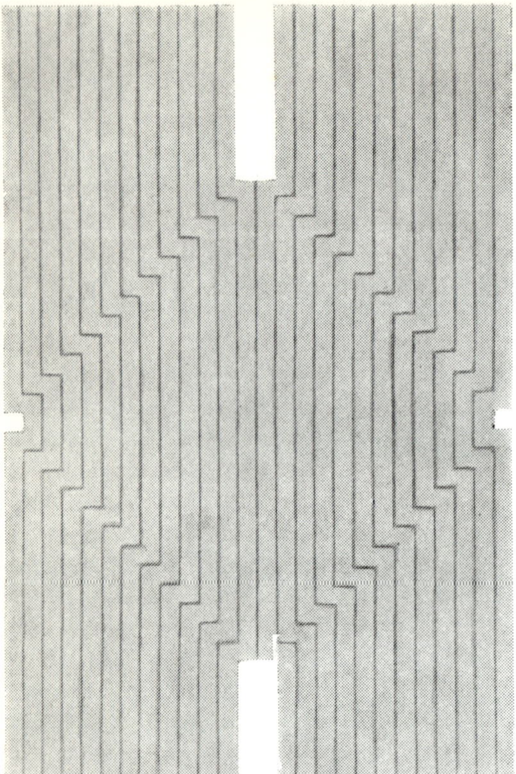

25 Frank Stella, *Newstead Abbey*, 1960. Aluminiumfarbe auf Leinwand, 304,8 x 182,9 cm. Mit freundlicher Genehmigung des Stedelijk-Museums, Amsterdam. Foto: Rudolph Burckhardt

Das Gemälde *Newstead Abbey*	*Das Gemälde verwendet eine einzige Farbe oder Nicht-Farbe, eine Aluminiumfarbe, die, wie Stella behauptet, einfach sich selber repräsentiert, wie auch Pollock darauf beharrte, seine Gemälde seien Farbe.*

Empirisch		Ästhetisch
Ein nicht-illusionistisches Gemälde / Das Gemälde *Newstead Abbey*	≎	Ein dreidimensionales Objekt / Eine durch Leinwandspannvorrichtungen bestimmte Komposition

und:

Ein nicht-illusionistisches Gemälde / Das Gemälde *Newstead Abbey*	≎	Ein durch Streifen bestimmter Diamant (Illusion) / Eine Abfolge gemalter Streifen

26 *Andy Warhol: Portrait of 16 Jackies (1964)*

Natur	Kultur
Fünf Pressefotos Jaqueline Kennedys (Onassis) unter Verwendung einer Aufnahme mit lächelndem und vier Aufnahmen mit Trauerausdruck (reales System A).	Warhol entscheidet sich, ein multiples Porträt einer Berühmtheit unter möglichst geringer künstlerischer Einschaltung zwischen Gegenstand und Medium anzufertigen.
Kontrastreiche Fotos sind per Siebdruck auf Leinwand übertragen, wobei es zu kleinen Register- und Texturfehlern bei sämtlichen Bildern kommt; es geschieht kein Versuch, die Präzision und die Handwerklichkeit von Grafiken der hohen Kunst zu wiederholen.	Die Jackie-Bilder haben keine Tiefe oder Bedeutung jenseits ihrer Form als standardisierte Ikonen, verwendet für den Verkauf von Zeitungen und Zeitschriften.
Die Jackie-Fotos sind eine Menge mit drei Unter-Mengen: ein glückliches Porträt, vier kummervolle Porträts, dazu Jackies Gesicht als eine Quelle volkstümlicher Emotionen (reales System B).	Warhol führt Jackie, eine der ausgebeutetsten Persönlichkeiten und Stereotypen auf der ganzen Welt, als eine menschlicher Gefühle fähige Frau vor.
Warhols Technik der Auswahl ist an sich schon die Kreativität des Herstellungsprozesses.	Alle Detailverluste und die beabsichtigte Banalität der Fotos zwingen uns dazu, Jackie als Person, nicht als Ikone zu sehen.

Andy Warhols Kulturisierung des Natürlichen ist ziemlich hochentwickelt: für Kunstzwecke vervielfältigt er eine Serie von Fotos einer berühmten lebenden Person (Zeitungsfotos einer anonymen Person bieten nicht die gleichen Standardisierungsimplikationen). Die durch Druckmängel naturalisierten Fotos sind das Resultat eines Nachrichten-Sammelprozesses.

Warhol hat nichts gegen die Veröffentlichung der Tatsache, daß er von einigen seiner Arbeiten riesige Auflagen herstellt; auch das fungiert als eine Form der Naturalisierung. Die Begabung des Künstlers besteht darin, zu erkennen, daß die totemisierte Umwelt aus Markenartikeln und Massenmedien so zustande kommt, wie Primitive ganz natürlich Tierarten totemisieren.

Portrait of 16 Jackies befaßt sich philosophisch mit dem Phänomen von Ruhm und Standardisierung. Berühmte Symbole sind notwendig eine Kombination aus Einzigartigem und bis zum Überdruß wiederholtem Banalem. Derartig populäre Ikonen sind reich an assoziativer Bedeutung und fördern vieles aus dem Privatleben zutage, aber sie bleiben ironischerweise ziemlich unpersönliche, fabrizierte Medienstereotype.

Empirisch		Ästhetisch
Eine 'mechanische' Interpretation durch den Künstler		Die Bilder sind banale Ikonen
Fünf Jackie-Fotos	≎	Die Fotos sind in Siebdruck ohne Rücksicht auf Subtilität und Technik reproduziert
Warhols Auswahl läßt ein menschliches Wesen erkennen		Obwohl die Bilder so vertraut sind, sehen wir eine reale Person
Jackie in mehr als einer Gemütsverfassung	≎	Der Herstellungsprozeß liegt hier in Auswahl und Zusammenstellung

Obwohl sie weniger weit entwickelt sind, folgen Warhols frühe Suppendosen weithin denselben Formen. Beispielsweise ist ein Gemälde einer Suppendose (oder einer Anordnung von hundert Suppendosen) nach der Werbung für Campbell's Beef Noodle Soup angefertigt. In diesem Fall machen die standardisierten Suppenarten und ihre unendliche Verbreitung die Ähnlichkeit mit dem Siebdruckverfahren aus.

Empirisch		Ästhetisch
Der Künstler wählt das Warenzeichen eines Markenartikels		Gegenstand wie Reproduktionstechnik bleiben die Instrumente von Massenproduktion
Campbell's Beef Noodle Soup	≎	Verwendung mechanischer Werbetechniken

Ähnlich wird eine universale Anzeigenikone per Hand als 'Kunst' auf Leinwand gemalt. Der Künstler erkennt, daß ein standardisiertes Produkt oder Bild wesentlich ein Stück Sprache ist, das Syntagma wie System enthält; in diesem Fall ist das System massenhaft verbreitete Nahrung. Warhol spielt das eine gegen das andere aus. Seine Äußerungen spiegeln notwendigerweise eine Art 'Ironie der Indifferenz' wider, was aus ästhetischen Gründen unterstreicht, daß sein Engagement stets unpersönlich ist.

26 Andy Warhol, *Portrait of 16 Jackies*, 1964. Liquitex und Siebdrucklack auf Leinwand, 203,2 x 162,6 cm. Sammlung des Museums für zeitgenössische Kunst, Nagaoka, Japan. Foto mit freundlicher Genehmigung der Leo Castelli Gallery, New York. Foto: Rudolph Burckhardt

»Der Interviewer sollte mir einfach die Wörter vorsagen, die er von mir hören will, und ich werde sie ihm nachsagen . . .

Der Grund, warum ich gerade so male, liegt darin, daß ich eine Maschine sein möchte. Was immer ich tue und maschinenartig tue, geschieht, weil es eben das ist, was ich tun möchte. Ich meine, es müßte erschreckend sein, wenn alle gleich wären . . .

Falls Sie alles über Andy Warhol wissen möchten, betrachten Sie einfach die Oberfläche meiner Bilder, meiner Filme und meine eigene, und eben da bin ich. Es steckt nichts dahinter . . .

In der Zukunft wird jeder fünfzehn Minuten lang weltberühmt sein.«

(*Andy Warhol*, Ausstellungskatalog, erstmals 1968 für das Museum moderner Kunst in Stockholm veröffentlicht.)

Diese Bemerkungen reflektieren auf die Mechanismen der posthistorischen Kunstwelt; und sie enthüllen auch, warum die besten Pop-Künstler strikt antiideologisch eingestellt sind.

27 *Roy Lichtenstein: Little Big Painting (1965)*

Natur	Kultur
Die Version des Künstlers entsteht dadurch, daß das Bild auf Leinwand schabloniert und per Hand gemalt wird; das tut entweder Lichtenstein oder ein Assistent.	Die Comic-Strip-Versionen haben natürlich die emotionalen Implikationen des Originals verloren; aber Lichtenstein legt Wert darauf, daß seine kompositionellen Veränderungen, so geringfügig sie auch sein mögen, ein notwendiger Aspekt seiner 'Kunst' sind.
Die Reproduktion eines abstrakt expressionistischen Gemäldes, das für 'Aktion' und Emotion einsteht (reales System B)	Lichtenstein entscheidet sich, eine Comic-Book-Reproduktion eines Gemäldes zu wiederholen.
Die Version des Künstlers ist so pedantisch angefertigt, daß sie gut eine vergrößerte Reproduktion sein könnte.	Das ist nicht Kunst, sondern nur eine kommerzielle Kopie einer Comic-Book-Reproduktion.

27 Roy Lichtenstein, *Little Big Painting*, 1965. Öl auf Leinwand, 172,7 x 23,2 cm. Sammlung Whitney Museum of American Art, New York. Geschenk der Freunde des Whitney Museum of American Art. Foto: Geoffrey Clements

Roy Lichtensteins Kunst weist eine seltsame Spaltung zwischen Inhalt und Intention auf. Konzeption wie Anfertigung sind so weit wie nur möglich von den originalen Intentionen der kopierten Arbeit entfernt. Vieles davon verdinglicht die emotionale Dürre hinter den zeitgenössischen Medien.

Empirisch		Ästhetisch
Der Künstler entscheidet sich, eine Reproduktion zu wiederholen		Leichte Änderungen, die Lichtensteins Version zu 'Kunst' machen
Reproduktion eines abstrakt expressionistischen Gemäldes		Die vergrößerte Fassung des Künstlers

und:	Der Künstler entscheidet sich, eine Reproduktion zu wiederholen	≎	Nicht Kunst, sondern eine kommerzielle Kopie
	Reproduktion eines abstrakt expressionistischen Gemäldes		Eine buchstäbliche Vergrößerung des Originals

Pop Art hat keine Ideologie in dem Sinn, wie sie die meisten modernistischen Kunstrichtungen haben. Bei einem Großteil von Warhols und Lichtensteins Kunst beruht die logische Grundlage auf den schwindenden Unterschieden zwischen kommerzieller Werbegrafik und sogenannter hoher Kunst. Dieses Fehlen eines Unterschieds bewirkt die Ambivalenz von FEUER, die für diese besondere Struktur notwendigen Entweder-Oder-Konnotationen. Das verschafft uns einen Hinweis darauf, warum die Gemälde und Assemblagen James Rosenquists und Tom Wesselmanns ästhetisch weniger bündig sind: beide zehren von Collage- und kubistischen Abstraktionstechniken und verwässern damit die wesentliche Botschaft der Pop Art, daß nämlich alles heute Gemachte Kunst wie auch Nichtkunst ist.

Während sich Lichtenstein selber für einen Kompositionalisten hält, ist es doch nur für den Betrachter nötig, das zu *wissen*. Ob es stimmt oder nicht, macht keinen erheblichen Unterschied. Wenn Lichtenstein Comic-Strip-Felder verwendet, ist er am erfolgreichsten, da seine Arbeit auf einem banalen Inhalt beruht, der wesentlich in der gleichen Form gehalten ist wie das Original. Seine Drucke, seine Metall-Lacktafeln, seine Landschaften und die Abstraktionen der dreißiger Jahre sind paradoxerweise weniger eindrucksvoll, weil er das Originalformat zu sehr verändert oder es schafft, sich selber zu parodieren.

28 Claes Oldenburg: Dormeyer Mixer (1965)

Natur	Kultur
Sämtliche Dormeyer-Mixer desselben Modells	Oldenburg entscheidet sich, einen gewöhnlichen Gegenstand zu reproduzieren.
Oldenburg baut zusammen mit Assistenten Mixer in einer 'weichen' Form nach, wobei er Vinyl, Holz und Kapok-Füllmaterial verwendet.	Diese von Oldenburg für die Herstellung der 'weichen Skulptur' verwendeten Materialien sind auf ihre Weise ebenso minderwertig, gewöhnlich und unbeständig wie das kopierte Gerät.

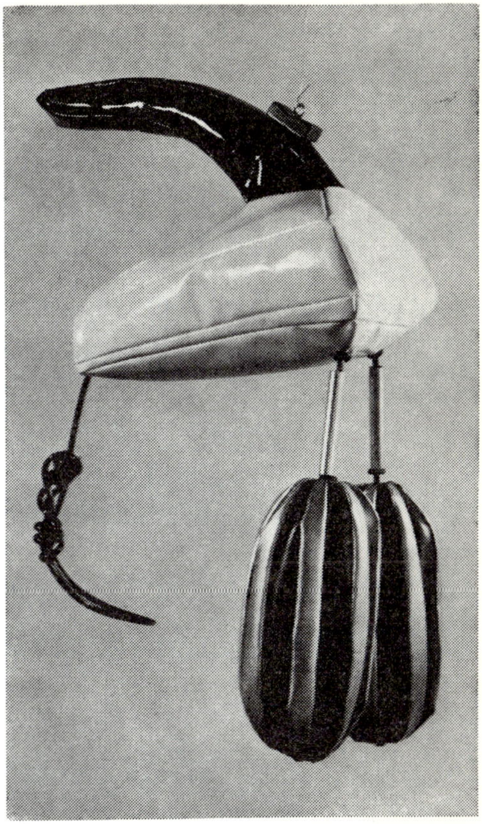

28 Claes Oldenburg, *Dormeyer Mixer*, 1965. Vinyl, Holz und Kapok, 81,3 x 50,8 x 31,8 cm. Sammlung Whitney Museum of American Art, New York. Geschenk der Howard and Jean Lipman Foundation, Inc. Foto: Geoffrey Clements

Claes Oldenburgs Konstruktionen bedienen sich der gleichen Struktur wie fast jede geglückte Pop Art. Er verwendet Materialien und Herstellungstechniken, die in gewisser Weise kommerziell den imitierten Dingen analog sind. Unter Oldenburgs frühen Wiederholungen sind viele grobe Gipsabgüsse, aufs Geratewohl mit glänzenden Lacken bemalt. Indessen wurde dieser Ansatz so erweitert, daß er Vergrößerung, Weichheit, plastische Künstlichkeit und Sexualität in der Darstellung von Massenprodukten einschließt, da diese Dinge, verborgen oder offen, unterschwellig sowieso in die Produkte eingearbeitet sind.

Empirisch		Ästhetisch
Reproduktion der Alltagsumwelt	≎	Oldenburgs Erzeugnis hat die gleichen Eigenschaften wie das Objekt selber
Ein Dormeyer-Mixer		Ein aus Kunststoff gemachter Mixer

Die Darstellungen George Segals führen Pop Art auf etwas andere Weise vor. Statt, wie Oldenburg, die Elementarstruktur von LUFT zu verwenden, haben sie die Eigenschaften von Collagen und die Struktur von FEUER. Segals Kompositionen bestehen aus Gipsnachbildungen wirklicher Personen, die in Fragmente tatsächlicher Environments eingefügt sind. Daher repräsentieren die gegossenen Figuren lebendige Personen in realen Situationen. Obwohl die Environments nichtlebendig sind, sind sie 'wirklicher' als die sie bewohnenden figurativen Abgüsse realer menschlicher Wesen.

29 *Jean Tinguely: Motor Cocktail (1965)*

Natur	Kultur
Ein Motor, Maschinenteile, Metallgegenstände und Schrottstücke	Tinguely entscheidet sich, eine motorisierte Skulptur anzufertigen.
Tinguely stellt eine Skulptur mit dem Titel *Motor Cocktail* her, die die Figur eines Hahns und Bewegungen aufweist, welche beim Cocktail-Mixen stattfinden; der auf den Kopf gestellte Rahmen der Skulptur läßt außerdem an einen Hahnenschwanz (cock's tail) denken.	Mythisch besteht ein grundsätzlicher Widerspruch in der Synthese zwischen einem Motor und einer naturalistischen Figuration; Tinguely scheint sich darüber jedoch unbewußt im klaren zu sein, und er versucht, den Unterschied auf verschiedene Weise zu vermitteln: der Motor ist zum integralen Bestandteil der Arbeit gemacht; der von Teilen der Skulptur absichtlich veranstaltete Lärm ist eine Form von 'Charivari', das eine anormale Vereinigung vermittelt; und schließlich sind der Motor und damit verbundene Teile so mangelhaft konstruiert, daß das motorisierte Leben der Skulptur begrenzt und provisorisch erscheint.

Kunst kann in der mythischen Dimension der historischen Zeit nur bestehen, wenn mit ihr verbundene zeitliche Elemente endlich angelegt sind. Da alle kinetische Kunst nur *in der Zeit* wahrgenommen und zur Geltung gebracht wird, wird sie niemals zu einem Teil der historischen Zeit. Jean Tinguely ist damit in gewissem Grad fertiggeworden, indem er eine motorisierte formalistische Skulptur als Widerspruch vorführt.

Das nimmt die Form übertriebenen Lärms und des unmittelbar bevorstehenden Zusammenbruchs an. Weit weniger sind als Kunst jene kinetischen Arbeiten akzeptabel,

29 Jean Tinguely, *Motor Cocktail*, 1965. Stahl und Eisen, motorisiert, 77,5 x 61 x 26,7 cm. Sammlung Mr. und Mrs. Joseph R. Shapiro, Oak Park, Illinois

die mit verborgenen Motoren arbeiten und lautlos funktionieren. Solchen Vorrichtungen mißlingt es vollständig, das Wesen von Kunst zu erfassen, auch wenn es Vergnügen bereiten mag, sie zu betrachten. Wie Lévi-Strauss in *Das Rohe und das Gekochte* (S. 369 ff.) zu verstehen gibt, bezeichnet Lärm in einem mythischen Kontext eine tadelnswerte Vereinigung (Charivari), das heißt eine Vereinigung von Elementen (natürlichen, von Menschen angefertigten und biologischen), die negativ und diskontinuierlich ist. Lärm als solcher verweist darauf, daß eine mythische Anordnung (ein Motor und eine Skulptur) nicht nach den Regeln der Vermittlung funktioniert. Verfaultes Fleisch und anormale Eheschließung sind – nach Lévi-Strauss – zwei Situationen, die von lautem Lärm begleitet sind. Bei den meisten kinetischen Arbeiten scheint es unwahrscheinlich zu sein, daß sie mit Erfolg das Kulturelle naturalisieren könnten. Tinguely versucht das dadurch zu erreichen, daß er verschiedene anthropomorphe oder animalische Assoziationen einsetzt. Diese sind jedoch zumeist Signifikanten und gewöhnlich für die strukturale Gleichung der Kunst selber überflüssig.

Falls das eben Gesagte richtig ist: was ist dann für den enormen künstlerischen Erfolg von Alexander Calders Mobiles verantwortlich? Diese Mobiles sind gelungene Kunst, weil sie in einem *statischen Zustand* ins Gleichgewicht kommen. Mechanisierte Skulptur ist gegen die Schwerkraft gerichtet; die Mobiles sind auf die stabilisierende Kraft der Gravitation angewiesen. Mythisch, und daher auch begrifflich, befinden sich die Mobiles im Gleichgewicht. Ihre Bewegung ist 'akzidentiell', nämlich das Resultat aus Kräften, die außerhalb der Konstruktionen selber beheimatet sind. Wir *wissen,* daß die Mobiles, während sie sich in Bewegung befinden, nach einem Ruhezustand suchen.

30 Bridget Riley: Current (1964)

30 Bridget Riley, *Current*, 1964. Synthetische Polymerisationsfarbe auf Kunststoffplatte, 148,2 x 149,4 cm. Sammlung Museum of Modern Art, New York. Philip Johnson Fund. Foto: R. Petersen

Die ästhetische Stichhaltigkeit von Optical Art wird zuweilen bezweifelt, weil sie eine starke Affinität zu normalen, in vielen Büchern über visuelle Psychologie enthaltenen optischen Täuschungen aufweist. Daher haben nicht wenige Kritiker den Kunstgehalt von 'Op Art' in Frage gestellt. Die optische Ambiguität von Bridget Rileys Gemälde bezieht sich nicht auf die Struktur von FEUER; vielmehr spielt sie, wie die Malerei Albers', auf synthetisches FEUER an, auf die Verschmelzung von ERDE und WASSER. *Current* befaßt sich mit einem reduktivistischen Phänomen, nämlich mit wasserartigen Wellen, die sich in wesentlich vertikaler Richtung bewegen (WASSER). Eine zweite Struktur betrifft die aufeinander bezogenen Untermengen schwarzer und weißer Linien, die dank ihrer identischen Natur und Richtung die Illusion einer bewegten und erhabenen Oberfläche hervorrufen (ERDE).

Natur	Kultur
Die Linien dieses Gemäldes sind zuerst mit Hilfe eines Parallelzeichners angelegt und dann per Hand mit schwarzer Liquitex-Farbe ausgefüllt worden (reales System A).	Auf der einen Ebene läßt sich *Current* auf drei miteinander verbundene Untermengen zurückführen: zwei Abfolgen schwarzer und weißer Linien und ihre Beziehung zueinander vermittels der Illusion einer dreidimensionalen Oberfläche.
Die Linien dieses Gemäldes sind gemalt, wie oben beschrieben (reales System B).	*Current* befaßt sich mit einem vereinfachten Gestaltmuster, bei dem alle Gegensätze auf die Vertikaldimension reduziert sind.
Das Gemälde *Current* als ein Objekt	*B. Riley schreibt, Gemälde wie* Current *erzeugten im Betrachter ein Durcheinander oder ein 'Ereignis' – dank der latenten Energien in den von ihr verwendeten Formen; der Umstand, daß der Betrachter angeregt wird, zugleich »etwas Bekanntes und etwas Unbekanntes« zu erleben, mag eine Analogie zu der spezifischen Doppelstruktur des Gemäldes sein.*

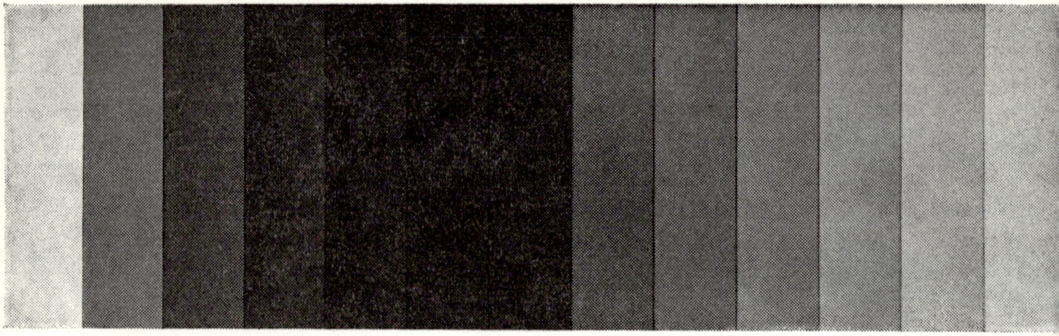

31 Ellsworth Kelly, *Spectrum, III*, 1967. Synthetische Polymerisationsfarbe auf Leinwand in dreizehn Teilen, insgesamt 84,4 x 276 cm. Sammlung Museum of Modern Art, New York. Geschenk aus der Sammlung Sidney und Harriet Janis. Foto: Mathews

Natur	Kultur
Eine Abfolge von dreizehn gleich großen Tafeln: Gelb, Gelborange, Orange, Orangerot, Rot, Blaurot, Violett, Blau, Grünblau, Blaugrün, Grün, Gelbgrün, Gelb (reales System A)	*Spectrum, III* läßt sich auf drei miteinander verbundene Unter-Mengen einer einzigen Menge zurückführen: die gemalten Tafeln als eine Abfolge von dreizehn rechteckigen Objekten, das kontinuierliche Farbspektrum und das in zwölf Farben unterteilte Spektrum, wobei eine Tafel das Gelb wiederholt.
Eine Abfolge von dreizehn gleich großen Tafeln, so gleichmäßig wie möglich mit zwölf synthetischen Polymerisationsfarben überzogen (reales System B)	Da *Spectrum, III* aus dreizehn verbundenen Tafeln zusammengesetzt ist, versteht der Betrachter das Gesamtgemälde als eine einfache Gestaltabfolge mit einer horizontalen Achse.

In den frühen fünfziger Jahren fertigte Kelly Gemälde aus farbigen Quadraten und verschiedenen Reihen durchgehend bemalter, miteinander verbundener Felder an, so etwa *Red, Yellow, Black, White, Blue* von 1953. Im Anschluß daran und bis in die Mitte der sechziger Jahre entwickelte er seinen bekannten Stil der Hard-Edge-Komposition. Diese Arbeiten repräsentieren die extreme Reduktion alltäglicher Phänomene auf einheitliche, aneinandergereihte Formen, wobei regelmäßig Figur-Untergrund-Umkehrungen und andere optische Effekte auftreten. Kellys zusammengesetzte Felder der späten sechziger Jahre verwandeln jedoch Farbe selber in den Gegenstand. Derartige Malereien sind sich, wie Ad Reinhardts Black Paintings, des Umstands bewußt, daß abstrakte Komposition einen Punkt der formalen Erschöpfung erreicht hat.

Kellys Tafelgemälde und Reinhardts Black Paintings wurden von Marcel Duchamps Arbeit aus dem Jahr 1920, *Fresh Widow,* antizipiert. In seinem Semi-Ready-made rekapituliert Duchamp diese spezielle semiotische Struktur, indem er ein Objekt herstellt (WASSER), das ein französisches Fenster en miniature ist; die Türen haben acht mit schwerem Leder bezogene Füllungen; daher sind die Lederquadrate und das französische Fenster Untermengen, verbunden zu den acht undurchsichtig gemachten Fensterfüllungen (ERDE). ›Fresh Widow‹ und 'French Window' treten sprachlich zueinander, um ein doppeldeutiges Gemisch aus Unsinn und Elliptik zu vermitteln.

32 Donald Judd: Ohne Titel (1967) (Acht Kästen)

Natur	Kultur
Diese Kästen sind von einer Werkstätte nach Plänen angefertigt worden, die der Künstler gezeichnet hatte; sie sind aus kaltgewalztem Stahl hergestellt und mit Autolack angestrichen (reales System A).	Die Kästen reduzieren Skulptur auf ihre wesentlichste Komponente, nämlich auf eine dreidimensionale Masse, die sich optisch erfassen läßt, ohne daß man das Objekt selber betrachtet; die Kuben sind eidetische Bilder.
Aus praktischen wie ästhetischen Gründen sind diese Kästen gleichartige Erzeugnisse (reales System B).	Diese acht Kuben bilden drei miteinander verbundene Unter-Mengen: die Kuben selber, die sieben Zwischenräume zwischen den Kuben und die durch die Kuben und ihre Abstände bestimmte rechteckige Konfiguration.

32 Donald Judd, *Ohne Titel*, 1967. Kaltgewalzter Stahl mit Autolack, acht Kästen, je 122 x 122 x 122 cm. Sammlung Philip Johnson. Foto mit freundlicher Genehmigung der Leo Castelli Gallery, New York. Foto: Rudolph Burckhardt

Die acht Kästen, die *Ohne Titel* (1967) ausmachen

Der 'Inhalt' dieser Arbeit ist eine Negation der Annahmen, von denen man bei einer formalistischen Ästhetik ausgeht; Judd zwingt dazu, eine bestimmte Menge von Objekten ohne Bezug auf einen externen Inhalt oder auf relationale Kompositionstheorien zu sehen.

Es ist wichtig, festzuhalten, daß die besten Minimalisten der sechziger Jahre ihre Arbeiten gewöhnlich ›*Ohne Titel*‹ benannten. Hier liegt das bewußte Bestreben vor, das Objekt von allen Spuren externer Bedeutung zu befreien. Wie diejenigen Carl Andres, sind die Arbeiten Judds Vorläufer des Konzeptualismus; sie brauchen nicht vom Künstler gemacht zu werden, und ästhetisch können sie als eine in einer Galerie gezeigten Reihe von Plänen wirksam werden. Auch Judds Kästen lassen die WASSER-und-ERDE-Konsistenz der Malereien Stellas und Albers' erkennen, wobei nicht ihre Affinität zu Werten zu übersehen ist, die Pollock artikulierte. Auf der Ebene der bewußten Materialität verweisen die Resultate auf die Konsistenz und die Naturordnung der Materialien selber zurück; Judd ist noch nicht ganz an dem Punkt angekommen, da er die Ergebnisse der Mengentheorie und der Serialität vorführt.

In einer Erörterung über die Malereien Frank Stellas schreibt Judd: »Die Ordnung ist nicht rationalistisch und vorentschieden, sondern einfach Ordnung wie diejenige der Kontinuität, wobei ein Ding nach dem anderen kommt.« (Judd, *'Specific Objects'*, S. 15.) Judds Feststellungen enthüllen zwar nichts vom Wesen des Totemismus, aber sie spielen auf der grundlegenden Ebene von Zahl und Sequenz auf ihn an. Wegen der eigentümlichen Ganzheitlichkeit und Materialistik seiner Ästhetik beharrt er darauf, daß in aller westlichen Kunst und aller rationalistischen Philosophie »Ordnung« und »Struktur« eine erfundene und aufgezwungene Konsistenz hätten. Er bemerkt: »Offensichtlich lassen sich Mittel und Struktur nicht trennen, und sie lassen sich nicht einmal als zwei miteinander verbundene Dinge denken. Keines von beiden Wörtern bedeutet etwas.« (Ebd.) Mit anderen Worten: Judd besteht auf der inhärenten organischen (sprachlichen) Konsistenz von Kunstaussagen, bei denen man die Aspekte von Aussagen nur auf die Gefahr hin trennt, ihre innere Konsistenz zu zerstören. Selbst wenn wir uns der Illusion enthielten, der Kunstideologie »Form«, »Struktur« und »Machen« aufzuzwingen, meint Judd, gelangten wir noch immer zu Kunst. Wie sich zeigte, gilt dies nur für verhältnismäßig begrenzte Bereiche der semiotischen Matrix.

33 Dan Flavin: The nominal three (für William of Ockham) (1963–1964)

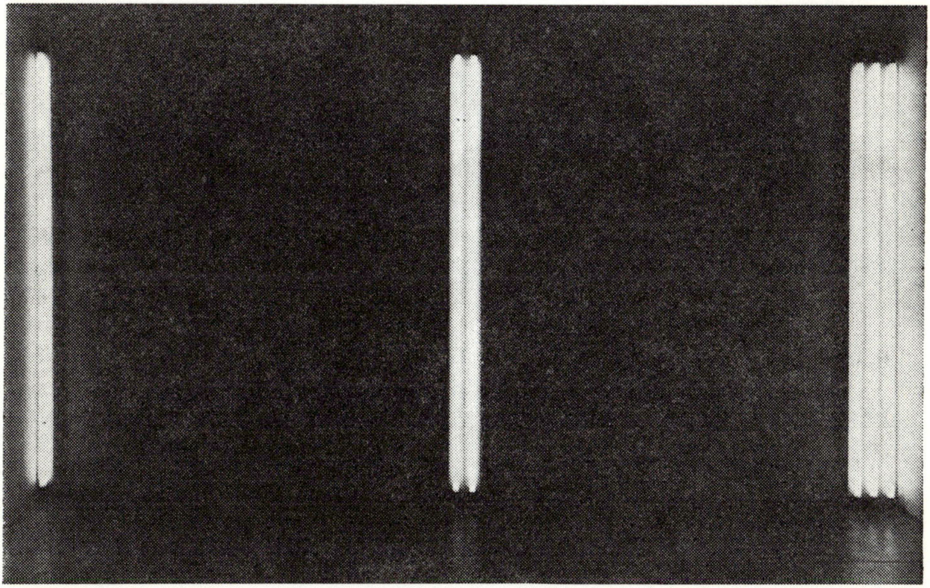

33 Dan Flavin, *The nominal three (für William of Ockham)*, 1963/64. Kaltes weißes Leuchtröhrenlicht, 244 x 671 x 10,2 cm. Foto mit freundlicher Genehmigung der Dwan Gallery, New York

Strukturell ähnelt Dan Flavins Kunst sehr derjenigen Judds und Carl Andres – mit einer wichtigen Ausnahme. Einige von Flavins frühen Lichtarrangements bezogen nur eine einzige Leuchtvorrichtung ein. Infolgedessen spielen in Flavins Ästhetik zumindest hier die Serialität von Andres Bodenkonstruktionen und der Reduktivismus von Judds Kästen keine Rolle. Ganz seltsamerweise fungieren diese in einen Kunstzusammenhang gestellten Vorrichtungen als reine Ready-mades – ein Umstand, den Duchamp sehr wohl erkannt haben dürfte. Zu seinem ersten 2,44 Meter langen Leuchtstreifen, *the diagonal of May 25, 1963* erklärte Flavin, er scheine »sich selber unmittelbar zu tragen«. Diese Massenerzeugnisse brauchen sich nichts von anderen semiotischen Elementen zu entleihen, da sie das Element in Quintessenz sind: Licht selber.

In seinem Arrangement *the nominal three* hat der Künstler 2,44 Meter lange Leuchtröhren so über eine 6,71 Meter lange Wand verteilt, daß die mittlere Gruppe genau in der Mitte zwischen den beiden anstoßenden Wänden angebracht ist; die beiden anderen Gruppen, bestehend aus einer und drei Vorrichtungen, sind jeweils in den Ecken an den Wänden befestigt. Auch hier dienen die Leuchtröhren als miteinander verbundene Unter-Mengen, die als eine Gesamtkomposition fungieren – ebenso wie die Abfolge von Judds Kästen. Infolgedessen ist ERDE vorhanden, und WASSER fehlt.

a) Sechs 2,44 Meter lange gelbe Leuchtvorrichtungen	b) Das Arrangement *the nominal three*	c) Die Abstände zwischen den Gruppen von Vorrichtungen

Es ist evident, warum die Arrangements von Flavin gewöhnlich gelungener sind als die meisten Versuche aus den sechziger Jahren, Licht für Kunstzwecke einzusetzen. Die meiste Lichtkunst erweitert einfach das formale Vokabular, indem sie zu vorhandenen bildhauerischen Ideen oder Environments neue Farben und Helligkeitsgrade oder eine zeitliche Dimension hinzufügt. Flavin schaltet klugerweise Zeitsequenzen aus, da diese die mythische Zeit zerstören. Er achtet außerdem darauf, nur genormte Leuchtvorrichtungen und Standard-Leuchtfarben zu verwenden. Und es ist wichtig, daß Flavin auf geräuschlosen, bewegungslosen Environments für seine Arrangements besteht. Er erkennt, daß diese externen Elemente – wie dies auf alle Kunst zutrifft – die vermittelnde Synthesis in seiner Kunst zerstören.

In einigen Fällen fungieren Flavins Arrangements zugleich als Kommentare über Malerei, Skulptur und Environment-Kunst – ohne jedoch spezifisch eines davon zu sein.

34 *Carl Andre: The Spill (Scatter Piece) (1966)*

Natur	Kultur
Andre schüttet mehrere hundert kleine Plastikklötze aus einem Sack auf den Fußboden.	Grundsätzlich sind diese Plastikklötze Minimalobjekte; rechteckige Formen, die leicht eidetische Bilder sein können.
Andre schüttet mehrere hundert kleine Plastikklötze aus einem Sack auf den Fußboden.	Andres Arbeit besteht aus drei miteinander verbundenen Unter-Mengen: den Klötzen selber, den Klötzen in einem Sack und den Klötzen auf dem Boden.
Der Sack und die Plastikklötze von *The Spill.*	Der 'Inhalt' dieser Arbeit dreht sich um die konzeptuelle Zusammenstellung von Zwischenräumen, Behältern, Materialgruppen und um die Beziehungen zwischen den grundlegendsten Objekten.

Wie eine ganze Anzahl der bisher erwähnten zeitgenössischen Arbeiten beruhen die Konstruktionen Andres auf Beziehungen zwischen der Einheit und der Menge. Für eine Menge ist jedoch stets erforderlich, daß sie wenigstens zwei Parameter oder Möglichkeiten hat, um die betreffenden Einheiten zu organisieren. Neben der inhärenten Ordnung der Einheiten ist der Künstler von Raumgröße, Gewicht oder Wärmeleitfähigkeit abhängig, wenn er die Gesamt-*Funktion* von Einheiten bestimmen will. Mit Andres Worten: »Aber meine Sachen sind in der Welt konzipiert. Für mich beginnen sie in der Welt, und die Welt ist voller verschiedenartiger Räume, verschiedener Gattungen und Klassen von Räumen: Galerieinnenräume, Innenräume von Privatwohnungen, Museumsräume, große Innenräume öffentlicher Gebäude, dazu verschiedene Arten von Außenräumen. Es gibt stets eine Abgrenzung im Geist, nicht unbedingt eine spezifische, aber jedenfalls eine maßstäbliche.« (Nach Tuchman, *An Interview with Carl Andre*, S. 55)

Duchamp war sich natürlich völlig der Mathematik bewußt, die die Kunst wie diejenige Andres beherrscht. Das zeigt sich an seiner Bemerkung aus der *Grünen Schachtel* vom September 1915 mit dem Titel *Geklapper:* »Bestimme mit einer Art Kamm und unter Verwendung des Abstandes zwischen 2 Zähnen als einer Einheit die Beziehungen zwischen den 2 Enden des Kamms und gewissen Zwischenpunkten (durch die ausgebrochenen Zähne).« (Duchamp, *Hamilton and Hamilton.*) Indem er die Semiotik von

34 Carl Andre, *The Spill (Scatter Piece)*, 1966. Zerstreute Kunststoffklötze und Leinenbeutel. Sammlung Kimiko und John Powers, Aspen, Colorado. Foto mit freundlicher Genehmigung der Dwan Gallery, New York

ERDE benutzt, beharrt Duchamp darauf, daß es zwei Längeneinheiten zur Bestimmung des Kammes geben müsse: Die Zähne und ihre Zwischenräume. Dann beschreibt er, wie sich der Kamm verwenden ließe, um ein geordnetes Feld von Bleidrähten zu bestimmen (wie es Duchamp in der Schokoladenreibe benutzte). Die so erzeugten Schemata erinnern an die Linienkonfigurationen in gewissen Gemälden Bridget Rileys. Der entscheidende Faktor sind die Mengenbeziehungen.

1969 fertigte Andre für die Ausstellung *Anti-Illusion: Procedures/Materials* im Whitney Museum *Reef* an. Die Arbeit bestand aus 65 genormten Schaumstoffplatten (die orange waren, weil Andre vermeiden wollte, daß sie wie gemeißelte Artefakte à la Marmor aussähen), zwischen zwei Innenwänden zu einer Reihe verkeilt. Hier wurde die Menge durch eine Reihe von Bohlen *und* durch den architektonischen Kontext vervollständigt. Die Metallplatten-'Läufer' des Künstlers sind nicht immer geglückt. Sie haben zuweilen nur einen Parameter und beruhen einfach auf Materialeinheiten in einer bestimmten Sequenz.

35 Robert Morris: Ohne Titel (1970) (Balken, Beton und Stahlwalzen)

Natur	Kultur
Unter Morris' Aufsicht werden die Materialien in den Korridor des dritten Stockwerks im Whitney Museum geschafft; ein doppeltes Balkengleis wird der Länge nach im Korridor ausgelegt; Betonklötze mit Stahlwalzen darunter werden alternierend zwischen die Schwellen gelegt; die Schwellen fungieren als Drehpunkte für ausbalancierte Gewichte (reales System A).	Die von Morris verwendeten Formen sind grundlegende Gestaltformen; sowie die Formen jedoch aus dem Gleichgewicht gebracht und sie in ihre augenblicklichen Positionen gefallen sind, wird die Zusammenstellung von Baumaterialien zu einem Zufalls-'Objekt'.
Die Abfolge der Herstellungsvorgänge, wie oben beschrieben (reales System B).	Miteinander verbundene Unter-Mengen sind auch in dieser Konstruktion vorhanden: Die erste Unter-Menge ist der Unterbau aus Balken mit quadratischem Querschnitt von 30 cm Seitenlänge, die zweite sind die hohlen Betonklötze, und die dritte bilden die Walzen und die Schwerkraft, die eine Bewegung zwischen den beiden anderen Komponenten gestatten.
Die Konstruktion ohne Titel (1960)	*Der 'Inhalt' dieses Stücks ist die geistige Rekapitulation des Herstellungsprozesses und seiner Implikationen durch den Betrachter; durch eine Abfolge leichter Stöße werden die Balken zu Hebeln, die die Betonklötze zwischen die 'Gleise' kippen lassen; der ganze Vorgang wird von Anfang bis Ende von Zuschauern beobachtet; verschiedene Phasen werden auf Tonband festgehalten und gefilmt.*

In ihren letzten Phasen verliert nicht-objektive Kunst ihre ganze Abstraktheit. In gewissem Sinn rekapituliert *ohne Titel* (1970) eben den Gebrauch von Material und Schwerkraft, der Pollocks Tropfgemälde bestimmt. Wird ein aus dem Herstellungsakt hervorgegangenes Objekt zur einzigen signifikanten Konvention der Kunst, ist die

35 Robert Morris, *Ohne Titel*, 1970. Balken, Beton, Stahl, 213,5 x 488 x 2897 cm. Mit freundlicher Genehmigung der Leo Castelli Gallery, New York. Foto: Peter Moore

Semiotik von WASSER auf ihre fundamentalste Ebene reduziert. Hier sind die Hauptsachen durch Monumentalität und kostspielige Materialien hervorgehoben; und der Herstellungsvorgang ist ganz gefilmt und dokumentiert. Es sieht so aus, als versuche Morris entweder, die besondere Wirksamkeit von Pollocks Malerei zu verstehen, oder als wolle er über ihre Prinzipien total hinausgehen. Morris kommt nahe an die Einsicht heran, daß das Anfertigen von Kunst als Vorgang und ihre 'Ästhetik' wesentlich zusammengehören. »Hier haben wir den schon längst von Duchamp festgestellten Punkt: Das Machen von Kunst ist auf andere Bedingungen zu gründen als auf willkürliche, formalistische, geschmackvolle Arrangements statischer Formen.« (Morris, '*Some Notes on the Phenomenology of Making*', S. 65.) Duchamp wußte dies natürlich nur zu gut. Auf anderer Ebene ist sich Morris durchaus bewußt, daß seine Arbeiten die entschiedenste Abkehr von der normalen paradigmatischen Ebene der Kunst bedeuten.

»Man könnte sagen, die gegenwärtige Kunst, mit der ich mich befasse, weise die geringste Menge an formalistischer Ordnung bei einer noch größeren Ordnung des dazugehörigen Herstellungsverhaltens auf. *Es sieht aus, als wolle der Künstler die diskontinuierlichsten, irrationalsten Dinge auf die vernünftigste Weise tun.* Und in diesem auf das Bewußtwerden der Mittel gerichteten Prozeß scheint fast ein Umkehrungsverhältnis am Werk zu sein: Immer disjunktivere Kunstakte bringen immer geordnetere Informationen über die systematischen Produktionsmittel. Diese Information wird in zunehmendem Maß als Teil der Darstellung in die Arbeit eingelassen.« (A. a. O., S. 65, von J. B.)

Die Implikationen von Morris' Feststellung sind offenkundig: So wie Künstler sich bemühen, Kulturobjekte und -systeme durch formale Beziehungen zu ersetzen, wird nicht-objektive Kunst zur permanenten Absurdität der Verwendung jeglicher Grundmaterialien für den Prozeß des 'Kunstmachens' – auf diese Weise wird nie etwas dargestellt, es sei denn das Wollen und die Tätigkeit hinter der Kunst selber. Darüber hinaus führt kein Schritt, ausgenommen die Möglichkeit, in der Umwelt mit natürlichen Materialien und Systemen zu arbeiten, die in sich illusionsfrei sind.

Da hinter Object Art als Grundprinzip eidetische 'Ganzheitlichkeit' steckt, machte der Minimalismus in den frühen und mittleren sechziger Jahren eine ständige Eskalation der Praktiken durch. Morris' frühe graue Konstruktionen z. B. waren per Hand aus Sperrholz angefertigt; doch als andere Künstler darangingen, raffiniertere Herstellungstechniken anzuwenden und regelmäßig auf kommerzielle Produkte zurückgriffen, wuchs die Notwendigkeit, ein entsprechendes Niveau der Standardisierung zu halten. Spuren der Handarbeit in diesen frühen Arbeiten konnte man später für 'ästhetische Artikulationen' halten, die damit die Gestalteinfachheit des Minimalismus zunichte machten. Eines von Morris' bekanntesten frühen Stücken, sein graues Eckstück *Ohne Titel* (1964), fügt sich gleichfalls in die Doppelstruktur von WASSER und ERDE ein. Diese vierseitige Figur paßt in jede Zimmerecke, so daß sich dem Beschauer nur eine einzige, gleichseitige Dreiecksfläche zeigt. Ihre Doppelstruktur weist diese Form auf:

Empirisch		Ästhetisch
Unmittelbare und konkrete Ansicht einer Form		Ein geistiges Konzept eines grundlegenden Gestaltbildes
———	≎	———
Das dreieckige Objekt		Eine mit den direktesten Mitteln angefertigte einfache Form
Unmittelbare und konkrete Ansicht einer Form		Ein dreidimensionales Objekt, das als zweidimensionale Fläche erscheint
———	≎	———
Das dreieckige Objekt		Eine mit den direktesten Mitteln angefertigte einfache Form

Der zweite Teil der zweiten Gleichung enthält die logischen Beziehungen von ERDE. Die miteinander verbundenen Unter-Mengen sind ein dreieckiges Objekt, eine dreieckige Fläche, verbunden durch ihren Kontext: Die Ecke eines Raums. Morris' Eckstück weist die gleiche Struktur auf wie viele grundlegende optische Täuschungen, abgesehen davon, daß in diesem Fall die Illusion teilweise begrifflicher Natur ist.

Earthwork (1968) verwendet weitgehend die gleiche Struktur, aber andere Materialien. Die Arbeit bestand aus einem Haufen reinen, auf einen Galerieteppich geschütteten Humusbodens. In der Erde war eine Reihe von Industrieprodukten untergebracht: starke Filzriemen, Schmierfett, Röhren, Kupferdraht, Stahlstäbe und so fort. In diesem Fall verhalten sich Industriematerialien zu der 'reinen' Erde wie der 'reine' Erdhaufen zum Galeriefußboden (ERDE), während die Zusammenstellung selber strikt eine Prozeß-Arbeit ist (Wasser).

36 Richard Serra: One Ton Prop (House of Cards) (1969)

Natur	Kultur
Vier Bleiplatten im Format 121,9 x 139,7 cm (jede etwa 500 Pfund schwer), die sich von mehreren Personen aufstellen lassen (reales System A).	Serras Arrangement besteht einfach aus Materialien; diese Materialien sind nicht spezifisch zu einem Gestaltarrangement verbunden.
Serra und seine Mitarbeiter stellen Bleiplatten so zusammen, daß sie auf der Kante stehen; jede ist leicht nach innen geneigt und in einem ungefähren Quadratarrangement gegen die beiden benachbarten gelehnt (reales System B).	Drei miteinander verbundene Unter-Mengen, die eine Menge bilden, sind in diesem Stück vorhanden: der die Platten tragende Fußboden, die vier Bleiplatten selber und die Schwerkraft, die vermittels einer Reihe von nach innen gerichteten Druckkräften die Platten gegeneinander abstützt.
Abgestützte Bleiplatten	*Indem er unverbundene Teile oder einfache serielle Herstellungsverfahren verwendet, lädt Serra zur geistigen Dekomposition durch den Betrachter ein, wobei er, wie Pollock, den Umstand betont, daß jede Trennung von Konzeption und Herstellung illusionär ist.*

Unter den Künstlern, die sich augenblicklich mit Process Art befassen, artikuliert Richard Stella am besten das Ästhetische. Im Grunde bedeutet dies ein Festhalten an Verfahrensweisen, die Jackson Pollock eingeführt hat. Auf der elementarsten Ebene hat der Künstler die Aufgabe, seine Materialien den Auswirkungen der Schwerkraft auszusetzen, so daß die daraus hervorgehenden Arrangements aus eigenen Stücken ihren Platz einnehmen. In Pollocks Malerei wirkt die Schwerkraft zwischen dem Bildträger und der darauf gegossenen flüssigen Farbe; Schwerkraft bestimmt das Gefälle oder die Bewegung, falls eine stattfindet, je nach der Leinwand und der Farbkonsistenz. Daher erhält WASSER Dinglichkeit durch ERDE.

36 Richard Serra, *One Ton Prop (House of Cards) (Das Gewicht einer Tonne als Kartenhaus aufgestützt)*, 1969. Blei, 121,9 x 139,7 x 139,7 cm. Sammlung George H. Waterman, III. Foto mit freundlicher Genehmigung der Leo Castelli Gallery, New York. Foto: Peter Moore

36 A Casting (1969)

Natur	Kultur
Geschmolzenes Blei, in den Winkel zwischen einer Wand und einem Fußboden geschleudert; nach dem Hartwerden wird jedes Gußstück von der Wand gerissen und eine Reihung hergestellt (reales System A)	Die Gußstücke sind einfach materielle Objekte, rohe Bleibrocken ohne relevante optische Eigenschaften.

Das gleiche wie oben (reales System B)	Vier miteinander verbundene Unter-Mengen sind vorhanden: geschmolzenes Blei, die Ecke selber, die Gravitationskräfte und die endgültige Reihung der Gußstücke.

In der Regel gehören zur Process Art ziemlich einfache Herstellungstechniken, die der Betrachter nachvollziehen kann. Formal hat derartige Kunst keine visuelle Bedeutung; ihr Aussehen allein bezeichnet nichts, während die Beziehungen zwischen den Materialien und dem Herstellungsprozeß von entscheidender Bedeutung sind. Alles verweist auf Veränderungen, vorgenommen an Standardmaterialien; im Fall Serras gehören dazu: Anordnung, Schleudern, Brüche, Risse und andere Belege für die an den Materialien getane Arbeit.

37 *Hans Haacke: Chickens Hatching (1969)*

Natur	Kultur
Eier, acht Brutkästen und ein Wärmekasten (reales System A)	Haacke entscheidet sich, den Prozeß des Ausbrütens von Eiern und das Wachstum von Küken vorzuführen.
Haacke bringt das genannte System in einem Museum unter.	Logischerweise hängt dieses Kunstwerk rein von dem vom Künstler gewählten System ab.
Das Brutkästensystem (reales System B)	Der Naturprozeß des Kükenausbrütens
Wachstum der Küken	Unterteilung des Wärmekastens nach verschiedenen Wachstumsphasen

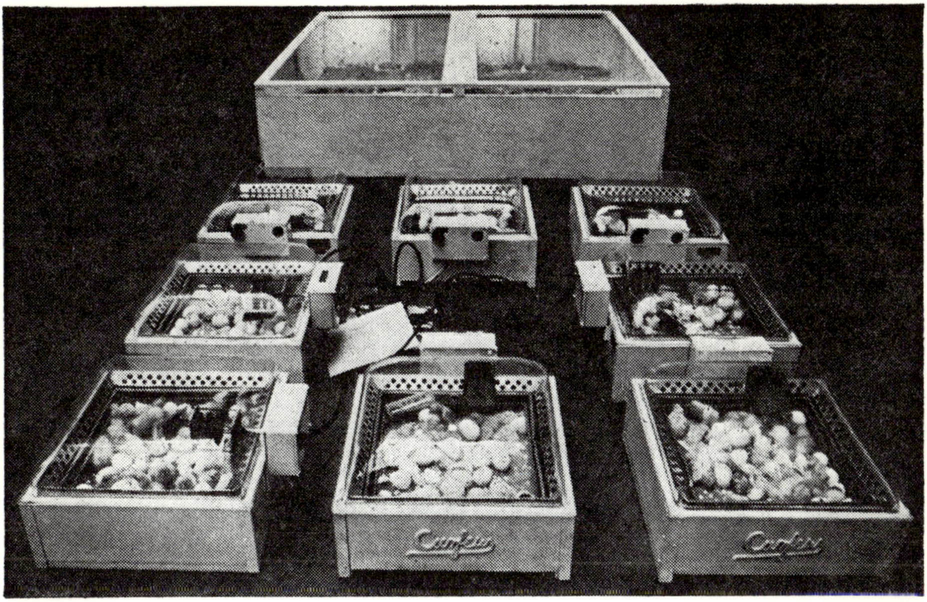

37 Hans Haacke, *Chickens Hatching (Ausschlüpfende Küken)*, Art Gallery of Ontario, Toronto, September/Oktober 1969. Acht Brutkästen, Käfig, Küken. Mit freundlicher Genehmigung des Künstlers: Foto: Hans Haacke

Hans Haackes Kunst der letzten sechs oder sieben Jahre weist weithin die konzeptuelle Erscheinung des Ready-made auf; der Künstler *wählt* ein natürliches System *aus*, getragen durch eine vom Menschen angefertigte Vorrichtung, und läßt es normal in einem Galerie- oder Museumsenvironment funktionieren. Indem eine solche Arbeit insofern von einem Ready-made abweicht, als sie die Erscheinungsweise von FEUER hat, besitzt diese Doppelstruktur eine ganz besondere Ordnung. Im Gegensatz zu einer Kunst, die zwei Stufen der Vorbereitung durch den Künstler benötigt, ist die zweite Stufe in Haackes Arbeit (wie auch bei anderen an ökologischen Prozessen interessierten Künstlern) das Resultat einer Veränderung, die sich aus Naturprozessen oder Wachstumsmustern ergibt. Da die mythische Struktur von Kunst nicht Veränderung oder Variation als durchgängigen Zug jedes Kunstwerks gewährleistet, ist der Künstler entweder genötigt, seiner Kunst endliche Dauer zu verleihen oder sich auf Prozesse zu verlassen, die wesentlich *zyklisch* sind. Bei *Chickens Hatching* unterteilt Haacke den Wärmekasten nach vier Altersgruppen, womit er im Endeffekt die Altersunterschiede der das System durchlaufenden Küken stabilisiert; doch wichtiger ist vielleicht noch der natürliche Lebens-Todes-Zyklus der Küken.

37 A Sprühregen der Ithaca-Fälle auf einem Seil gefrierend und schmelzend (6., 7., 8. Februar 1969)

Natur	Kultur
Gischt der Ithaca-Wasserfälle im tiefen Winter; Seil und Gaze (reales System A)	Haacke entscheidet sich, ein mit Gaze umwickeltes Seil über die Ithaca-Wasserfälle zu spannen.
Haacke hängt das Seil mit der Gaze auf.	Eine Vorrichtung, die Gischt und Eis ansammelt
Die Konstruktion aus Seil und Gaze (reales System B)	Das Wetter am 6., 7. und 8. Februar in Ithaca
Gischt und Niederschläge, die sich auf Seil und Gaze ansammeln	Eine Konstruktion über den Ithaca-Wasserfällen, die sowohl natürlich wie künstlich hergestellt erscheint

38 Dennis Oppenheim: Maze (Whitewater, Wisconsin) (1970)

Natur	Kultur
Ein Labyrinthplan, Vieh und eine Weide (reales System A)	Der Künstler übernimmt aus einem Psychologielehrbuch ein gebräuchliches Labyrinthmuster, um es auf einer Rinderweide nachzubauen.
Oppenheim und seine Mitarbeiter legen mit Heuballen das Labyrinth auf einer Bodenfläche von 30,8 Ar an; am einen Ende wird Viehfutter verteilt, am anderen werden die Kühe hereingeführt.	Die Viehweide wird im Endeffekt zum Labyrinth.

38 Dennis Oppenheim, *Maze* (Whitewater, Wisconsin) (Labyrinth), 1970. Detail: Kühe an der Nahrungsquelle. Mit freundlicher Genehmigung des Künstlers

Das Viehweidenlabyrinth mit Vieh am einen und Futter am anderen Ende (reales System B)	Der Instinkt des Viehs beim Finden der Nahrung und die dabei gezeigte Intelligenz
Das Vieh findet Futter.	Durch das Finden des Futters demonstriert das Vieh seine Befähigung, das Labyrinthproblem zu lösen.

Dennis Oppenheim greift, wie Haacke, zu einer höheren strukturellen Ebene von FEUER. Da sich alle Kunst letzten Endes in zwei Tätigkeiten aufgliedert: Erkenntnis und Aktion, faßt Dennis Oppenheim im Verlauf seiner verschiedenartigen Interessen die beiden auf den umfassendsten Ebenen zusammen. In einer Nachmalerei- und Nachskulptur-Kunstwelt, in der Endspielstrategien nicht wirklich lohnen, ist das absolut notwendig. In den frühen Zerlegungsstücken, den Transplantationen und Beseitigungen, den Zeit- und Einfassungsarbeiten, den Energie-Materie-Übertragungsprojekten und den neuesten Beispielen von Body Art verschiebt Oppenheim ständig den Kontext seiner Tätigkeiten; dennoch bleibt das Interesse für Homologien zwischen menschlichen Tätigkeiten und den Auswirkungen des Environments konstant.

38 A Arm and Wire (1969)

Natur	Kultur
Arm, geknüpfte Schnur, Draht und Nägel (reales System A)	In einem kurzen Schwarzweißfilm führt der Künstler vor, wie er den Arm über einer geknüpften Schnur und Draht abrollt, die mit Nägeln befestigt sind.
Das Abrollen des Arms über den genannten Materialien	Hier hinterläßt das 'Werkzeug' in Form von Schnur und Draht lebhafte Eindrücke auf dem Arm, der die Kraftquelle des Vorgangs bildet.
Eindrücke auf der Haut des Arms (reales System B)	Die natürlichen Stoffwechselfunktionen des menschlichen Körpers
Allmähliches Verschwinden der Schnur- und Draht-Eindrücke von der Haut des Arms	Der Umstand, daß die Haut des Arms zu ihrer normalen Textur und Farbe zurückkehrt, ist die zyklische Umkehrung bei dieser Form von Body Art.

39 Les Levine: Systems Burn-Off X Residual Software (1969)

Natur	Kultur
Kritiker und Künstler als Teilnehmer an der Pressevorschau der Earth-Art-Ausstellung in der Cornell University (reales System A)	Levine entscheidet sich, Künstler und Kritiker bei der Pressevorschau der Earth-Art-Ausstellung in der Cornell University zu fotografieren.
Levine fotografiert die Künstler und Kritiker; er wählt 31 Fotos aus und läßt jedes davon tausendmal per Offset auf Schreib-	Künstler und Kritiker, *nicht* die Earth-Art-Ausstellung selber, sind die Thematik von Levines Arbeit; professionelle Reak-

maschinenpapier vervielfältigen.

tionen auf eine Kunstausstellung werden zu einer Quelle von Kunst.

31 000 Fotos von Künstlern und Kritikern bei der Betrachtung der Earth-Art-Ausstellung (reales System B)

Levine entscheidet sich, die Fotos von der Earth-Art-Ausstellung über den Fußboden einer Galerie zu verstreuen.

Ein Drittel der Fotos wird von Levines Assistenten aufs Geratewohl über den Galeriefußboden verteilt; das Ergebnis wird mit flüssigem Himbeergelee übergossen; einzelne Kopien werden mit Kaugummi an die Wände der Galerie geklebt.

Levine besteht darauf, daß die Arbeit nichts mit abstraktem Expressionismus zu tun habe, da er am Herstellungsprozeß nicht persönlich beteiligt sei; damit stellt er implizit fest, daß alle avantgardistische Kunst nachwirkenden Überresten vergangener Kunst entstammt.

39 Les Levine, *Systems Burn-Off X Residual Software (Aufgelöste Systeme X Software-Rückstand)*. 1969. Mit freundlicher Genehmigung des Künstlers.

Les Levines Kunst ist durch historische Überschreitungen bestimmt und daher nicht vorhersagbar. Gelegentlich produziert der Künstler etwas, das in die eine Kategorie des Machens zu passen scheint, in Wirklichkeit aber in eine andere gehört. Strukturell erinnert *Systems Burn-Off* an Duchamps *L.H.O.O.Q.*, die Mona Lisa mit einem darübergezeichneten Schnurr- und Ziegenbart. Levine macht Kunst aus den übrig gebliebenen Folgeerscheinungen avantgardistischer Kunst, doch mit mehreren Modifikationsebenen. Auf der einen Ebene ist *Systems Burn-Off* eine etwas konventionelle Anwendung abstrakt-expressionistischer Techniken. Auf einer anderen Ebene impliziert die Arbeit, daß die Earth-Art-Ausstellung in der Cornell University keineswegs avantgardistisch oder Anti-Kunst sei, sondern nur eine von den Massenmedien getragene Ausweitung des Formalismus. Mit anderen Worten: die geschaffenen Arbeiten sind zeitgebunden; nur die Medienberichte sind historisch. Die ausgestreuten Fotografien werden umschichtig zu Abfall oder expressionistischen Gesten, nachdem sie mit Himbeergelee übergossen sind. Das naturalisiert, was im Grunde eine Abfolge kultureller Akte ist.

Kürzlich schlug Levine eine Process-Arbeit in Kanada vor, die so kostspielig und kompliziert war, daß die dafür vorgesehenen Mitarbeiter sie nicht ausführen konnten. Hier wird der Gedanke der konzeptuellen Rekapitulation vollständig zum Scheitern gebracht. Die spezifische Richtung, die Levine eingeschlagen hat, geht von der Einsicht aus, daß der Formalismus und seine Grenzen schon Sackgassen sind, wobei dem Künstler nur noch eine sehr geringe, wenn überhaupt eine Bewegungsmöglichkeit bleibt. Man beachte Levines Äußerung: »Ich versuche eben das aufzuzeigen, daß Kunst in dieser Phase ein geschlossenes System ist, und zwar so sehr, daß sie nicht mehr gemacht zu werden braucht, weil alle geschlossenen Systeme auf sich selber hin vorentschieden sind. Von nun an muß man keine Kunst mehr machen, weil Kunst sich selber machen wird.«

40 *Douglas Huebler: Duration Piece No. 15 – Global (September 1969)*

Natur	Kultur
Der flüchtige Edmund Kite McIntyre, wie in einem Fahndungsplakat des FBI beschrieben (reales System A).	Verlautbarung des Künstlers: »Ab 1. Januar 1970 wird eine Belohnung von 1100 Dollar an denjenigen gezahlt, der Informationen liefert, die zur Verhaftung und Überführung des Edmund Kite McIntyre führen, der vom Federal Bureau of Investigation wegen Bankraubs gesucht wird (Teil 18 des US-Gesetzbuchs, Abschnitte

	2113a und 2113d). Am 1. Februar 1970 wird das ursprüngliche Angebot um 100 Dollar gekürzt, so daß noch 1000 Dollar bleiben; an jedem Ersten der folgenden Monate wird es um weitere 100 Dollar gekürzt, bis am 1. Januar 1971 überhaupt keine Belohnung mehr vorhanden ist.« Weiterhin erklärt Huebler, der Besitzer habe für die Belohnung aufzukommen, falls das Stück vor 1971 verkauft sei.
Huebler liefert das Plakat und seine Verpflichtungserklärung als das fertige Stück – abgesehen von späteren Dokumenten über die Verhaftung und Überführung des Verdächtigten.	McIntyre ist im Verlauf des Jahres 1970 nicht überführt und/oder niemand kassiert die vom Künstler ausgesetzte Belohnung.
Das gleiche wie der Signifikant der obigen Inhaltsebene (reales System B).	Das gleiche wie das Signifikat der obigen Inhaltsebene.
Huebler liefert Dokumente und zahlt die Belohnung.	McIntyre ist verhaftet und überführt, und der dafür Verantwortliche kassiert die Belohnung.

Douglas Hueblers Arbeiten sind in der Concept Art ungewöhnlich, weil der Künstler die übliche künstlerische Betätigung sowohl der Entscheidung wie der Herstellung beibehalten möchte. Häufig schließen seine Ideen Zeitkontinua von der Vergangenheit über die Gegenwart in die Zukunft ein; und es ist nichts Außergewöhnliches, daß Huebler den Betrachter oder Käufer unmittelbar in die Herstellungserfahrung verwickelt. *Duration Piece No. 15* hat keine Bedeutung im Sinn visueller Werte; es ist, genau genommen, ein konstruierter Komplex von Beziehungen, und nichts weiter. Strukturell setzt Huebler die 'Besitzergreifung' von Kunst (durch Kauf) mit der Ergreifung eines bekannten Kriminellen gleich. In beiden Fällen ist das Gesuchte flüchtig und von wechselndem Wert. Während der Besitzer persönlich von der Transaktion unterrichtet wird, verringert der Künstler in wachsendem Maß seine eigene Beteiligung, indem er den Profit aus dem Kunstverkauf für die Belohnung hernimmt. So kommt die Arbeit als eine Form sozialen Austausches in einen Gleichgewichtszustand.

Hueblers konzeptuelle Arbeiten enthalten vielfach das Element FEUER, da eine künftige Möglichkeit oder Wahl mehr als eine Kernstruktur nach sich zieht. Andere Arbeiten, wie etwa *Location Piece No. 23 – Los Angeles – Cape Cod* (August 1969),

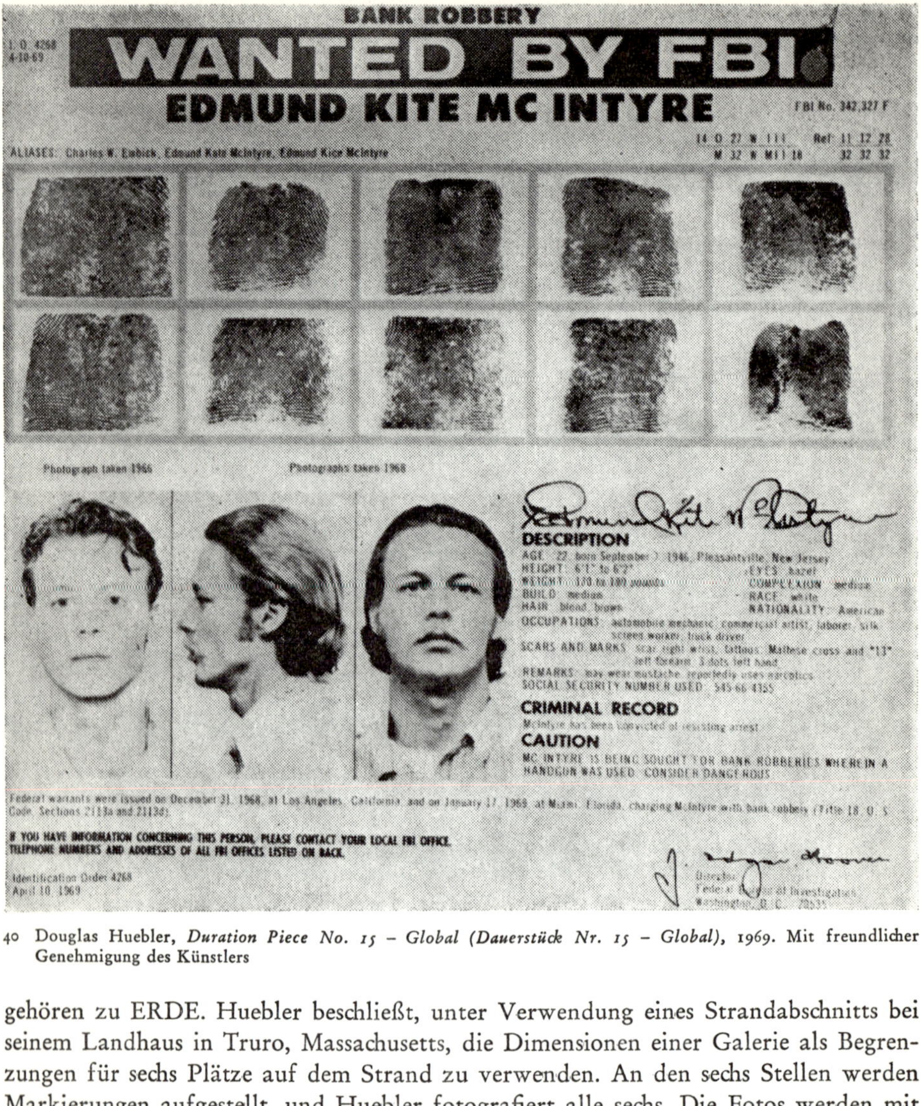

40 Douglas Huebler, *Duration Piece No. 15 – Global (Dauerstück Nr. 15 – Global)*, 1969. Mit freundlicher Genehmigung des Künstlers

gehören zu ERDE. Huebler beschließt, unter Verwendung eines Strandabschnitts bei seinem Landhaus in Truro, Massachusetts, die Dimensionen einer Galerie als Begrenzungen für sechs Plätze auf dem Strand zu verwenden. An den sechs Stellen werden Markierungen aufgestellt, und Huebler fotografiert alle sechs. Die Fotos werden mit einer Landkarte und einer Erklärung kombiniert, und das Stück wird an die Galerie in Los Angeles gesandt. Das Resultat beim Galeriebesucher besteht in einem Empfinden von doppelter Transposition.

a) Die Galerie in Los Angeles

b) Die Fotos vom Truro-Strand mit den Markierungen des Galeriefußbodens

c) Die Plätze am Truro-Strand mit Markierungen entsprechend den Dimensionen des Galeriefußbodens

41 Bernar Venet: The Logic of Decision and Action (Fotografie) (1969)

Natur	Kultur
Ein neuerer Text mit dem Titel *The Logic of Decision and Action* – und zwar im Gegensatz zu allen früheren Entscheidungen und Tätigkeiten im Zusammenhang mit intuitiver Kunstherstellung, zumal mit allen formalen Problemen wie Form, Farbe, Komposition, Materialien, Raum und so fort.	Venet entscheidet sich, eine bestimmte 'Domäne' wegen ihrer Bedeutung für die Gesellschaft auszuwählen, und damit trachtet der Künstler danach, 'objektive Erkenntnis' vorzuführen.
Titel und Inhaltsverzeichnis des Buches sind fotografiert, vergrößert und für die Ausstellung aufgezogen.	*The Logic of Decision and Action* ist eine Analyse der sprachlichen Struktur; daher handelt es sich auch um einen Traktat über Ästhetik.
Eine fotografische Vergrößerung von *The Logic of Decision and Action.*	Der 'Inhalt' dieses Schaustücks ist das logische Bindeglied zwischen dem Begriff des historischen Fortschritts durch die Entwicklung von Erkenntnisstrukturen und dem historischen Begriff von Kunst an sich.
Venets Manifest von 1967 und seine späteren Schriften.	Dies ist eine Form des Quasi-Konzeptualismus, der die Kunst durch die als Thematik gewählten Informationsarten ihres Amtes zu entheben droht.

Bernar Venet gibt zu verstehen, daß Synthesen neuer Erkenntnisse ein normaler Aspekt der menschlich-kulturellen Entwicklung und daher 'natürlich' seien. Daß er das Buch *The Logic of Decision and Action* wählt, hat eine zweischneidige Implikation: Einmal präsentiert er einen Text, der bis zu einem gewissen Grad die Konstanz in der Struktur der Kunstherstellung enthüllt; zugleich untergräbt er durch die dialektische und damit historische Wissensprogression als einen Aspekt der Conditio humana die historisch-mythische Struktur hinter aller avantgardistischen Kunst. Wie Daniel Buren führt Venet 'Kunst nach Duchamp' vor, die auf gleiche anspruchsvolle Weise die gegenwärtigen epistemologischen Voraussetzungen in Frage stellt.

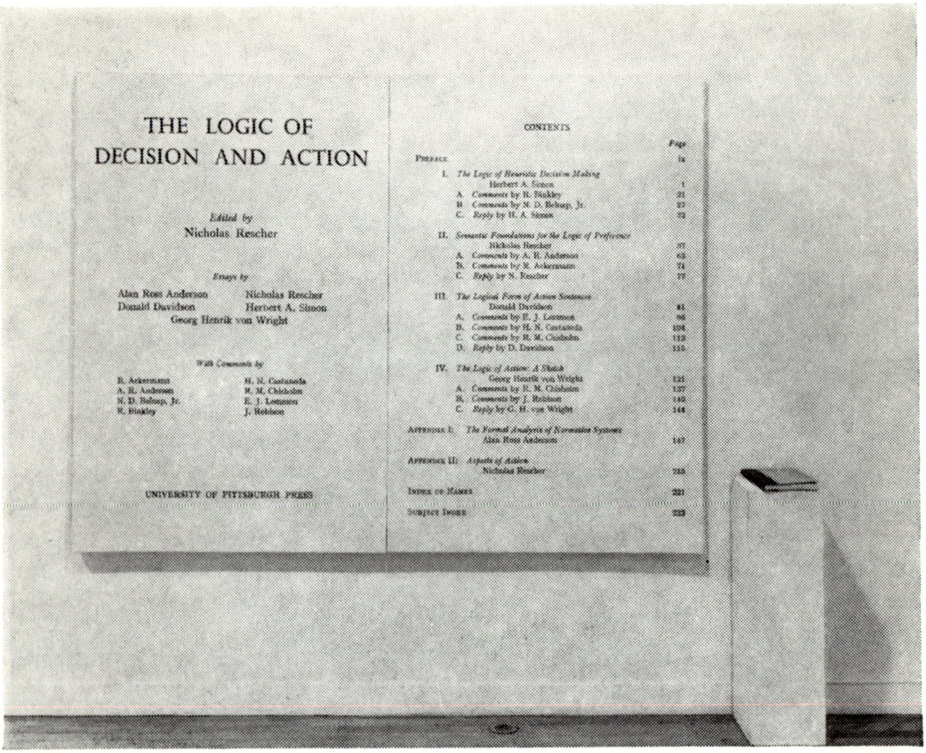

41 Bernar Venet, *The Logic of Decision and Action (Die Logik von Entschluß und Tätigkeit)*, 1969. Foto: 152,4 x 203,2 cm. Mit freundlicher Genehmigung des Künstlers

Empirisch		Ästhetisch
Wahl des Texts durch den Künstler / Wichtigkeit des Textes	≎	Die logische Struktur der Ästhetik / Texte werden vergrößert und zu Ausstellungszwecken aufgezogen
oder: Logik / Text	≎	Logik / Text

42 *Joseph Kosuth: Synopsis of Categories (1968)*

Der linguistische Konzeptualismus Joseph Kosuths ist ein Versuch, die Logik von Kunst in ihrer Parallelität zur Sprache zu erkunden. Kosuth eröffnet Aspekte der konzeptuellen Organisation von Kunst, indem er Kunstaussagen erarbeitet, die in sich selber Kunst als ein System gesellschaftlichen Herkommens spiegeln. In der *Synopsis of Categories* definiert der Künstler eine Klassifikationsgruppe und unterteilt dann jede Klassifikation in Abschnitte. Unter den einzelnen Abschnitten führt er eine Reihe von Ausdrücken auf, die einem Wörterbuch entnommen sind; sowohl Synonyme wie Antonyme der in einem Standardwörterbuch enthaltenen Ausdrücke sind mit aufgenommen. *Strukturell* ist die *Synopsis* durch vier *miteinander verbundene* Unter-Mengen vermittels der Semiotik von ERDE bestimmt.

a) Die Ausdrucksklassen
b) Gegenstände der Klassen
c) Einzelne Worteintragungen
d) Die Synopsis selber

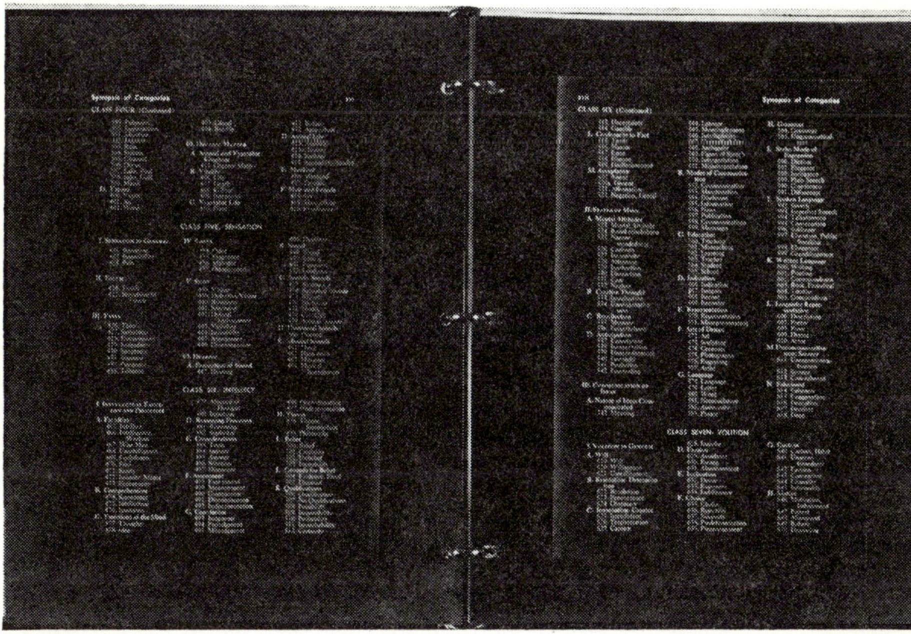

42 Joseph Kosuth, *Synopsis of Categories (Vergleichende Übersicht der Kategorien)*, 1968. Mit freundlicher Genehmigung des Künstlers. Foto mit freundlicher Genehmigung der Leo Castelli Gallery, New York. Foto: Politzer

Joseph Kosuth hat als Kunst-Forscher (Künstler) Konsequenz und Konzentration seiner Arbeiten immer weiter verstärkt, seit er 1965 mit *One and Three Chairs* seine erste Definition gab. Auch diese Arbeit (bestehend aus einem hölzernen Klappstuhl, einer vergrößerten Fotografie dieses Stuhls und einer Wörterbuchdefinition eines Stuhls) arbeitet mit drei untereinander verbundenen Unter-Mengen. Kosuth erinnert in seinen Schriften daran, daß die Philosophie vor fünfzig Jahren eben die Phase der inneren Erweckung durchlaufen habe, in die jetzt die Kunst eintrete. Indem er logische und linguistische Begriffe auf Kunst anwendet, behauptet Kosuth, und das mit Recht, daß Kunst ein analytisches System sei, dessen Stichhaltigkeit (nach A. J. Ayer) »allein von den Definitionen der in ihm enthaltenen Symbole abhängt«. Im Endeffekt sagt Kosuth damit, daß Kunst eine Form von Logik sei, die die Substitution jeder Objektgruppe, jeder Gleichheit oder jedes Gedankens als eines Aussageterminus gestatte, solange die syntaktischen Regeln des Systems beachtet werden. Daraus folgt, daß dieses Buch ein Versuch ist, einige dieser Regeln zu definieren und Erklärungen für ihr Vorhandensein zu liefern. Kosuth behauptet, solange man Kunst im Sinn von Kunstideen erörtere, werde das Ergebnis ein Austausch von Tautologien sein. Nur durch Bloßlegung der strukturellen Beziehungen zwischen Gedanken können wir über Kunst auf der ideologischen Ebene hinausgelangen, wie es die Philosophie nach 1914 tat.

Arbeiten wie die *Synopsis of Categories* werden in der Kunstwelt häufig abgelehnt, weil Kosuth Wörter statt bildlicher Elemente verwendet, um Zeichen zu repräsentieren. Im Grunde impliziert der Künstler, daß Kunst ein System von Zeichen sei, die immer evidentere Komponenten benötigen, um der Tendenz in Richtung auf größere Einfachheit gerecht zu werden.

Mel Ramsden von der Society for Theoretical Art and Analysis fertigte eine Wörterbucharbeit an, die derjenigen Kosuths ähnelt, aber nicht identisch mit ihr ist. Diese Anordnung von Wörterbuch-Kategorien, betitelt *Six Negatives,* wird folgendermaßen erklärt: »Die Synopsis von Kategorien wurde in 'Six Negatives' teilweise im Sinn eines Ready-made eingesetzt. Die Synopsis fungiert nicht spezifisch als ein Objekt (nach gewöhnlichem Verständnis), sondern vielmehr als Andeutung oder 'Bild' einer Totalität unserer Sprache und Gedanken, als eine 'Weltanschauung'. Diese Auswahl müßte imstande sein, das Vorhandensein dieser Totalität als ein System innerhalb der Arbeit aufzuzeigen, wobei die Idee des Wörterbuchs selber zum Teil die Idee der Arbeit bildete. Nachdem die Synopsis durch die 'Negationen' verändert ist, hat das 'Bild der Weltanschauung' seinen Sinn verloren, obwohl es noch immer als eine entstellende Bezugnahme fungiert. Dergestalt verweist die Synopsis auf das System, dem sie entstammt, doch nur als eine *Repräsentation,* da sie das System 'als Ganzes' ausschließen muß. Die Identifikation des Gesamtsystems mit dem neuen Kontext müßte die Einbeziehung von Bedeutung und Sinn eines Systems (und damit seine Funktion als ein Teil des Wörterbuchs) implizieren, dann bestände der Kunstzustand in jeder Hinsicht in der tatsächlichen Synopsis, und sie könnte logisch kein Kunstzustand mehr sein.« (Ian Burn, *Conceptual Art and Conceptual Aspects,* S. 23.)

Bei der Negation darstellerischer Merkmale und formaler Relationen als der Quintessenz des modernistischen Syndroms könnte es scheinen, daß Ramsden wie Kosuth für Zeichen Wörter statt bildlicher Elemente liefert. *Six Negatives* ist kein reines Ready-made (ÄTHER); es erinnert vielmehr an ein Semi-Ready-made. Ramsdens Substraktionen helfen in gewissem Sinn ebenso mit, die Arbeit zu definieren, wie die Wörter, die er übrig gelassen hat. Da die Arbeit 'Inhalt' enthält, kommt ihre Struktur LUFT am nächsten.

Empirisch		Ästhetisch
Die Auswahl von Ausdrücken durch den Künstler	≎	Negation verfügbarer Materialien
Mögliche Wahl von Klassen und Ausdrücken aus dem Wörterbuch		Druck und Fotografieren der ausgewählten Ausdrücke

43 *Daniel Buren: Photographic Souvenir of One of the Pieces Executed*

43 Daniel Buren, ***Photographic Souvenir of One of the Pieces Executed in Kyoto, Japan (fotografische Erinnerung an eines der Stücke, ausgeführt in Kyoto, Japan),*** 1970. Mit freundlicher Genehmigung des Künstlers. Foto: Hans Haacke

Natur	Kultur
———	———
Alle Arbeiten auf bedrucktem Papier mit 8,5 cm breiten vertikalen Streifen, abwechselnd weiß und in einer vom Künstler gewählten Farbe; man kann sie an jeder beliebigen Fläche im Raum oder im Freien anbringen.	Das System hat nur auf der elementarsten Ebene der Gestaltwahrnehmung eine Bedeutung.
Das System aus gestreiftem Papier an einer bestimmten Stelle.	*Buren beharrt unnachgiebig darauf, daß sein System keinen 'Inhalt' habe, weder auf der visuellen noch auf einer metasprachlichen Ebene.*
Burens schriftliche Äußerungen über seine eigene Arbeit und über die Kunst anderer Künstler; Michel Clauras Schrift über Buren.	Burens Entschluß, keinen Kommentar über Inhalt oder Struktur seiner Kunst (WASSER) abzugeben, ist in sich schon eine metasprachliche Feststellung.

Daniel Burens Arbeit läßt sich ohne formale Weiterentwicklung oder illusionistische Implikationen ad infinitum wiederholen. Buren hat Lévi-Strauss und Barthes genau gelesen, von daher weiß er, daß Termini in einer natürlichen Reihe oder Signifikanten einen Widerpart finden müssen, andernfalls bleiben sie Nicht-Kunst. Nichtsdestoweniger besteht er darauf, daß seine Kunst 'ungerahmt' bleibe, während sämtliche Kunst im Geschichtszusammenhang 'gerahmt' sei. Doch in Wirklichkeit ist der 'Rahmen' oder der seiner Arbeit entgegenstehende kulturelle Terminus die historische formale Kategorie. Das gilt auch für gewisse neue Arbeiten der Concept Art, wo ein 'Objekt' im Sinn latenter Kunstanschaulichkeit geschaffen wird. Wie Barthes behauptet, verwandelt das Fehlen jeglichen spezifischen Signifikats in der Sprache einen Signifikanten auf einer anderen Ebene in ein Signifikat; das ist Kunst 'auf dem Nullpunkt', wo ein Zeichensystem die Kraft erhält, aus dem Nichts Bedeutung zu schaffen.

Burens Artikel ›Beware!‹ (*Studio International*, März 1970), ist vermutlich die bislang bündigste Äußerung über Malerei und die kunsthistorische Krise. In höchst geschickter Weise, aber theoretisch nicht sehr tiefgründig, kommt der Autor auf die Fragen des Illusionismus, der (kommerziellen, ästhetischen und hypnotischen) Repetition, der Anonymität (und ihrer Gegenstücke), des Blickpunkts oder des Kontexts, wie er sich auf Kunstaussagen auswirkt, zu sprechen. Die weitere Implikation von Burens Arbeit besteht darin, daß er ihr destruktives Potential als das einer politischen Aussage mit weitreichenden Folgerungen erkennt. Er schreibt: »Man kann bestätigen, daß alle Kunst bis zum heutigen Tag einerseits *empirisch* und zum anderen aus idealistischem Denken heraus geschaffen wurde. Falls es möglich sein sollte, wieder zu denken oder theoretisch-wissenschaftlich zu denken und zu schaffen, wird es zum Bruch kommen, und damit wird das Kunstwerk die – zahlreichen und voneinander abweichenden – Bedeutungen verloren haben, die es im Augenblick belasten. Dieser Bruch ist und wird das logische Resultat einer theoretischen Arbeit in dem Augenblick sein, da die Kunstgeschichte (die erst noch zu machen ist) und ihre Anwendung theoretisch ins Auge gefaßt sind oder sein werden; Theorie und nur Theorie kann, wie wir gut wissen, eine revolutionäre Praxis ermöglichen. Außerdem ist und wird Theorie nicht nur untrennbar von ihrer eigenen Praxis sein, sie kann und wird vielmehr ihrerseits imstande sein, andere ursprüngliche Arten von Praxis entstehen zu lassen.«

Buren beendet seine Ausführungen so: »Wir sind uns bewußt, daß diese Darlegung von Fakten ziemlich didaktisch sein mag; nichtsdestoweniger halten wir es für unerläßlich, in dieser Zeit auf diese Weise fortzufahren.« (A. a. O., S. 104)

IV Marcel Duchamp: Magister Ludi

»An den Künstler glaube ich;
die Kunst ist eine Fata Morgana.«

(Marcel Duchamp in einer 1964 aufgezeichneten Fernsehsendung)

Man könnte damit beginnen zu fragen, warum sich Marcel Duchamp die Mühe machte, ein Buch über eine sehr seltene Situation beim Schachspiel zu schreiben. Das Buch mit dem Titel *L'Opposition et les Cases conjuguées sont reconciliées* aus dem Jahr 1932 behandelt die Züge eines Endspiels, bei dem, abgesehen von einigen blockierten Bauern, nur noch die Könige auf dem Brett stehen. Eine derartige heikle Lage zwingt dazu, daß beide Könige äußerst vorsichtig ziehen, dabei bestimmte Felder unbedingt vermeiden, sich zugleich aber synchron über das Brett bewegen, ohne einander überhaupt zu beachten (oder diesen Anschein zu erwecken). Die Autoren dieser Abhandlung, Duchamp und Vitaly Halberstadt, erkannten als erste, daß diese Züge (unter Zugzwang) logisch aufeinander bezogen sind. Ein Rezensent ihres Buchs bemerkte, daß die Autoren den Gedanken der Opposition im Schachspiel zu den kontrastierenden Begriffen der *orthodoxen* und der *heterodoxen* Opposition erweiterten. Heterodoxe Opposition, so behauptet er, sei einfach eine Erweiterung der Techniken, die bei der orthodoxen Opposition Anwendung finden. Doch der Gebrauch von Methoden, die über die gewöhnliche Opposition hinausgehen, ist gleichfalls impliziert. Könnte es sein, daß Duchamp in Wirklichkeit die Strategien ausarbeitete, die ein Künstler bei einem Endspiel in der Kunst anzuwenden hätte?

Vom vorangegangenen Kapitel her ist evident, daß dann, wenn sich die brauchbaren Termini von Kunst verringern, diejenigen Termini, die Oppositionen vervollständigen, zunehmend unorthodox werden. Wir sollten noch auf zwei weitere Faktoren eingehen. Arturo Schwarz übersetzte den Schachbuchtitel so ins Englische: *Opposition and Sister Squares are Reconciled;* das bezieht sich auf das Prinzip der *doppelten Opposition,* das die für Kunst und Sprache bestimmenden semiotischen Beziehungen beherrscht, nämlich die vierteilige Matrix des realen Systems und die FEUER-WASSER- und die LUFT-ERDE-Beziehungen, die Grundtypen von Kunst definieren. Für den Schutzumschlag des Buches fotografierte Duchamp eine Darstellung des Titels *Das Große Glas:* große, zwischen Glasplatten schräg in die Sonne gestellte Zinklettern. Und in der Tat erhalten die Sonne und die Farbe Gelb bei der Gestaltung des *Großen Glases* eine zentrale Bedeutung. Im Januar 1914 fertigte Duchamp eine seltsame Zeichnung einer über die Lenkstange eines Fahrrads gebeugten Gestalt an, die mit großer Anstrengung bergauf der Sonne entgegenfährt; das Blatt ist betitelt: *avoir l'apprenti dans le soleil.*

Einige Kritiker haben das Empfinden, diese Zeichnung stelle als Vorstudie zum *Großen Glas* Duchamp selber dar; das mag der Fall sein, zugleich aber artikuliert sie die Situation jedes Künstlers, der durch sein eigenes Werk nach künstlerischer Einsicht strebt. Vielleicht war nur Duchamp nicht von der Sonne, einem Symbol der Erleuchtung, geblendet.

Wenn Duchamp feststellt, daß »alle Schachspieler Künstler sind«, könnte er auch behaupten, daß alle mit der Sprache Vertrauten den Mechanismen der Kunst sehr nahestehen. Robert Lebel berichtet, schon 1911 hätten Duchamp und Picabia verschiedene Einsichten ins Wortspiel und seine konzeptuelle Bedeutung für die Kunst gewonnen, und zwar dank einer Vorstellung von Raymond Roussels *Impressions d'Afrique* (Lebel, *Marcel Duchamp*, S. 15). Nach den Ausführungen von Schwarz scheint es wahrscheinlich zu sein, daß Duchamp 1912 oder 1913 die wesentlichen Beziehungen zwischen Sprache als einem sich entwickelnden Komplex von Positionszeichen und Kunst als ihrem semiotischen, aber vielleicht einfacheren Gegenstück begriffen hat (Schwarz, *A New Society and a New Language*, S. 28–30). Und in der Tat berichtet Schwarz von Duchamps Wunsch, »die Signifikanz der Sprache von Wörtern in Zeichen zu überführen, in einen visuellen Ausdruck des Worts, ähnlich dem Ideogramm des Chinesischen« (ebd., S. 29). Einigermaßen detailliert legt der Autor dar, wie sich dieser metaphorische Ausdruck von Zeichen auf das Geheimnis des *Großen Glases* bezieht. Die 'neuen' grammatischen Beziehungen, die Duchamp anstrebte, sind teilweise phonetisch abgeleitet. Duchamp gibt zu verstehen: »Wenn das, was man will, eine grammatische Regel ist: dann stimmt das Verb klanglich mit dem Subjekt überein; beispielsweise *le nègre aigrit, les négresses s'aigrissent ou maigrissent* und so fort.« (Ebd., S. 30.) Hier liegt natürlich Roland Barthes' Beobachtung vor, daß die höchste Kreativität daraus hervorgeht, wenn man die Termini eines Systems sich in die syntagmatische Ebene hinein erstrecken läßt, so daß sie sprachlich vereinigt werden. Einige Zeit vor der Veröffentlichung dieser Wortspiele übertrug der Künstler phonetische Verschiebungen in den Bereich der Objekte und ihrer Zusammenhänge. Der *Porte-bouteille* von 1914 wird zum Tatbestand der Veränderung oder Zerstörung von systematischen Beziehungen, nämlich der Entfernung des Gegenstands aus der Küche und seiner Aufstellung in einer Kunstgalerie. (Auf weniger bewußte Weise taten Picasso und Braque ab 1911 das gleiche mit Collagematerialien.) So hat es den Anschein, als sei Duchamps Feststellung: »Es gibt keine Lösung, weil es kein Problem gibt«, aus der Einsicht hervorgegangen, daß Kunst ein empfindliches System von Zeichen und Werten ist, in dem jede 'Lösung' in der Tat ein Schritt in Richtung daraufhin ist, die Möglichkeit weiterer Lösungen zu eliminieren. Es gibt nichts Derartiges wie ein 'Kunstproblem', weil Kunst als ein seiner selbst bewußtes System sich nur dadurch weiterentwickelt, daß sie in problematischer Form existiert. Die Unbeständigkeit der Kunst ist, wie Duchamp oftmals zu verstehen gab, ein Todeswunsch. In einer Anmerkung über Ready-mades zitiert Schwarz aus einem Gespräch zwischen Lévi-Strauss und Georges Charbonnier, in dem Lévi-Strauss sagt: »Ich meine, wir befinden uns am

Rand einer Verwirrung, die äußerst gefährlich sein könnte. Nicht jedes Objekt an sich ist ein Kunstwerk, vielmehr führen bestimmte Anordnungen und Dispositionen von Objekten, bestimmte Beziehungen zwischen Objekten zu einem Kunstwerk. Genau so wie beispielsweise bei der Sprache. Für sich genommen, haben Wörter nur eine schwache oder gar keine Bedeutung. Sie nehmen erst in einem Kontext wirklich eine Bedeutung an.« (Ebd., S. 38.)

Kann uns dies im Sinn dessen, was wir – aus Wortspielen und Titeln – über Duchamps Beherrschung von Sprachsubtilitäten wissen, etwas über das *Große Glas* sagen? Schwarz hat festgestellt, daß sich der Titel *La Mariée mise à nu par ses célibataires, même* so lesen läßt, daß ›même‹ zu ›m'aime‹ wird und dann heißt: ›Die Neuvermählte, von ihren Junggesellen entkleidet, liebt mich‹ (ebd., S. 79). Duchamp deutet ganz einfach an, daß viele Künstler versuchen, Kunst zu erobern oder zu kultivieren, Duchamp sie aber schon hat. Octavio Paz erwähnt, daß die Verwendung des Ausdrucks ›célibataire‹ sich nicht auf Freier oder Verlobte bezieht, sondern vielmehr auf Männer – Junggesellen –, deren Stellung, soweit es sich um Ehe handelt, ziemlich negativ erscheint. Der Ausdruck ›mise à nu‹ spielt nach Paz nicht auf Liebe an, sondern auf etwas weit Brutaleres, nämlich ein öffentliches Ausziehen. Daher deutet Duchamp an, daß Duchamp, obgleich Künstler, zu gegebener Zeit die Kunst ihrer Bedeutungskraft berauben will – dies bereits getan hat – daß er eine Braut zurückgelassen hat, die keine Jungfrau mehr ist.

In seinen Anmerkungen zur *Grünen Schachtel* spricht der Künstler vom *Großen Glas* als »einer Welt in Gelb«. Schwarz erfaßt die revolutionären und ambivalenten Eigenschaften des Worts ebenso wie seine Bedeutung als Eros-Symbol. In umfassenderem Sinn steht es für die kreative Kraft selber ein.

EROS = Kunst = Sprache

Gelb ist überdies ein Zeichen für Hoffnung, wie Lüscher in seinem Farb-Persönlichkeitstest zu verstehen gibt: Wenn Gelb an erster Stelle gewählt werde, lasse das den Wunsch nach Befreiung oder die Hoffnung auf größeres Glück erkennen, und es verweise auf einen kleineren oder größeren Konflikt, aus dem eine Befreiung nötig gewesen sei. Diese Hoffnung auf Glück in all seinen zahllosen Formen vom sexuellen Abenteuer bis zu den Erkenntnis und Vollkommenheit vermittelnden Philosophien sei stets zukunftsbezogen; Gelb dränge vorwärts, in Richtung auf das Neue, das Moderne, das sich Entwickelnde und das Ungeformte (nach Scott, *The Lüscher Color Test*, S. 63). Das *Glas* stellt natürlich Duchamps Sieg über die Kunst dar, und es befreit ihn zugleich von der Verpflichtung, Kunst zu schaffen. Robert Lebel versteht das *Glas* als eine Art Katharsis, die mithalf, den Künstler von früheren Neurosen zu befreien. Das *Glas* befreit Duchamp, weil es symbolisch das evolutionäre Muster künftiger Kunst vorhersagt. Auf ähnliche Weise bezieht sich Duchamps Untertitel *Verzögerung in Glas* nicht auf etwas Visuelles, sondern vielmehr auf die Tatsache, daß die Fertigstellung des *Großen Glases* eine Sache des Wartens ist, bis erkannt wird, daß avantgardistische Kunst wesentlich ein geschlossenes System ist. Das ist vermutlich der einzige Grund dafür, daß Duchamp 1923 aufhörte, an dem Projekt zu arbeiten.

Schließlich wird dann auch eine vollständigere Analyse von Duchamps Notizen zur *Grünen Schachtel* möglich sein, da sie das verbale Gegenstück zur Ikonografie des *Glases* darstellen. Hier jedenfalls sind zwei Bemerkungen aus dem Vorwort wichtig (Duchamp, *Hamilton, and Hamilton*). In der ersten scheint sich Duchamp völlig der Möglichkeiten – »entsprechend gewissen Gesetzen« – bewußt zu sein, die allen Signifikanten und Signifikaten gegeben sind. Er stellt sogar einen »algebraischen Vergleich« an:

$\frac{a}{b}$ a als die Exposition
b als die Möglichkeiten

der Quotient $\frac{a}{b}$ ist keineswegs bestimmt durch eine

Zahl c $\frac{a}{b} = c$, sondern durch das Zeichen (—), das

sowie sind, werden sie
a und b trennt; a und b sind 'bekannt' , sie werden
neue
Einheiten und verlieren ihren numerischen Wert (oder im Fortbestand);

des Quotienten
; das Zeichen —, das sie trennte, bleibt (Zeichen der

?
Übereinstimmung oder eigentlich der . . . . . . Suche danach) (Übersetzung nach dem Original von Duchamp)

Duchamp gibt sich an dieser Stelle große Mühe, deutlich zu machen, daß seine Verwendung des Quotientensymbols nichts mit einer Teilung zu tun hat, sondern vielmehr eine andere Wertverschiebung betrifft. »Exposition« (a) bezieht sich auf Signifikant oder Syntagma, während sich die »Möglichkeiten« (b) auf Signifikat oder System beziehen. So bedeutet ein »Zeichen der Übereinstimmung« aller Wahrscheinlichkeit nach, daß die beiden Teile eine semiologische Funktion ausüben.

In der Hamilton-Ausgabe der *Grünen Schachtel* schließt sich darauf eine frühe Notiz aus dem Jahr 1912 an. Sie lautet auszugsweise: »Die Maschine mit fünf Herzen, das reine Kind aus Nickel und Platin muß die Straße vom Jura nach Paris beherrschen. Einerseits wird die Anführerin der 5 Akte den anderen 4 Akten in Richtung auf diese Jura-Paris-Straße voraus sein. Andererseits wird das Scheinwerferkind das Instrument zur Eroberung dieser Jura-Paris-Straße sein.« Die »Maschine mit fünf Herzen« ist der alchemistische Stein, die große Pyramide oder die semiotische Struktur, die ÄTHER, FEUER, LUFT, WASSER und ERDE umschließt. In der Realität verläuft die Straße Jura–Paris vom Jura an der Schweizer Grenze nach Paris. Außerdem gibt es ein Jura-Gebirge auf dem Mond. Da der Mond ein Symbol des Weiblichen und des Natürlichen ist, sieht es ganz so aus, als impliziere Duchamp, daß die 'Kunstevolution' die Verbindungslinie vom völlig Kulturellen zum total Natürlichen sei. Die »Anführerin der 5 Akte« spielt auf Picasso und sein entscheidendes kubistisches Gemälde von 1907, *Les Demoiselles d'Avignon*, an. Das »Scheinwerferkind« jedoch ist Duchamp. Er stellt fest, daß der Weg des Kubismus – 'Netzhautmalerei' – die Kunst wohl verdüstern dürfte, daß aber letzten Endes er selber mit seinen Einsichten die Kunst beherrschen werde. Duchamp fährt fort: »Das Scheinwerferkind könnte grafisch ein Komet sein, der den Schweif vorne hätte, wobei dieser Schweif ein Anhängsel des Scheinwerferkindanhängsels wäre, das diese Jura-Paris-Straße durch Zerkleinern (bildlich von Goldstaub) schluckt.«

Ein Komet mit dem »Schweif vorne« ist die Flugparabel von Duchamps Arbeit zwischen 1911 und 1926. In dieser kurzen Zeitspanne gelang es ihm, auf irgendeine Weise praktisch jede Kunstbewegung vorwegzunehmen, die später in der Kunstgeschichte in Erscheinung trat. Daraus folgt, daß der Kometschweif den Inhalt, nämlich alle neuen Arbeiten entlang der Straße vom Jura nach Paris, »schluckt«.

»Die Jura-Paris-Straße, die nur menschlich unendlich zu sein hat, wird nichts von ihrem Unendlichkeitscharakter verlieren, wenn sie an ihrem einen Ende in der Anführerin der fünf Akte und am anderen im Scheinwerferkind eine Begrenzung findet. Der Ausdruck 'unbegrenzt' scheint genauer zu sein als unendlich. Die Straße beginnt bei der Anführerin der 5 Akte und endet nicht im Scheinwerferkind.« Die Jura-Paris-Straße erscheint nur deshalb als »unendlich«, weil kein Künstler außer Duchamp die nötige Erkenntnis hatte, um einzusehen, wie die Kunst enden würde. Eine einleuchtendere Interpretation könnte besagen, daß Duchamp nie das Ende der Kunst schlechthin vorhersagte, sondern nur das Ende ihrer modernen historischen Phase. Kunst bleibt eine Angelegenheit des Realisierens von unendlichen Variationen vermittels allgemein akzeptierter Zeichensysteme. Die Straße ist nichtsdestoweniger »unbegrenzt«, weil sie ein zeitlicher Weg ist, und keine Angelegenheit der Distanz. Während der Weg mit den Entdeckungen Picassos weiterführt, weigert sich Duchamp als das »Scheinwerferkind«, ihn zum Abschluß zu bringen; das überläßt er künftigen Künstlern. Seine Aufzeichnung endet damit, daß er Malerei als ein semiotisches System in zunehmendem Verfall beschreibt. Schließlich werde die Malerei »ohne topografische Form« (rein konzeptionell) sein, »die sich im Scheinwerferkind zum Unendlichen hin öffnet«. Duchamp schließt mit der Feststellung, seine Allegorie über Entwicklung und Beendigung von Kunst werde durch die Verwendung von Holz für die Jura-Paris-Straße gekennzeichnet werden, und Holz war das zuerst für die Oberfläche der *Mariée mise à nu* vorgesehene Material.

Die Struktur des *Großen Glases* ist zweiteilig: eine obere weibliche Hälfte und eine untere männliche Hälfte. Diese diptychale Anordnung korrespondiert mit dem $\frac{a}{b}$ oder dem Signifikant-Signifikat-Verhältnis in den ersten Bemerkungen der *Grünen Schachtel.* Daraus folgt, daß die Frau-Mann-Beziehung mit den von Lévi-Strauss aufgestellten Natur-Kultur-Dichotomien übereinstimmt. In stilistischer Hinsicht bezieht sich die »Exposition« oder die weibliche Hälfte auf den Kubismus oder den Modus der Kunstbetätigung, den die »Anführerin der fünf Akte« etablierte, während die untere Hälfte – jene »Möglichkeiten« oder die gegen das System gerichteten Kunstmittel, die Duchamp selbst erarbeitete – strikt aus antikubistischen Tätigkeiten abgeleitet ist. So ist, allgemein gesehen, der obere oder Neuvermählten-Teil des *Glases* historisch orientiert, während der untere oder Junggesellen-Teil in seinen Implikationen ahistorisch oder sogar antihistorisch ist. Das bekräftigt abermals die Beziehung des Kunsthistorikers zum Künstler in einer diachronischen mythischen Struktur: Macht über alle ideale Zeit im Gegensatz zur Macht über den Augenblick.

Mit den gegebenen Hinweisen bleibt es lediglich eine Sache der Geduld und der Gelehrsamkeit, die Ikonografie des *Großen Glases* aufzuschlüsseln. Da es nicht unsere Absicht ist, eine volle Darlegung des Werks zu geben, werden wir nur auf einige Einzelheiten so weit eingehen, bis deutlich wird, daß das *Glas* tatsächlich eine in sich stimmige Allegorie auf die Entwicklung der modernen Kunst im Sinn von Duchamps eigener psychosexuellen Katharsis ist. Man fragt sich, ob Arturo Schwarz in die Geheimnisse des Künstlers eingeweiht wurde. Unter allen Biografien und Interpreten Duchamps bietet er die frappierendsten Einblicke in die dem *Glas* zugrundeliegende Bedeutung.

Die Neuvermählte auf der ästhetischen oder selbstbezüglichen Ebene befindet sich im Zustand der Kunst in der modernen Welt. Wie Lebel zu verstehen gibt, ist »diese Jungfrau ... dazu bestimmt, Gattin zu werden, wenigstens theoretisch, denn der Genuß wird sie, wie Duchamp betont, in Verfall bringen, und es kommt für sie nur noch darauf an, sich in einem gewissen zweifelhaften Mittelzustand zu erhalten« (a. a. O., S. 30). »Mittelzustand« besagt, daß es ihr, obwohl sie laut Duchamp keine Jungfrau mehr ist, durch totalen Genuß unmöglich würde, überhaupt zu existieren. Die Neuvermählte ist eine Art 'Apotheose der Jungfräulichkeit', mit anderen Worten: eine Verherrlichung eines früher einmal vorhandenen Zustands. Verbindungen zwischen der Neuvermählten und den Junggesellen vermittels des Entkleidungsvorgangs sind 'elektrisch', mithin unsichtbar und physikalischer Natur. Duchamp fügt dann die Formulierung hinzu: »Kurzschluß nach Belieben«, und das will sagen, daß er die Entkleidungsroutine vermittels seiner eigenen Ready-mades und optischen Experimente übers Knie bricht.

Er spricht von der Neuvermählten als einer »Art Automobilin mit ganz schwachen Zylindern«, deren »Wunsch-Räderwerk ... nur die Kordel ist, die den Blumenstrauß zusammenhält«. Die Neuvermählte ist der verkümmerte Kunstimpuls der modernen Epoche, der nur durch das Verlangen am Leben bleibt, die Neuvermählte zu besitzen. Das »kinematische Blühen« der Neuvermählten ist die in der Retrospektive gesehene künftige Entwicklung der Malerei – das tritt ziemlich deutlich zutage. Duchamp beschreibt auch, wie die Neuvermählte sich entblößen wird: »Der erste (Gesichtspunkt) ist die Entkleidung durch die Junggesellen, der zweite ist die eingebildete freiwillige Entkleidung der Neuvermählten.« Es leuchtet ein, daß dann, wenn Künstler die Kunst ihrer signifikatorischen Kraft entkleiden, die Kunst die ihr zugrundeliegenden logi-

44 Marcel Duchamp, *Die Neuvermählte von ihren Junggesellen entkleidet (Das Große Glas)*, 1915–1923. Öl und Draht auf Glas, 287 x 175 cm. Mit freundlicher Genehmigung des Philadelphia Museum of Art. Sammlung Louise und Walter Arensberg. Foto: A. J. Wyatt

schen Mechanismen preisgeben oder enthüllen wird. Die Neuvermählte wird zuweilen als das »Pendu femelle«, wortwörtlich als das Gehenkte Weibliche bezeichnet. Schwarz gibt zu verstehen, daß Duchamp die Neuvermählte hingerichtet habe, ehe sie Gelegenheit gefunden habe, ein Verbrechen zu begehen. Doch ebenso trifft zu, daß das Aufhängen von Bildern zu gegebener Zeit zum Verfall der Neuvermählten beitragen wird, wie Duchamp eben die Neuvermählte barmherzig vor der öffentlichen Hinrichtung dadurch rettete, daß er sie vorher tötete (mit ihr Geschlechtsverkehr hatte und Inzest beging).

Den oberen Teil des Neuvermählten-Abschnitts im *Großen Glas* füllt eine graue wolkige Zone, die abwechselnd »Inschrift oben«, »Milchstraße« oder das »kinematische Blühen« genannt wird. Diese Zone ist durch drei halbwegs quadratische Löcher gegliedert, die als »Luftlöcher«, »Tripel-Chiffre« oder »Netzwerke« angesprochen werden. Eben sie liefern der Neuvermählten-Maschine die Kraft, während sie zugleich die Befehle der Neuvermählten determinieren. In seinen Anweisungen für eine »bewegte Inschrift« schlägt Duchamp vor, eine Reihe alphabetischer Einheiten (vielleicht A, B, C, D ... und so fort) hinzuzufügen und sie als eine Abfolge fotografischer Negative gleichzeitig übereinanderzuschichten. Sie hätten in den von den Luftlöchern geschaffenen Flächen in das *Glas* geätzt werden sollen, doch das erwies sich als technisch zu schwierig. (Überflüssig zu sagen, daß Jasper Johns eine ganz ähnliche Reihe von Zahlen- und Buchstabenbildern anfertigte.) Duchamp erkannte (vermutlich um 1913 oder 1914), daß ikonische Zeichen eine Syntax aufweisen, die sich in verschiedene vorhandene Bildkonventionen einfügen und ihnen auferlegen läßt. Zeichen, Zahlen oder Buchstaben fungieren gleich gut bei der Demonstration des Sachverhaltes, daß modernistische Ästhetik auf der Reduktion signifikanter Termini beruht. Infolgedessen definieren diese Inschriften den Zustand der Kunst und erteilen dabei der Neuvermählten »Befehle«. Später, aber nicht endgültig, wurden diese Inschriften in *Abdrücke* von drei über die Milchstraße gelegten Gazenetzen umgewandelt; die bildschirmartigen Einprägungen wurden damit zu Symbolen leerer Leinwände, auf denen sich später Kunst (vergangene, gegenwärtige und zukünftige) eintragen ließe: »Dann entferne man sie, so daß nichts bleibt als ihr kräftiger Abdruck, das heißt die *Form*, die alle Kombinationen von Buchstaben zuläßt, die über besagte Tripelform geschickt werden, alle Befehle, Anordnungen, Verfügungen usw., die sich mit den Schüssen und der Ergießung verbinden müssen ...« (Duchamp, *Hamilton, and Hamilton.*)

In der mittleren rechten Zone des Neuvermählten-Abschnitts findet sich die letzte Gruppe von Elementen: die Neun Einschüsse. Das sind neun umrandete (später gebohrte) Löcher, in ihrer Lage dadurch bestimmt, daß eine Spielzeugkanone neunmal auf einen festgelegten Zielpunkt auf dem *Glas* abgeschossen wurde. Höchstwahrscheinlich stellen diese Punkte, eine Mischung aus Zufälligkeit und Kunstfertigkeit, die Bemühungen einzelner Künstler dar, in die Neuvermählte einzudringen. Duchamp schreibt in seinen Anmerkungen: »Bei maximaler Kunstfertigkeit reduzierte sich diese Projektion auf einen einzigen Punkt (das Ziel). Bei gewöhnlicher Kunstfertigkeit wird diese

Projektion zu einer Vermultiplikation des Ziels.« Damit sagt Duchamp letzten Endes, daß jeder Künstler mit einem tiefen Verständnis für Kunst sie in ein System verwandeln kann, während normalerweise selbst die besten Künstler einfach die signifikatorische Befähigung der Kunst verringern.

Als Erzeuger des *Großen Glases* nimmt Duchamp ein spezifisches und ambivalentes Verhältnis zu seinen männlichen und weiblichen Komponenten ein. Zuweilen deutet er einen Gegensatz zu beiden und eine Identität mit beiden an. Duchamps Rolle als Rrose Sélavy (sein von ihm gewähltes weibliches Alter Ego) und sein Beharren darauf, daß Kunst einen Gleichgewichtszustand zwischen männlichen und weiblichen Merkmalen verlange, machen sich beispielsweise in der Beschreibung der Inschrift oben oder der Milchstraße geltend. Im Französischen läßt sich ›Voie Lactée‹ (Milchstraße) auch als ›voile acté‹ oder ›agierter Schleier‹ aussprechen. Mit anderen Worten: die Inschrift oben ist der Neuvermähltenschleier, aber auch der Schutzschirm, der die tiefere Bedeutung jedes Kunstwerks vor dem Betrachter verbirgt. Arturo Schwarz stellt in seinen Ausführungen über den androgynen Charakter der Inschrift oben fest, daß nur in dieser Zone die Mischung zwischen dem Wasser der Neuvermählten und dem Gas des Junggesellen zustande kommt. Offensichtlich repräsentiert die Inschrift oben die künstlerische Synthese.

Ursprünglich hatte Duchamp für den unteren Teil des *Glases* acht Junggesellen in Gestalt »Männlicher Formen« vorgesehen. Später wurde ein neunter Junggeselle oder Bahnhofsvorstand hinzugefügt. Man könnte sich denken, daß die ursprünglichen Formen die acht Bauern im Schachspiel darstellen. Und es ist auch möglich, daß die neunte Duchamp als »Bahnhofsvorstand« oder Führer in die Zukunft versinnbildlicht. Schwarz stellte fest, daß die Zahl Drei und Vielfache von Drei das ganze *Glas* beherrschen, und für Duchamp symbolisierte die Drei, in die zweite Potenz erhoben, als die Neun Vielzahl oder Masse. So daß Duchamp, indem er über den üblichen Schwarm von Künstlern hinausgeht, zugleich doch auch einer von ihnen ist. Überdies sollten die »Männlichen Formen« in verschiedenen Farben gemalt werden (dies unter Bezugnahme auf Baudelaires Essay über den Salon von 1846, worin der Dichter bemerkt, die universale Gleichheit habe eine unabsehbare Anzahl von Männern hervorgebracht, die nichts als Leichenbestatterstatisten in gleichförmigen, kaum voneinander unterschiedenen tristen Uniformen seien). Doch die männlichen Formen blieben in ihrer roten Bleiuntermalung stehen, wodurch sie vielleicht die ursprüngliche Todesfarbe symbolisieren. Duchamp prägte das Wort ›mâlic‹ (›männlich‹), das seinerseits an ›male‹, ›metallisch‹ und ›malic acid‹ (Apfelsäure) denken läßt, aber auch an das deutsche ›malen‹. Daher repräsentieren für Duchamp die »Neun männlichen Formen« *(Neuf Moules Mâlic)* ein gefühlloses oder blickloses Fragment der Menschheit, als Künstler posierend – Leute, die unterschiedliche Kleider tragen und auf verschiedene Weise auftreten. Als eine Gruppe – nicht als Individuen – schätzte er offensichtlich seine Kollegen gering ein. Auf einer anderen Ebene deutet er an, daß die meisten Künstler eine *Uniform* benötigten, um sich von ihrer eigenen Identität zu überzeugen. Man erinnert sich daran, daß sich Duchamp im zweiten Teil seines Lebens von der Rolle des Künstlers zurückzog, zugleich aber nie sein eigenes Künstlertum verleugnete. Indem er die männlichen Formen als hohle, mit dem 'Leuchtgas' aus der Neuvermähltenmaschine gefüllte Gestalten auffaßt, bestätigt er erneut, welche Rolle das Verlangen nach Ruhm und Anerkennung im durchschnittlichen Künstlerleben spielt.

Aus einem Flußdiagramm, das Richard Hamilton von den Teilen des *Großen Glases* anfertigte, wird einsichtig, daß diese Arbeit nicht nur eine Zusammenfassung von Duchamps Empfindungen zu Kunst und Leben darstellt, sondern auch die Art und Weise, wie Ideen in Kunst umgeformt (oder umgewandelt) werden. Der untere Teil registriert die Kompliziertheit von Kunst als ein menschlich-psychologisches Problem, während sich der obere Teil mit jenen sozio-psychologischen Phänomenen befaßt, die dafür verantwortlich sind, daß nur *bestimmte* Objekte Kunst werden. Hamiltons Diagramm zeigt auf, daß trotz mehrerer Rückkoppelungsschleifen das 'Liebesbenzin' der Neuvermählten allgemein im Uhrzeigersinn fließt, während das 'Leuchtgas' und das 'Schimmern' der Junggesellen gegen den Uhrzeigersinn gerichtet sind. Daher kommt die Zone der künstlerischen Umwandlung oder, nach dem Sprachgebrauch Duchamps, das »Spiegelbild der Ergießung« auf die rechte Seite des *Glases* zu liegen. Das »Spiegelbild« bezieht sich vermutlich auf die Umkehrung von Termini, die nötig ist, damit sich ein Kunstwerk herstellen läßt. Hier, in der Zone der Spiegelung und neben dem einmal vorgesehenen »Entkleidungsmechanismus«, findet man die offenbar metaphysischen Mittel, dank deren neue Kunstwerke den Kunstzustand verändern. Diese Mechanismen auf der rechten Seite des *Glases* (die vielleicht die Zukunft repräsentiert) sind die am wenigsten vollendeten. Wenn sie, wie es ganz den Anschein hat, auch die Entleerung von Kunst bezeichnen, folgt daraus, daß dies als 'Übermittlung' von Ereignissen fungiert, die irgendwann nach Duchamps 'Unvollendung' des *Großen Glases* eintreten werden.

Die Mechanismen sowohl der Neuvermählten wie der Junggesellen enthalten mehrere Hinweise auf Y-förmige Spindeln und Haken. Schwarz interpretiert sie als Symbole der Bisexualität und der Unsterblichkeit, dazu auch als religiöse Traditionen, die die beiden Züge verbinden. Falls das *Glas* tatsächlich das Muster moderner künstlerischer Kreativität aufschlüsselt, dann scheint die Identifikation mit Unsterblichkeit durchaus gut angebracht (die auf den Kopf gestellte Gabel des Fahrrad-Rads und seine Anspielung auf das Karma im ersten Ready-made des Künstlers nicht zu vergessen).

Rechts vor den Männlichen Formen hat Duchamp ein metallgerahmtes Gebilde auf Läufern angebracht, das abwechselnd »Wagen«, »Schlitten« oder »Gleitapparat« genannt wird. Der Wagen bewegt sich auf einer sehr kurzen Spur vor und zurück. Seine »Litaneien« oder sein »Exposé« sind Wendungen wie »Träges Leben«, »Circulus vitiosus«, »Onanie«, »Billige Konstruktion«, »Exzenter« und »Monotones Schwungrad« – wie um zu sagen, daß Kunst unveränderlich auf die gleiche Weise aus einfachen Materialien gemacht wird; Kunst macht nie 'Fortschritte' oder verwendet etwas Folgenschweres. Der 'Lebenspuffer' oder die Federn, die die Bewegung des Wagens kontrollieren, sind mit dieser Bemerkung erklärt: »Bremsen des Vorgangs nicht durch brutalen Gegensatz, sondern durch gespannte Federn, die langsam wieder in ihre Ausgangslage zurückkehren.« »Brutaler Gegensatz« müßte die Struktur von Kunst bloßlegen; statt dessen läßt Duchamp die Kunst ihren eigenen Weg durch das ständige Oszillieren verschiedener Zeichenkombinationen einschlagen. Zum Teil wird die Wagenbewegung durch das Gewicht von Bénédictine-Flaschen bestimmt: vielleicht Anspielungen auf Kunstwerke mit Titeln, die sich auf ihre ästhetische Wertigkeit auswirken.

Die untere Mitte des Junggesellenteils beherrscht die Schokoladenreibe, bestehend aus drei rotierenden Trommeln, die ein Sockel mit Beinen à la Louis XV. trägt. Dazu gehört das berühmte Epitheton des Künstlers: »Der Junggeselle reibt seine Schokolade selber.« Die Intentionen der Schokoladenreibe wiederholen die Themen der Onanie und des Narzißmus, die sich auch anderswo in der Junggesellen-Maschine finden. Duchamp deutet einfach an, was schon längst wohlbekannt ist, daß nämlich Einsamkeit und Selbstbefriedigung die Psyche des Künstlers beherrschen; zugleich sind sie für die wesentlich junggesellenhafte Rolle verantwortlich, die sämtliche Künstler im Verhältnis zu Frauen und zur Familie spielen. Das Reiben von Schokolade spielt auf das Reiben von Farbpigmenten an – es sei daran erinnert, daß Duchamp, als er 1912 allein nach München reiste, Farbe und Farbtechniken studierte, um seinen letzten wenigen Malereien höchste Qualität zu sichern. Auf der Schokoladenreibe sind das Bajonett und die Schere angebracht: zwei Freudsche Objekte, die das durchgängige Thema der männlichen Kastration und die Ängste unterstreichen, von denen das künstlerische Schaffen ausgelöst wird. Hinter diesen beiden Objekten befindet sich das Netz der Musterfäden oder 'Haarsiebe'. Dies sind sechs konisch geformte Filter, die das 'Leuchtgas' reinigen. Wie Duchamp diese Siebe anfertigte, ist insofern ungewöhnlich, als er jedes getrennt anmalte und auf jedem eine bestimmte Zeit lang Staub sich ansiedeln ließ. Daher ist das letzte Sieb rechts am meisten von Staub überzogen. Es scheint einzuleuchten, daß die Siebe nur teilweise Reinigungsfunktion ausüben; da sie eine Umkehrung ihrer üblichen Funktion implizieren, ist es mehr als wahrscheinlich, daß sie die Zeit und ihre Auswirkungen auf die Wahrnehmung von Kunst versinnbildlichen.

Unter den Klingen der Schere befinden sich drei elliptische Zeichnungen, die Augenzeugen. Über sie schreibt Arturo Schwarz: »In der Tat benötigt die Neuvermählte die Mitwirkung der Augenzeugen, um mit den Junggesellen in Berührung und zu ihrem Orgasmus zu kommen, da die Junggesellen (die Tropfen), wie wir gesehen haben, sie nur erreichen, wenn sie die Augentabellen überquert haben.« (A. a. O., S. 181.) Höchstwahrscheinlich stellen die Augenzeugen Kritiker oder andere einflußreiche Geschmacksbildner dar, während die Augentabellen vielleicht Kritik und historische Dokumente bedeuten. In den Notizen über die Augentabellen, aber nicht ins 'unvollendete' *Glas* aufgenommen, findet sich das Wilson-Lincoln-System. Dieser optische Trick läßt die Profile der beiden US-Präsidenten je nach den Bewegungen sichtbar werden, die der Betrachter mit dem Kopf ausführt. Das Wilson-Lincoln-System ist die einfachste visuelle Darstellung für die Fähigkeit von Zeichensignifikanten, zwei oder mehr Ideen begrifflich auszudrücken.

Schwarz betonte in seinen Ausführungen über die Ikonografie des *Glases,* daß die Arbeit buchstäblich mythisch sei, oder mit den Worten Duchamps: »Das Bild ist ein Gespenst einer Erscheinung.« Es ist in der Tat ein Mythos über einen Mythos. In der Hauptsache befaßt sich der Mythos mit der Gefährdung von Kulturen, die ihre Zeichensysteme als empirische Wahrheiten auffassen. Doch das *Große Glas* mit seinen Wortspielen und Anspielungen ist auch und zugleich ein höchst gelungener Versuch, ein zusammenfassendes Kunstwerk dadurch zu schaffen, daß die Struktur von Kunst erklärt wird: Es setzt denjenigen dialektischen oder Eingliederungsprozeß in Gang, durch den jedes semiologische System über seine Vorläufer hinausgeht. Erst auf dieser Stufe beginnt man das Ausmaß der Zurückhaltung und der psychischen Komplexität zu erfassen, die in Duchamps Mythos wirksam sind. Es hat ganz den Anschein, als sei es Duchamp nur deshalb möglich gewesen, mehr als fünfzig Jahre lang mit diesem Geheimnis zu leben, weil er die sublime Sicherheit besaß, seine Weisheit und seine prophetischen Kräfte würden eines Tages weit über das hinaus gewürdigt werden, was zu seinen Lebzeiten möglich war.

Das Studium von Literatur und Sprache rückte schon früh in die Mitte von Duchamps Entwicklung. Um mit Arturo Schwarz zu sprechen: »Bei mehr als einer Gelegenheit hob Duchamp, wenn die Rede auf die Ursprünge des Werks [des *Großen Glases*] kam, die Schriften Jean-Pierre Brissets und Raymond Roussels – zweier Autoren, die das Wortspiel zur literarischen Technik erhoben – als äußerst wichtige Inspirationsquellen hervor.« (A. a. O., S. 80.) Brisset war es, der in den ersten Jahren des 20. Jahrhunderts den Strukturalismus vorwegnahm, indem er die phonetischen und lexikalischen Beziehungen von Wörtern verschiedener Sprachen analysierte. Und in einer der späteren Bemerkungen zur *Grünen Schachtel* schrieb Duchamp:

»Man nehme ein Larousse-Wörterbuch und schreibe alle sogenannten 'abstrakten' Wörter heraus.

d. h.

jene, die keinen konkreten Bezug haben.

Man bilde ein schematisches Zeichen, das jedes dieser Wörter kennzeichnet (dieses Zeichen läßt sich mit den Musterfäden bilden).

Diese Zeichen sind als die Buchstaben des neuen Alphabets zu verstehen.«

(Duchamp, *Hamilton, and Hamilton*)

In den darauffolgenden Zeilen schlägt Duchamp eine Art Grammatik und Syntax für die Konstruktion nicht-verbaler Aussagen vor, die als die theoretische Grundlage einer bildhaften Sprache dienen sollten. Wenn Wortspiele, Anagramme und Alliterationen die niedrigsten literarischen Formen sind, so stellen sie auch einige der Bausteine dar, die ein wichtiges Element in der Literatur des 20. Jahrhunderts bilden. Auf derartige Weise sind abgespaltene und vielfache verbale Bedeutungen für die Ready-mades und Duchamps quasi-konzeptuelle Kunstwerke verantwortlich.

Aus unserer Analyse des *Großen Glases* und der Bemerkungen dazu wird mehr als wahrscheinlich, daß Duchamp schon 1912 zu einer semiologischen Theorie moderner

Kunst gelangte. Wieviel davon auf künstlerische Vision und wieviel auf intellektuelle Deduktion zurückgeht, bleibt eine offene Frage. Doch die Annahme dieser Möglichkeit erklärt am besten die anschließende Verschwiegenheit des Künstlers und seinen halben Rückzug aus der Kunst. Duchamps offensichtliches Ziel war es nach 1912, die weitesten Grenzen von Kunst abzustecken; alles danach Erreichte verstand er als Wiederholung und Ausarbeitung.

Vieles von dem, was Duchamp uns sagen wollte – wenngleich im Kontext einer Reihe von Rätseln und Mythen – und worum er sich so lange mühte, gleicht dem, was Lévi-Strauss mitzuteilen suchte. Die Summe der Botschaft lautet, die westliche Kultur sei infolge technologischer Hybris und Selbsttäuschung auf dem besten Weg zur Auflösung. Die Anwendung der gleichen Veränderungsregeln auf Kunst und Wissenschaft kann nur die Zerstörung von Mythen und Zeichensystemen beschleunigen. Duchamp gibt zu verstehen, daß Thanatos, und nicht Eros, unsere kulturellen Spiele beherrscht. Für Lévi-Strauss bleiben Mythen eine zusammenhaltende Kraft, die die Menschen daran gemahnt, daß sie weder wilde Tiere noch Maschinen sind, sondern etwas bewußt und riskant von beiden Verschiedenes. Mit dem Zusammenbruch der mythischen Strukturen und der totemistischen Systeme verlieren die Menschen ihre begriffliche Sicherheit. Sie sind sozusagen der Gnade der Natur und ihren eigenen animalischen Trieben ausgeliefert. Was bleibt, ist ein Zufallsgemisch aus Entitäten, Materialien, Prozessen und synthetischen Begriffen – ein »Lebensschund«, um es mit Duchamp zu sagen.

Vielleicht ist das die Bedeutung hinter Duchamps letztem Hauptwerk, dem seltsamen Tableau vivant im Museum von Philadelphia mit dem Titel: *Given: 1. The Waterfall / 2. The Illuminating Gas* (dt. Gegeben seien das Leuchtgas und der Wasserfall) (1946 bis 1966). Man blickt durch zwei winzige Gucklöcher in einer stets geschlossenen Anordnung verwitterter Türen. Die Szene im Inneren greift den schließlich erreichten Orgasmus der Neuvermählten wieder auf. Sie liegt zwischen Zweigen und dürrem Laub und beleuchtet ihre liederliche Stellung mit einem in die Höhe gehobenen Gaslicht. Dieser lebensähnlichen Figur fehlen der rechte Arm und beide Füße, während ihr Kopf dem Blick entzogen ist. Die Gaslampe und ein Wasserfall bilden Kastrationssymbole. Der Hintergrund zeigt in dioramischer Form eine idyllische Waldszene, gemalt in einer verschwommenen Trompe-l'œil-Manier, nicht unähnlich den geheimnisvollen Landschaften auf Leonardo-Gemälden. Beim letztlichen Zusammentreffen zwischen dem Wasserfall der Neuvermählten und dem Leuchtgas der Junggesellen ist die Neuvermählte entkleidet und geschändet – aber auf äußerst buchstäbliche und realistische Weise. Es ist, als zeige Duchamp anschaulich, daß moderne Kunst ein Weg im Kreis herum sei, der uns nicht zum Realismus, sondern vielmehr zum Leben selber zurückführe: zur Konfrontation des menschlichen Tiers mit sich selber.

V Epilog

»Das erste Ergebnis unserer Ersetzung ist sehr merkwürdig. Wenn das Totemtier der Vater ist, dann fallen die beiden Hauptgebote des Totemismus, die beiden Tabuvorschriften, die seinen Kern ausmachen, den Totem nicht zu töten und kein Weib, das dem Totem gehört, sexuell zu gebrauchen, inhaltlich zusammen mit den beiden Verbrechern des Ödipus, der seinen Vater tötete und seine Mutter zum Weibe nahm, und mit den beiden Urwünschen des Kindes, deren ungenügende Verdrängung oder deren Wiedererweckung den Kern vielleicht aller Psychoneurosen bildet.«

(Sigmund Freud, *Totem und Tabu*)

Der vollständige Ödipus

Der Eckstein des *Großen Glases* und möglicherweise aller modernen künstlerischen Kreativität scheint die Ödipussage zu sein. Wie bei allen Mythen verändert sich die Fabel von Ödipus und der Sphinx von Autor zu Autor. In ihrer Grundform wird Laios, der König von Theben, vom delphischen Orakel gewarnt, er werde den Tod durch die Hand seines eigenen Sohns finden, den der König nach seiner Geburt widerstrebend einem Hirten zum Töten übergeben läßt. Der Hirte empfindet Mitleid mit dem Kind und läßt es am Leben, aufgehängt am Zweig eines Baums. Der Knabe wird gefunden und im Palast des Königs von Korinth als Sohn dieses Herrschers großgezogen; er erhält den Namen Ödipus oder Schwellfuß.

Als junger Mann verbannt sich Ödipus selber aus Korinth, weil ihm das Orakel sagt, er werde seinen Vater ermorden, für den er den korinthischen König Polybos hält. Auf seinen Fahrten begegnet Ödipus an einer engen Stelle einem anderen Wagen und gerät mit dessen Lenker in Streit über den Vortritt. In seinem provozierten Zorn erschlägt er den Wagenlenker und einen Fahrgast, der, ohne daß Ödipus es weiß, sein wahrer Vater Laios ist.

Vor dem Mord an Laios war Theben von der menschenverschlingenden Sphinx belagert: Einem Ungeheuer mit dem Körper eines geflügelten Löwen und dem Gesicht und den Brüsten einer Frau. Wer in die Stadt reiste oder sie verließ, wurde von dieser Sphinx aufgefordert, ein Rätsel zu lösen. Und da kein des Wegs Kommender ihre Frage richtig beantwortete, wurden alle verschlungen. Als Ödipus der Sphinx gegenüber steht und gefragt wird: »Welches Tier geht am Morgen auf vier Füßen, am Mittag auf zweien und am Abend auf dreien?« antwortet Ödipus: »Der Mensch. In der Kindheit kriecht er auf allen Vieren, als Erwachsener geht er aufrecht und als Greis benützt er einen Stock.« Die Antwort ist genau richtig, und das trifft die Sphinx so sehr, daß sie sich selber tötet.

In freudiger Anerkennung krönen die Bürger Thebens Ödipus zu ihrem König und belohnen ihn mit der Hand der verwitweten Königin Jokaste. Nicht nur, daß sich der ursprüngliche Orakelspruch erfüllt hat: Ödipus hat auch noch seine eigene Mutter geheiratet. Viele Jahre lang floriert Theben, und das Königspaar zeugt zwei Söhne und zwei Töchter. Schließlich kommt es zu Pest und Hungersnot. Die Stadt steht nahe vor dem Untergang, als Ödipus von dem Orakel gesagt bekommt, wenn er den Fluch aufheben wolle, müsse er den Mörder seines Vaters finden. Nun entdeckt er, daß er selber das Verbrechen begangen hat. Auch Jokaste erfährt die Wahrheit und begeht Selbstmord. Ödipus blendet sich und verbringt sein restliches Leben als unglücklicher Wanderer, nur von seinen Töchtern umsorgt.

Lévi-Strauss behandelt in seiner *Strukturalen Anthropologie* den Ödipus-Mythos als eine vierteilige Erfindung (S. 235–241). Er unterteilt den Text (der ausführlicher ist als die eben wiedergegebene Fassung) in vier topische Spalten, die folgendes bezeichnen: *überbewertete Verwandtschaftsbeziehungen; unterbewertete oder entwertete Verwandtschaftsbeziehungen; Verneinung der Autochthonie des Menschen; Beständigkeit der menschlichen Autochthonie.* Das Problem besteht, wie Edmund Leach in seiner einleuchtenden Analyse der biblischen Genesiserzählung feststellte, in der »patrilinearen Abstammung: In der Forderung, Väter müßten in ihren Söhnen ohne Zwischenschaltung von Frauen fortbestehen, was faktisch einfach unmöglich ist«. (In E. N. und T. Hayes, *Claude Lévi-Strauss*, S. 52.) Mythen organisieren also nach Leachs Lévi-Strauss-Interpretation im Sinn offenbar logischer Modelle um. Sie umgehen biologische Tatsachen, indem sie eine begriffliche Kontinuität zwischen dem Leben, wie wir es gern sähen, und der Unausweichlichkeit von Zeugung, Alter und Tod herstellen. Lévi-Strauss' vier Spalten repräsentieren eine derartige Vermittlung. Die inzestuöse Ehe des Ödipus vertritt überbewertete Verwandtschaftsbeziehungen, während der Mord an seinem Vater für unterbewertete (oder entwertete) Verwandtschaftsbeziehungen einsteht. Bei den beiden anderen Spalten ist es nicht so leicht einsichtig, daß die Vernichtung der Sphinx eine Verneinung der Autochthomie des Menschen oder daß das Hinken des Ödipus die Beständigkeit der patrilinearen Abstammung bezeichnet. Doch wenn man Leachs Diagramm der von Lévi-Strauss festgestellten Beziehungen betrachtet, tritt die Verbindung zwischen den Spalten deutlicher zutage.

$$\frac{\text{Jokaste/Ödipus}}{\text{Laios/Ödipus}} \qquad \frac{\text{Inzest}}{\text{Vatermord}} = \text{Sphinx}$$

Ödipus übernimmt die ehrenvolle Aufgabe, die Sphinx zu vernichten, die in mythischer Form die Verschmelzung seiner Eltern repräsentiert. Nach Leach »erreicht er sein Ziel, indem er doppelt sündigt: Inzest mit Jokaste und Vatermord an Laios« (Hayes,

a. a. O., S. 52). Wie könnte, im Sinn Freuds, der Sohn die Stelle des Vaters bei der Mutter einnehmen, wenn nicht durch ein buchstäbliches Ersetzen des Vaters? Im Sinn von Genetik und Chronologie, ganz zu schweigen von Inzesttabus, ist das unmöglich; doch in Wirklichkeit geschieht das jedesmal, wenn ein Sohn seine Frau nimmt und selber Vater wird. Daher überbrückt der Mythos effektiv eine zeitliche Kluft und auch jene psychischen Bindungen zwischen Kindern und Eltern. Die Sphinx ist dann die Zeit und die Beständigkeit der genealogischen Bande. Ödipus ist lahm oder 'unvollständig', weil er nur dadurch die Stellung seines Vaters einnehmen kann, daß er selber Vater wird. In dem Maß, wie er seiner Mutter zu nahe steht und den Tod seines Vaters wünscht, nimmt die Sphinx die Übervollständigkeit einer hermaphroditischen Existenz an und Ödipus die Unvollständigkeit eines Mannes, der sich nicht selber ersetzt hat.

Als biologisches Paradigma stellt der Ödipus-Mythos eine Schlüsselbeziehung bei allen evolutionären Vorgängen im Zusammenhang mit menschlichen Wesen dar. Im Grunde ordnet er das historische Denken. Wie Ödipus sieht sich jede neu auftretende Generation geschichtlich orientierter Künstler der ambivalenten Notwendigkeit konfrontiert, Kunst so zu produzieren, wie ihre Vorgänger es taten, und dennoch eine Kunst zu schaffen, die stilistisch und in der ästhetischen Konzeption völlig neu ist. Das ist die genaue Parallele zu Lévi-Strauss' Gegenüberstellung von überbewerteten und unterbewerteten Verwandtschaftsbeziehungen. Alle jungen Künstler fühlen sich von der Geschichte genötigt, die Stile früherer Künstler abzulehnen; zugleich sind sie gezwungen, etwas hervorzubringen, das mit allen früheren Kunstprinzipien übereinstimmt. Für den Künstler ist die Sphinx die Kunstgeschichte, in der sich das Rätsel von übermäßiger Anziehung und übermäßiger Ablehnung knüpft. Große Künstler – im Licht der Geschichte – produzieren eine maximale Kombination beider Elemente. Daher ist der Künstler *als Künstler* vollständig, wenn er das Rätsel der Sphinx gelöst hat und selber ein Teil der Kunstgeschichte wird.

Duchamps heftiger Ikonoklasmus führte den Künstler zur gleichen Schlußfolgerung, als er in den zwanziger Jahren die Grenzen der künstlerischen Prinzipien vermittels optischer und mechanischer Experimente untersuchte. Etwa dies deutete er in seiner kurzen Ansprache ›Der schöpferische Prozeß‹ an, die er im April 1957 hielt. Auf mehreren Ebenen verweist er auf die Kongruenz von Kreativität und Ödipus-Mythos.

»In der Tat fehlt ein Glied in der Kette der Reaktionen, die den schöpferischen Akt begleiten. Dieser Bruch, der für den Künstler in der Unmöglichkeit besteht, seine Absicht vollständig auszudrücken, der Unterschied zwischen dem, was er sich zu verwirklichen vorgenommen hatte, und dem, was er verwirklicht hat, ist der persönliche 'Kunst-Koeffizient', der in dem Werke enthalten ist. Mit anderen Worten: Der persönliche 'Kunst-Koeffizient' ist wie eine arithmetische Beziehung zwischen 'dem, was unausgedrückt ist, aber beabsichtigt war', und 'dem, was unabsichtlich ausgedrückt ist'.« (Nach Lebel, *Marcel Duchamp*, S. 82.)

Auf der Ödipus-Ebene ist das Unausgedrückte, aber Beabsichtigte die unausgedrückte Feindschaft des Ödipus gegen seinen Vater; das unabsichtlich Ausgedrückte ist die

Begattung der Mutter durch den Sohn. Als kreative Metapher betrachtet, verweist das erstere auf die stillschweigende Ablehnung vergangener Kunst durch den Künstler (nicht im Prinzip, doch als anzustrebendes Modell) auf der visuellen Ebene, wenn er eine besondere künstlerische Entdeckung macht oder einen neuen Stil findet. Indem er jedoch Kunst herstellt, ist er gezwungen, das zu tun, was alle früheren Künstler getan haben (Inzest), und das drückt unabsichtlich die Unausweichlichkeit seiner Lage aus. In diesem Jahrzehnt drängen sich uns zahlreiche Künstler als Beispiele für die Suche nach einer 'Kunst der Materielosigkeit' auf oder nach einem künstlerischen Ausdruck, der Kunst überhaupt abschafft. Derartige negative Tendenzen sind unvermeidlich, da avantgardistische Kunst ihre normalen Signifikanten fallen läßt und genötigt ist, sich um ihres Fortbestands willen an rhetorische oder endspielhafte dialektische Strategien zu halten.

Das zeigt sich in Duchamps Wortspiel *Incest du passion de famille / A coups trop tirés*, das mit der Bemerkung schließt: »Zu häufig abgedrückt« oder »Zu häufig gebumst«. Hier benötigen wir eine alchemistische Erklärung der Familienbeziehungen für die vierteilige Matrix des realen Systems. Die Inhaltsebene ist durch einen Signifikanten (Mutter) und ein Signifikat (Vater) bestimmt, wie auch die Ausdrucksebene einen Signifikanten (Tochter) und ein Signifikat (Sohn) erkennen läßt. Die Produktion von zu vieler avantgardistischer Kunst läuft auf eine Situation hinaus, in der Sohn und Tochter eine Familie ohne Vater und Mutter bilden (nicht-objektive Kunst). Duchamp macht ständig darauf aufmerksam, daß weder *Inzest* (Produktion fehlstrukturierter Kunst) noch *Promiskuität* (Verlaß auf vergangene Kunst und auf Zufallswirkungen) zum Verständnis für die Mechanismen führen, die semiotischen Systemen allgemein zugrundeliegen. Und diese Gewohnheiten führen auch nicht zu einer ausbalancierten Persönlichkeit; das ist die tiefere Botschaft dessen, der das *Große Glas* schuf.

Eine andere Interpretation des *Glases* verwendet allegorisch die Zahlensymbolik des Ödipus-Mythos. Sophokles benutzt im *König Ödipus* ständig die heilige Dreizahl und Vielfache von Drei, wie Duchamp es im *Glas* tut. Die Zahl Drei steht für das dritte Stadium des menschlichen Lebens im Rätsel der Sphinx, und ebenso für Auferstehung und Aufklärung. Aristoteles zeigte, daß für die Bildung eines korrekten Syllogismus zwei Termini zu wenig und vier Termini zu viel seien. Im Strukturalismus repräsentiert die Trichotomie von Thesis, Antithesis und Synthesis die Dialektik aller am evolutiven Wandel beteiligten Systeme. Genetisch stellt die aristotelische Struktur der Logik die Lösung des Ödipus-Mythos dar.

Die neun männlichen Formen sind vielleicht Duchamps Ablehnung aller vergangenen Kunst und aller früheren Künstler, während sich der androgyne Charakter der Milchstraße oder der Inschrift oben ohne Zweifel mit der Sphinx identifizieren läßt. Man darf nicht vergessen, daß die Schere und das Bajonett der Junggesellen-Maschine den Kastrationskomplex spiegeln, den Duchamp als ödipale Gestalt erlitt. Daß der Künstler teilweise auf die Kunst verzichtete, verweist auf eine Art Blindheit; bedeutsam sind in diesem Fall Duchamps Bemerkungen darüber, wie unfruchtbar es sei, weitere »Netzhautkunst« zu schaffen. Nichtsdestoweniger gibt Duchamp, indem er in der *Boîte-en-*

Valise und anderen Projekten seine künstlerische Metamorphose rekapituliert, unmißverständlich zu verstehen, daß er als erster das Rätsel der Sphinx löste.

Betrachtet man den Duchamp-Mythos in einem weiteren Rahmen, dann rekapituliert er die Abdankung der matriarchalischen Traditionen in einer patriarchalischen Gesellschaft. Nach den Einsichten des bahnbrechenden Psychoanalytikers Otto Rank (vgl. R. Mullahy, *Oedipus*, S. 168–176) entdeckte der griechische Künstler die Idealisierung durch die Identifizierung mit der Mutter als *wechselweise wirksame Schöpfungskraft*. Das verweist abermals auf die Konkurrenz zwischen der Sehnsucht nach dem 'bestialischen Leib' und seiner haßerfüllten Ablehnung. Daß er künstlerische Anerkennung erlangt, verleiht dem Künstler nicht nur die Macht, historisch seinen Vater zu überwinden, sondern verschafft ihm auch die Erfahrung, sich in einer pränatalen und daher sexuellen Weise wieder mit der Mutter vereinigt zu haben. Wenn es sich auf irgendeinen besonderen Umstand bezieht, dann ist das *Große Glas* eine Metapher für die moderne Besessenheit, den Vater *gewaltsam* und *endgültig* zu überwinden; oder genauer: die Tötung des Vaters führt unausweichlich zur Vernichtung der Mutter.

Auf eine noch umfassendere Ebene übertragen, erklärt das die tiefsten Unterschiede zwischen matriarchalischen und patriarchalischen Gesellschaften. Indem sie synchronisch sind, zielen Matriarchate auf Stabilität und Beständigkeit ab; ihre Verwandtschaftsinstitutionen und ihr passives Hinnehmen der Naturvorgänge wirken sich darin aus, daß das menschliche Leben als höchster Wert definiert wird. Das steht im Gegensatz zu patriarchalischen Gesellschaften, wo sich Ehrfurcht vor Rechtsstrukturen, politischen Hierarchien und rationalem Denken als einer Form der Naturbeherrschung dank starker Staaten durchsetzt, die in unterschiedlichen Graden der Repression verwaltet werden. Repression selber rührt aus der Unfähigkeit her, die schmerzlichen Erinnerungen des Geburtstraumas zu verarbeiten, wie es Duchamp im Wasserfall der Neuvermählten wieder zur Geltung brachte. Dies bewirkt eine zunehmende Isolierung nicht nur der Frauen, sondern auch der durch sie repräsentierten Institutionen. Daher haben wir heute eine Situation, in der einer verstärkten Entmenschlichung der Umwelt eine Vielzahl schwächerer Formen entgegensteht, die das Mutterprinzip repräsentieren. Eine Formierung der Kräfte auf beiden Seiten ist wahrnehmbar. Die Herrschaft der patriarchalischen Ordnung hat die Zivilisation unmittelbar an den Rand der Vernichtung geführt; die Umstände drängen uns bereits in die andere Richtung.

So bezieht sich die Hinrichtung der Neuvermählten, zuerst durch Duchamp und dann durch die Avantgarde, auf den geheimnisvollen Mord an Jokaste oder ihren Selbstmord. Jokaste ist das Mutterprinzip, das versagt, weil es den Tod des Kindes Ödipus akzeptiert, um den Ehemann zu retten. Bezeichnenderweise ist das Verbrechen der Jokaste unter einem patriarchalischen Gesichtswinkel lobenswert. In unmittelbaren Begriffen verstanden, stellt diese Studie die Tötung der Kunst durch intellektuelles Begreifen dar. Durch weiteres Unterminieren der väterlichen Herrschaft perpetuiert sie die Tyrannei des patriarchalischen Prinzips. Ödipus symbolisiert siegreichen Individualismus oder Unsterblichkeit, belohnt mit dem Inzestprivileg. Aber der Sieg ist sinnlos, wie Duchamp zu verstehen gibt, wenn er die Zerstörung des Preises bedeutet, der den Sieg versinnbildlicht. Als Alternative bleibt nur der Verzicht auf den Sieg und seine sämtlichen Implikationen.

Am Nullpunkt der Kunst

Unvermeidlich schließen alle Sprachen und anderen Zeichensysteme metaphysische Prämissen aus. Roland Barthes versichert wiederholt, daß Zeichen 'offen' und notwendigerweise unverifizierbar bleiben. Daher hat es ganz den Anschein, als operiere jede soziale Institution von der Religion bis zur Straßenverkehrsordnung als ein Kommunikationsmodus mit nicht mehr Autorität, als sie die Regeln der Sprache aufweisen. Ihre Macht über unser Leben verdanken derartige Institutionen ihrer *Beständigkeit.* Was immer im Rahmen eines semiotischen Systems geschieht, befindet sich stets strukturell in Übereinstimmung mit dem Vorhergegangenen. Das Muster von Begriffen ist erkennbar, weil es sich unter Bezugnahme auf seine eigene Vergangenheit weiterentwickelt. Eben diese von einer vorgeschriebenen Ordnung begünstigte Repetition bestimmt die Verbindung des Menschen mit der Natur und seine Trennung von ihr.

Offensichtlich sind die hauptsächlichen semiotischen Traditionen – Religion, Philosophie, Kunst und Architektur – nicht mehr dazu brauchbar, die Gesellschaft in die Naturordnung einzugliedern. Die Kunst ist unwiderruflich von der derzeitigen Technologie geschieden oder, präziser gefaßt, von jeder entscheidenden intellektuellen Tätigkeit. Der Kunstimpuls ist, wie sich gezeigt hat, im Grunde eine Parodie auf sein früheres Wesen. Und zweifellos ist gerade die Dominanz der patriarchalischen Institutionen für die durchgängige Ablehnung der Kunst als eines ökonomischen Luxusartikels und eines unnötigen metaphysischen Gepäckstücks verantwortlich. Andererseits hindert eben die Unfähigkeit des Künstlers und des Historikers, das Wesen der Kunst zu verstehen, sie daran, Kunst als einen Zugang zum Leben in alle Aspekte des Lebens hineinzutragen. Daher halten die entmenschlichenden Auswirkungen der Technologie an, ohne daß es eine adäquate Antwort darauf gäbe, warum sie so konsequent tödlich sind. Wir weigern uns, die Wahrheit zu akzeptieren, daß Technologien den Gebrauch von Mythen und Ritualen ebenso ausschließen, wie das die Kunst jetzt tut. Der Unterschied besteht jedoch darin, daß wissenschaftliche Werkzeuge uns nur gestatten, *das Natürliche zu kulturisieren,* aber nie das Umgekehrte zulassen. Es ist nur zu verständlich, daß das biologische Überleben ebenso von der *Naturalisierung des Kulturellen* abhängt. Dennoch wird fatal deutlich, daß nur wenige unserer sozialen Instanzen – wenn überhaupt welche – die Fähigkeit besitzen, beide Vorgänge in ihre Strukturen einzubeziehen. Es gab Zeiten, noch vor der Renaissance, in denen Kunst und Wissenschaft miteinander verträglich waren. Ein großes Beispiel solcher 'ökumenischen Kunst' ist im einzelnen in Gerald W. Hawkins' Buch *Stonehenge Decoded* beschrieben. In diesem Fall wird das Wort 'Kunst' absichtlich so verwendet, daß es definiert, was die Kunst für Menschen bedeutete, die universell gültige Einrichtungen schufen und erlebten, und nicht in der Absicht, damit Plätze oder Objekte von hohem archäologischen oder museologischen Interesse zu bezeichnen.

In den fünfziger Jahren machte sich der Astronomieprofessor Hawkins daran, die Anlage von Stonehenge bei Amesbury in Südengland zu untersuchen. Jahrhundertelang hatte man Stonehenge für einen Druiden-Tempel gehalten. Doch Hawkins' Forschungen in den frühen sechziger Jahren und seine Aufsätze ›Stonehenge Decoded‹ (in *Nature*, 26. Oktober 1963) und ›Stonehenge: A Neolithic Computer‹ (in *Nature*, 27. Juni 1964) wiesen ziemlich schlüssig nach, daß die Anlage ein 3500 Jahre altes astronomisches Observatorium ist.

Im Grundriß besteht Stonehenge aus sechs konzentrischen Konfigurationen: die beiden äußeren sind Kreise aus Löchern; die nächste, die regelmäßigste und am besten erkennbare, besteht aus den Säulen und Stützen des Sarsenstein-Kreises; er umschließt den viel kleineren Basaltkreis; und in der Mitte befinden sich die fünf gigantischen Trilithe und Basalt-Hufeisen. Die beiden Hufeisen liegen in einer Linie mit dem Punkt auf dem Horizont, wo zur Sommersonnenwende die Sonne aufgeht. Die größeren Steine wiegen zwischen zwanzig und fünfzig Tonnen das Stück; infolgedessen gehört zu den faszinierendsten Aspekten von Stonehenge die Überlegung, wie ein Teil dieser Monolithe über fünfhundert Kilometer an ihren Bestimmungsort transportiert wurde.

Gewisse deutlich zutage tretende Fluchtlinien nötigten Hawkins die Überzeugung auf, es könnte weitere Sonne-Mond-Orientierungen zwischen den Bögen des Sarsen-Kreises und den Trilithen geben. Obwohl viele der ursprünglichen Monolithe verlorengegangen oder bei der Rekonstruktion falsch aufgestellt worden waren, entdeckte der Astronom, daß wenigstens je zwölf signifikante Fluchtlinien für Sonne und Mond vorhanden sind, und zwar entsprechend den Minimal- und Maximaldeklinationen dieser Himmelskörper. Infolgedessen stellte Hawkins die Theorie auf, die Löcher rings um den Sarsen-Kreis seien unter Zuhilfenahme von Markierungssteinen als 'Computer' zur Vorhersage von Finsternissen oder zur Bestimmung von Jahreszeitenanfängen verwendet worden, und zwar je nach dem Sichtbarwerden des Mondes in den verschiedenen Visierlöchern. Hawkins' sämtliche Entdeckungen wurden übrigens sehr durch einen Hochleistungs-Digitalcomputer erleichtert.

Allerdings vermittelt diese kurze Beschreibung nicht im entferntesten die bemerkenswerte intellektuelle Leistung bei der Planung dieses Bauwerks. Indem sie Monolithe von dreißig Tonnen bewegten, legten die Künstler-Wissenschaftler von Stonehenge Blickachsen für Dutzende von Himmelspositionen fest, und dies ohne Zuhilfenahme moderner Beobachtungsinstrumente oder technischer Einrichtungen. Das Gesamtprojekt nahm vier oder fünf Jahrzehnte in Anspruch und war etwa um 1500 v. Chr. fertig. Doch welche Bedeutung hatte es? Dies ist die Ansicht Hawkins': »Die Sonne-Mond-Achsen von Stonehenge wurden aus zwei, möglicherweise drei Gründen geschaffen und ausgearbeitet: sie bildeten einen Kalender, der besonders insofern nützlich war, als er

Kapitel V Stonehenge, Ebene von Salisbury, England, Neu-Steinzeit, ca. 1800–1400 v. Chr. Copyright der Britischen Krone. Luftaufnahme mit freundlicher Genehmigung des Ministry of Public Building and Works, London

die Zeit für Aussaaten angab; sie halfen mit, priesterliche Macht zu errichten und erhalten, indem sie die Priester in die Lage versetzten, die Menschen zusammenzurufen, damit sie die spektakulären Auf- und Untergänge der Sonne und des Monds beobachteten, ganz besonders den sommerlichen Sonnenaufgang über dem Fersenstein und den winterlichen Sonnenuntergang durch den großen Trilith; und möglicherweise dienten sie als intellektuelles Spiel.«

Seltsamerweise gemahnen die Hinweise des Astronomen auch an Duchamps Untertitel für *La Mariée mise à nu par ses célibataires, même*, worin er das *Glas* eine »Landwirtschaftliche Maschine« oder einen »Apparat, ein Instrument für den Ackerbau« nannte. Hatte Duchamp eine gewisse Affinität zu den prähistorischen Zwecken der Kunst (ihre Verwendung beim Ackerbau, bei der Jagd und bei der Gesetzgebung), oder war er einfach ein Priester mit der Macht, das Priestertum zu beenden? Stonehenge war nichtsdestoweniger weit lebensfähiger als das Glasperlenspiel. Bemerkenswerterweise erforderte dieser alte englische Kalender mehrere Jahrhunderte lang die Arbeit Tausender von Menschen. Indem es kulturelle und natürliche Elemente vermittelt, weist Stonehenge alle Voraussetzungen eines Kunstwerks auf. Sollte ein Künstler ein monumentales Werk entwerfen, das die größtmögliche Verschmelzung von menschlicher Position auf der Erde und zyklischen Vorgängen der für die Erde einflußreichsten Himmelskörper darstellt, dürfte er eindeutig eine Abwandlung dieses Bauwerks wählen.

Wir haben gesehen, daß sich die Beziehungssprache in den visuellen Künsten stetig bis zu dem Grad entwertete, daß sie nur noch aus den durchsichtigsten Termini besteht. Kunst, wie wir sie kennen, ist im Begriff, binnen kurzem zu verschwinden. Doch was stirbt wirklich: eine Gesellschaftsordnung oder ein bestimmter Komplex von Mythen? Es ist mehr als wahrscheinlich, daß die Antwort lautet: beide. In ihrem vor kurzem erschienenen Buch *Natural Symbols* verweist die Anthropologin Mary Douglas auf die Tatsache, daß die Symbole der Kunst ein Maß für die Kraft des Rituals in einer Gesellschaft bilden, obwohl die beiden keineswegs deckungsgleich sind. Im selben Maß, wie die Signifizierungsformen aufgegeben wurden, verblaßte allmählich auch die rituelle Unterscheidung zwischen der Rolle eines Künstlers und anderen Mitgliedern der Gesellschaft und ebenso die Vorstellung, daß Kunst eine gewisse besondere, magische oder sonstige Wirksamkeit aufweist. Überdies ist avantgardistische Kunst vermutlich das erste Beispiel dafür, daß künstlerischer Ausdruck programmatisch im Namen 'visueller Erkundung' von Künstlern zerstört wird, und das ist kaum überraschend, da jener Ausdruck ein Surrogat für den wissenschaftlichen Impuls ist. Mit den Worten von Mary Douglas: »Wir können also sehen, daß die Entfremdung von den gängigen sozialen Werten gewöhnlich eine bestimmte Form annimmt: eine Aufkündigung nicht nur von unerheblichen Ritualen, sondern des Ritualismus an sich; Aufwertung der inneren Erfahrung und Verunglimpfung ihrer normalen Ausdrucksformen; Vorliebe für intuitive und unmittelbare Erkenntnisformen; Ablehnung jeder Tendenz, die Gewohnheit zur Basis für ein neues symbolisches System werden zu lassen. *In seinen extremen Formen ist der Antiritualismus ein Versuch, die Kommunikation vermittels komplexer symbolischer Formen abzuschaffen.*« (M. Douglas, *Natural Symbols,* S. 19, Kursivsetzung von J. B.)

Man sieht, daß der letzte Satz auch auf die Wissenschaft zutrifft. Die offenkundigste Konsequenz der Entmythisierung besteht darin, daß sie, einmal begonnen, nicht eher innehalten wird, als bis die gesamte semiologische Infrastruktur der gegenwärtigen Gesellschaft vernichtet sein wird. Ebenso, wie er die Geschichte verleugnet, ist der Strukturalismus ein Instrument des historischen Wandels.

Eine der strukturalistischen Binsenwahrheiten besagt, daß Mythen die ihnen zugrundeliegende gesellschaftliche Struktur spiegeln oder rekapitulieren. Der Umstand, daß Kunst ihre 'Patrone', 'Gönner' und 'Geschmacksbildner' hat, macht uns einfach darauf aufmerksam, daß sie, sowie sie einmal den Händen der Künstler entglitten ist, als eine Art gesellschaftliches Zählwerk oder als Signal zur Bezeichnung von Status und Marktwert fungiert. Jahrhundertelang war es die Funktion vergangener Kunst, als Medium für religiöse oder politische Ideologien zu dienen. Heute ist der Erwerb wertvoller Kunst selber ein ideologischer Vorgang. Mythologisch ist diese finanzielle Quantifizierung des Kunstimpulses einfach eine Erweiterung des zugrundeliegenden Wertesystems, wie auch Kunstwerke nur in dem Sinn als 'unbezahlbar' gelten, als jedes Objekt, sowie es einmal sein Podest in der Kunstgeschichte erhalten hat, für den Mythos unersetzlich ist. Der wirkliche Zweck der Kostspieligkeit von Kunst besteht darin, uns die Wohltaten und Verdienste jener bewußt zu machen, die die Kunstförderung kontrollieren.

Bis vor kurzem fungierten Künstler ambivalent als Märtyrer und Exzentriker: als Symbole in einer Gesellschaft, die sich selber Absolution erteilt, indem sie gelegentlich ein transsubstantiiertes Stück des Künstlers kauft. Das traf sogar noch zu, als Albert Aurier 1890 schrieb: »Der Gegenstand des Malers liegt in ihm selber ... Alle Schauspiele, alle Emotionen, alle Träume lösen sich für ihn in Kombinationen von Flecken auf; in Verhältnisse von Tönen und Färbungen; in Linien.« (Nach Gimpel, *The Cult of Art*, S. 143). Und seit dem frühen 19. Jahrhundert stellten die größten Künstler im wesentlichen autobiografische Kunst her. Ein derartiger Personalismus erreicht seine logische Konsequenz, wenn ein paar Künstler heute einfach ihre eigene körperliche Aktivität dokumentieren. In seinen Endphasen bedeutet das den Abschluß des ikonischen Impulses. Selbst Versuche, Earth Art oder Concept Art zu kaufen oder zu finanzieren, unterstreichen nur die Tatsache, daß der Sammler willens ist, für seine eigene Abdankung zu bezahlen. Doch ebenso unvermeidlich wird die Produktion 'normaler' Kunst weitergehen. Wie lange und unter welchen Umständen: das ist noch eine Sache der Spekulation.

Auch wenn der Sammler und der Künstler Clanangehörige sind, die Gefahr laufen, ihr totemistisches System zu verlieren, ist schwer einzusehen, daß ein solches Konzept nicht durch etwas ersetzt werden sollte, das weit mehr Bedeutung für das gegenwärtige Leben hat. Marshall McLuhan verstand vielleicht als erster Interpret der Kommunikation, was diese Veränderungen besagen: »Es ist gut, uns von dem Irrtum freizumachen, der 'Sinn des Mythos' sei irreal oder falsch. Der zersplitterte und aufgeklärte Intellektualismus der Griechen zerstörte den integralen mythischen Blick, zu dem wir jetzt zurückfinden ...« (M. McLuhan, *War and Peace in the Global Village*, S. 185). Höchstwahrscheinlich werden die neuen Mythen wissenschaftlich orientiert sein, aber ohne die emotionale Dürre und Repressivität, die so viele Menschen mit augenblicklichen wissenschaftlichen Methoden assoziieren.

Wir beobachten als Augenzeugen die Todeszuckungen des klassischen Kunstimpulses und mit aller Wahrscheinlichkeit auch die Geburt eines völlig neuen Verständnisses für den gesellschaftlichen Gebrauch von Zeichensystemen. Der Strukturalismus selber scheint ein dialektisches Instrument zu sein, mit dessen Hilfe sich die Menschheit von den zähen Einflüssen des Klassizismus löst. Ideale Zeit und wissenschaftlich-experimenteller Idealismus bleiben die Resultate des klassischen Bezugsrahmens. Sie entstammen der Einsicht, daß Ortsbestimmung und Proportion die Illusion der Zeit transzendieren und damit zugleich den Kunstmythos verkörpern. Sowohl im künstlerischen wie im wissenschaftlichen klassischen Experimentieren wird strengste Kontrolle über die Ordnung isolierter, aber komplementärer Beziehungen ausgeübt. Reduktion, Isolierung und Manipulation sind die Grundlagen für die klassische Erfindungsstruktur in Kunst oder Technologie.

Nun ist es möglich zu verstehen, was die Auswirkungen der Gravitationslehre für die mythische Struktur von Kunst bedeuteten. Die klassische und Newtonsche Physik war der Auffassung, ein Körper verbleibe im Zustand der Ruhe oder einer gleichmäßigen Bewegung, solange er nicht von anderen Körpern beeinflußt werde; der *normale* Zustand aller Dinge sei die Trägheit. Der Klassizismus verkörpert das abendländisch-westliche Ideal der Dauerhaftigkeit. Im Gegensatz dazu versichert der kunsthistorische Mythos, daß sich materielle Dinge wandelten, wir uns aber psychisch gleich blieben. Doch seit Beginn dieses Jahrhunderts behauptet die Einsteinsche Physik, alle Körper seien fortwährend von anderen Körpern beeinflußt; ihr normaler Zustand sei der einer ständigen Bewegung und Veränderung. So leuchtet ein, daß das 20. Jahrhundert einen unerhört gewaltsamen Bruch zwischen synchronischen und diachronischen Denkgewohnheiten sichtbar werden läßt. Bis jetzt gibt es nur wenige oder gar keine diachronischen Traditionen, die nicht absolut verhängnisvoll für die Wohlfahrt der Gesellschaft insgesamt wären. Wir leben so und denken anders. Doch ein paar nachdenkliche Historiker lehnen bereits die meisten Illusionen der Geschichte als Maßstäbe des Wandels ab. Nach den Prämissen der Naturwissenschaft stellt der Gedanke *informationsstruktureller und technischer Komplexität* eines der allein verläßlichen Veränderungskriterien dar. Kulturelle Komplexität jedoch läßt sich – wenn wir den westlichen Standard der technischen Entwicklungsstufe akzeptieren – nur erzielen, wenn man bestehende Ökosysteme und Biosysteme entleert. Mit anderen Worten: Wir entwickeln offenbar neue Modi der Technologie auf Kosten der uns umgebenden Umweltsysteme einschließlich unserer selbst. So bleibt abzuwarten, ob dieses Veränderungskriterium, die Komplexität, mehr ist als nur eine weitere nachklassische Illusion.

Kunst ist im Verschwinden begriffen, weil die alten Unterscheidungen zwischen Natur und Kultur keinen Klassifikationswert mehr besitzen. Die Biologie erklärt uns, was kulturell sei, erweise sich letzten Endes doch als natürlich, oder es überlebe nicht. Die Ökologen behaupten, was natürlich sei, müsse ein integraler und anerkannter Teil unserer Kultur werden. Sämtliche Klassifikationssysteme erfordern eine Teilung der Welt. Offensichtlich konfrontieren uns die augenblicklich im Gang befindlichen grundlegenden sozialen Revolutionen mit einem völlig anderen Teilungsmuster, das neue Prioritäten und Existenzformen mit sich bringt. Falls nach dem Verständnis Lévi-Strauss' die *Humanisierung des Natürlichen* Religion impliziert und die *Naturalisierung des Kulturellen* Magie, dürfte das doch nicht unser Gespür für Rationalität gefährden und uns nicht die Einsicht verwehren, daß die beiden Prozesse eine integrale und wesensmäßige Funktion des menschlichen Denkens sind – sowohl in der Vergangenheit wie für die Zukunft. Religion und Magie sind einfach pejorative Ausdrücke für geistige Prozesse mit erschöpftem Inhalt. Höchstwahrscheinlich formulieren wir bereits geeignetere epistemologische Strukturen, welche die Funktionen von Religion und Magie verkörpern. Man wird sie für eminent logisch und schätzenswert halten. *Falls er seine Arbeit versteht und dazu einsieht, daß sie nicht mehr der Mystifikation bedarf, kann der Künstler noch immer eine höchst wertvolle Größe in der Gesellschaft sein.*

Es sieht so aus, als habe sich der Kreis geschlossen. Der Klassizismus ist zu Ende, weil das Zentrum der künstlerischen Gravidation ein mythischer Nullpunkt in Raum und Zeit ist. Wir sind an diesem Punkt angelangt. Man denkt an eine Bemerkung, die Marcel Duchamp in die *Grüne Schachtel* aufnahm:

»Herrschaft der Koinzidenz
Ministerium der Schwerkraft«

Dann liefert Duchamp Anweisungen für ein Gemälde oder eine Skulptur: »Flacher Behälter. in Glas – alle Arten von Flüssigkeiten (enthaltend). Farbig, Holz-, Eisenstücke, chemische Reaktionen. Man forme den Behälter. und schaue hindurch –.«

»Koinzidenz« bezieht sich in diesem Zusammenhang auf die Ambiguität zwischen natürlichen und kulturellen Elementen, die dem Künstler und seinen höchst zufälligen und extemporierten Veränderungsmethoden preisgegeben sind. »Schwerkraft« ist natürlich die alle Naturalisierungseffekte beherrschende letzte Kraft. Duchamps flüssigkeitsgefüllte Konstruktion repräsentiert die Unterwerfung der künstlerischen Ordnung unter den Zufall – ein Kunstwerk, das weder dies noch das ist, Kunst, deren Intentionalität in ihrer Mehrdeutigkeit und dem Fehlen eines zweiten Signifikats liegt. Zusammen bezeichnen die beiden Wendungen den Abschluß der künstlerischen Logik, Kunst am Nullpunkt.

Möglicherweise sind wir Augenzeugen, wie das 'globale Dorf' seine ersten Entwicklungsphasen durchläuft. Da die Kunst Duchamps Juraberge erreicht hat, befinden wir uns vielleicht schon auf dem Mond, und im Zurückblicken von diesem Punkt aus sehen wir nur durchgängige Muster und eine Existenztotalität auf Erden, die unserer Wahrnehmung nie vorher zugänglich war. Nachdem uns so lange die Isolation von Dingen, Menschen, Städten, Ländern und Kontinenten bestürzt hat, erscheinen diese Vorahnungen als hoffnungsvoll.

Anhang

Bibliografie

Agee, William C., *Don Judd*, Ausstellungskatalog, mit Anmerkungen von Dan Flavin und ausgewählten Schriften des Künstlers, Whitney Museum, New York, 1968

Alloway, Lawrence, *Morris Louis: 1912–1962, Memorial Exhibition Paintings from 1954 to 1960*, Ausstellungskatalog, The Solomon Guggenheim Museum, New York, 1963

Alloway, Lawrence, *Systemic Painting*, Ausstellungskatalog, The Solomon Guggenheim Museum, New York, 1966

Arnason, H. H., *History of Modern Art: Painting, Sculpture, Architecture*, Englewood Cliffs und New York, 1968. Dt.: *Geschichte der modernen Kunst*, Bremen, 1970

Arnheim, Rudolf, *Art and Visual Perception*, 1954, Berkeley und Los Angeles, 1969. Dt.: *Kunst und Sehen*, Berlin 1956

Arnheim, Rudolf, *Visual Thinking*, Berkeley und Los Angeles, 1969. Dt.: *Anschauliches Denken*, Köln, 1972

Art-Language, Jhg. 1, Nr. 2, Chipping Norton, 1970

Barthes, Roland, *Le Degré zêro de l'Ecriture*, Paris, 1953. Dt.: *Am Nullpunkt der Literatur*, Hamburg, 1959

Barthes, Roland, *Système de la Mode*, Paris, 1967

Barthes, Roland, *Elements of Semiology*, London, 1967

Beardley, Molly, und Hitchfield, Elizabeth, *A Guide to Reading Piaget*, New York, 1969

Berenson, Bernard, *Aesthetics and History*, Garden City, 1948, 1954. Dt.: *Ästhetik und Geschichte in der bildenden Kunst*, Zürich, 1950

Binford, Sally R. und Binford, Lewis R. (Hrsg.), *New Perspectives in Archeology*, Chicago, 1965

Bulfinch's Mythology, London, 1964

Buren, Daniel, ›Beware!‹, *Studio International*, London, März 1970

Burnham, Jack, *Beyond Modern Sculpture: The Effects of Science and Technology on the Sculpture of This Century*, New York, 1968

Burnham, Jack, ›Real Time Systems‹, *Artforum*, New York, September 1969

Bury, J. B., *The Idea of Progress*, New York, 1932, 1960

Canaday, John, *Mainstreams of Modern Art*, New York, 1959, 1964

Carroll, Lewis, *The Annotated Alice: Alices Adventures in Wonderland & Through the Looking Glass*, New York, 1960

Celant, Germano, *Art Povera*, New York, 1969. Dt.: *Arte povera*, Tübingen, 1969

Chipp, Herschel B., u. a., *Theories of Modern Art: A Source Book by Artists and Critics*, Berkeley und Los Angeles, 1969

Chomsky, Noam, *Language and Mind*, New York, 1968. Dt.: *Sprache und Geist*, Frankfurt, 1970

Douglas, Mary, *Natural Symbol: Explorations in Cosmology*, New York, 1970

Duchamp, Marcel, *La Mariée mise à nu par ses célibataires, même (La Boîte Verte)*, Paris, 1934. Hier nach der amerikanischen Ausgabe: *The Bride Stripped Bare by Her Bachelors, Even (The Green Box)*, hrsg. von Richard Hamilton, New York, 1960

Freud, Sigmund, *Totem und Tabu. Einige Übereinstimmungen im Seelenleben der Wilden und der Neurotiker*, 1913, Frankfurt, 1956

Fried, Michael, ›Art and Objecthood‹, *Artforum*, New York, Sommer 1967

Fry, Edward F., *David Smith*, Ausstellungskatalog, The Solomon R. Guggenheim Museum, New York, 1969

Geist, Sidney, *Brancusi: A Study of the Sculpture*, New York, 1968

Geist, Sidney, *Constantin Brancusi 1876–1957: A Retrospective Exhibition*, Ausstellungskatalog, The Solomon R. Guggenheim Museum, New York, 1969

Gimpel, Jean, *The Cult of Art* (Übers. aus dem Französischen), New York, 1969

Goossen, E. C., *The Art of the Real: USA 1949 bis 1968*, Ausstellungskatalog, The Museum of Modern Art, New York, 1968

Gordon, John, *Franz Kline: 1910–1962*, Ausstellungskatalog, The Museum of Modern Art, New York, 1968
Gray, Cleve (Hrsg.), *David Smith by David Smith*, New York, 1968
Hamilton, George Heard, *Manet and his Critics*, London, 1954
Hamilton, George Heard, und Agee, William C., *Raymond Duchamp-Villon*, New York, 1967
Hawkins, Gerald S., in Zusammenarbeit mit John B. White, *Stonehenge Decoded*, New York, 1965
Hayes, E. Nelson, und Hayes, Tanya (Hrsg.), *Claude Lévi-Strauss: The Anthropologist as Hero*, Cambridge, 1970
Herbert, Robert L. (Hrsg.), *The Art Criticism of John Ruskin*, Garden City, 1964
Herbert, Robert L. (Hrsg.), *Modern Artists On Art: Ten Unabridged Essays*, Englewood Cliffs, 1964
Herbert, Robert L., *Neo-Impressionism*, Ausstellungskatalog, The Solomon R. Guggenheim Museum, New York, 1968
Hess, Thomas B., *Willem de Kooning*, New York, 1959
Hesse, Hermann, *Das Glasperlenspiel*, 2 Bde., Berlin, 1946
Homer, William Innes, *Seurat and the Science of Painting*, Cambridge, 1964
Judd, Donald, ›Specific Objects‹, *Contemporary Sculpture*, Arts Yearbook Nr. 8, New York, 1965
Kandinsky, Wassily, *Über das Geistige in der Kunst*, München, 1912
Kandinsky, Wassily, ›Rückblicke‹, in *Kandinsky 1901–1913*, Berlin, 1913
Karshan, Donald, *Conceptual Art and Conceptual Aspects*, Ausstellungskatalog, The New York Cultural Center, New York, 1970
Klee, Paul, *Das bildnerische Denken*, Basel, 1956
Kozloff, Max, *Jasper Johns*, New York, 1967
Kubler, George, *The Shape of Time*, New Haven und London, 1968
Leach, Edmund (Hrsg.), *The Structural Study of Myth and Totemism*, London, 1968
Leach, Edmund (Hrsg.), *Claude Lévi-Strauss*, New York, 1970. Dt.: München, 1971
Lebel, Robert, *Robert Lebel sur Marcel Duchamp*, Paris, 1959. Dt.: *Marcel Duchamp*, Köln, 1962. (Erw. Neuausg. Köln, 1972)
Lévi-Strauss, Claude, *Anthropologie structurale*, Paris, 1958. Dt.: *Strukturale Anthropologie*, Frankfurt, 1971
Lévi-Strauss, Claude, *La pensée sauvage*, Paris, 1962. Dt.: *Das wilde Denken*, Frankfurt, 1968
Lévi-Strauss, Claude, *Le totémism aujourd'hui*, Paris, 1962. Dt.: *Das Ende des Totemismus*, Frankfurt, 1965
Lévi-Strauss, Claude, *Mythologiques I. Le cru et le cuit*, Paris, 1964. Dt.: *Mythologica. Das Rohe und das Gekochte. – Mythologiques II. Du miel aux cendres*, Paris, 1966. – *Mythologiques III. L'origine des manières de table*, Paris, 1968
Lévi-Strauss, Claude, *The Scope of Anthropology*, London, 1967
Lippard, Lucy R., u. a., *Pop Art*, New York, 1966. Dt.: München und Zürich, 1969
Malewitsch, Kasimir, *Suprematismus – Die gegenstandslose Welt*, Köln, 1962
Matson, Floyd W., *The Broken Image: Man Science and Society*, Garden City, 1966. Dt.: *Rückkehr zum Menschen*, Olten und Freiburg/Br., 1969
McLuhan, Marshall, und Fiore, Quentin, *War and Peace in the Global Village*, New York, 1968
Meyerhoff, Hans (Hrsg.), *The Philosophy of History in Our Time*, Garden City, 1959
Michelson, Annette, *Robert Morris*, Ausstellungskatalog, The Corcoran Gallery of Art, Washington, 1969
Mondrian, Piet, *Plastic Art and Pure Plastic Art 1937 and Other Essays, 1941–1943*, New York, 1951
Monte, James, und Tucker, Marcia, *Anti-Illusion: Procedures/Materials*, Ausstellungskatalog, Whitney Museum of American Art, New York, 1969
Morris, Robert, ›Some Notes on the Phenomenology of Making‹, *Artforum*, New York, 1970
Mullahy, Patrick, *Oedipus: Myth and Complex: A Review of Psychoanalytic Theory*, New York, 1955
Murray, Henry A. (Hrsg.), *Myth and Mythmaking*, Boston, 1968
Nietzsche, Friedrich, ›Nachlaß aus den achtziger Jahren‹, in: *Werke in drei Bänden*, Bd. III, München, 1966
O'Hara, Frank, *Jackson Pollock*, New York, 1959
Panofsky, Erwin, *Idea: Ein Beitrag zur Begriffsgeschichte der älteren Kunsttheorie*, Berlin, 1960
Paz, Octavio, *Marcel Duchamp or The Castle of Purity*, London und New York, 1970
Peckham, Morse, *Man's Rage for Chaos*, New York, 1967
Piaget, Jean, *Epistémologie génétique et recherche psychologique*, Paris, 1957
Piaget, Jean, und Inhelder, Bärbel, *Le développement des quantités physiques chez l'enfant*, Neuchâtel und Paris, 1962. Dt.: *Die Entwicklung der physikalischen Mengenbegriffe beim Kinde*, Stuttgart, 1969
Pincus-Witten, Robert, ›Slow Information: Richard Serra‹, *Artforum*, New York, September 1969
Platon, *Phaidon*, Hamburg, 1958

Read, Herbert (Hrsg.), *Unit 1: The Modern Movement in English Architecture, Painting and Sculpture*, London, 1934
Read, Herbert, *Geschichte der modernen Malerei*, München und Zürich, 1959
Robertson, Brian, *Jackson Pollock*, New York, 1960
Rose, Barbara, *American Art Since 1900: A Critical History*, New York, 1967. Dt.: *Amerikas Weg zur modernen Kunst*, Köln, 1969
Rose, Barbara (Hrsg.), *Readings in American Art Since 1900*, New York, 1968
Russell, John, *Seurat*, New York, 1965
Saussure, Ferdinand de, *Cours de linguistique générale*, Paris, 1915; dt.: *Grundfragen der allgemeinen Sprachwissenschaft*, Berlin, 1967
Schapiro, Meyer, ›Style‹, in Morris Philipson (Hrsg.), *Aesthetics Today*, Cleveland and New York, 1961
Schwarz, Arturo, *The Complete Works of Marcel Duchamp*, New York, 1969
Scott, Ian A. (Hrsg.), *The Lüscher Color Test*, New York, 1969
Segall, H. Marshall u. a., *The Influence of Culture on Visual Perception*, Indianapolis, New York, Kansas City, 1966
Smith, Brydon (Organisator), *fluorescent light, etc. from Dan Falvin*, Ausstellungskatalog, National Gallery of Canada, Ottawa, 1969
Solomon, Alan R., *Jasper Johns*, Ausstellungskatalog, The Jewish Museum, New York, 1964
Sypher, Wylie (Hrsg.), *Art History: An Anthology of Modern Criticism*, New York, 1963
Tuchman, Phyllis, ›An Interview with Carl Andre‹, *Artforum*, New York, Juni 1970
Tucker, Marcia, *Robert Morris*, Ausstellungskatalog, Whitney Museum of American Art, New York, 1970
Venet, Bernar, *Meta-Mathematik, Fotos, Schrift*, Ausstellungskatalog, Museum Haus Lange, Krefeld, 1970
Venturi, Lionello, *Storia della critica d'arte*, Turin, 1964
Warhol, Andy, u. a. (Hrsg.), *Andy Warhol*, Ausstellungskatalog, Moderna Museet, Stockholm, 1968, ²1969
Weitz, Morris, *»The Concept of Style in Art History«*, Vortrag an der University of Delaware bei einem Symposion über Philosophie und Geschichte der Kunst, Mai 1970 (noch unveröffentlicht)
Wölfflin, Heinrich, *Kunstgeschichtliche Grundbegriffe. Das Problem der Stilentwicklung in der neueren Kunst*, München, ⁹1948
Worringer, Wilhelm, *Abstraktion und Einfühlung*, 1908, München, 1964

Abbildungsverzeichnis

25 Frank Stella, Newstead Abbey, 1960
26 Andy Warhol, Portrait of 16 Jackies, 1964
27 Roy Lichtenstein, Little Big Painting, 1965
28 Claes Oldenburg, Dormeyer Mixer, 1965
29 Jean Tinguely, Motor Cocktail, 1965
30 Bridget Riley, Current, 1964
31 Ellsworth Kelly, Spectrum III, 1967
32 Donald Judd, Ohne Titel, 1967
33 Dan Flavin, the nominal three (für William Ockham), 1963/64
34 Carl Andre, The Spill (Scatter Piece), 1966
35 Robert Morris, Ohne Titel, 1970
36 Richard Serra, One Ton Prop (House of Cards) (Das Gewicht einer Tonne als Kartenhaus aufgestützt), 1969
37 Hans Haacke, Chickens Hatching (Ausschlüpfende Küken), Art Gallery of Ontario, Toronto, September/Oktober 1969
38 Dennis Oppenheim, Maze (Whitewater, Wisconsin) (Labyrinth), 1970
39 Les Levine, Systems Burn-Off X Residual Software (Aufgelöste Systeme X Software-Rückstand), 1969
40 Douglas Huebler, Duration Piece No. 15 – Global (Dauerstück Nr. 15 Global), 1969
41 Bernar Venet, The Logic of Decision and Action (Die Logik von Entschluß und Tätigkeit), 1969
42 Joseph Kosuth, Synopsis of Categories (Vergleichende Übersicht der Kategorien), 1968
43 Daniel Buren, Photographic Souvenir of One of the Pieces Executed in Kyoto, Japan (fotografische Erinnerung an eines der Stücke, ausgeführt in Kyoto, Japan), 1970
44 Marcel Duchamp, Die Neuvermählte von ihren Junggesellen entkleidet (Das große Glas), 1915–1923
V Stonehenge, Ebene von Salisbury, England, Neu-Steinzeit, ca. 1800–1400 v. Chr.

Index